在商言商

冯筱才 著

政治变局中的江浙商人

Business is Business:

the Merchants of
Zhejiang and Jiangsu in
Political Changes

目录

第一章　绪论
003　商人与政治：一个老问题
007　谁是商人？
009　从"上海"到"江浙"
011　什么是"政治"？
014　"产权与秩序"：一个新的研究框架

第二章　晚清以降江浙区域社会变迁中的商人
025　晚清国内政治、经济的演化
027　从"轻商"到"重商"：商人地位的嬗变
038　经济民族主义与私有产权制度
051　晚清社会变迁中的江浙商人

第三章　有秩序的"革命"：辛亥革命前后江浙商人政治行动的重新考察
086　商人对革命的态度：一个事前的分析
094　革命爆发：商人的反应与"参与"
108　革命的"背离"

第四章　江浙商人与地区社会变乱：以"齐卢之战"为中心
142　江浙商人与东南和平运动：1920～1924年

150 战乱中江浙商人的损失
161 江浙战争的爆发与商人的应对
176 商人与战事结束及善后

第五章 从"五四"到"五卅":民族主义运动中的江浙商人
201 辛亥革命后民族主义运动的发展
205 运动发生与商人罢市
216 罢市的维持与结束
223 抵货运动的开展
231 抵货运动中各方利益分合与态度变化
244 抵货运动中矛盾的激化与运动的结束

第六章 民初江浙商人的"政治参与"与政治地位
284 动荡政治中的商人应变
297 "责任群体"与社会秩序的维护
307 官商关系与民初江浙商人的政治地位

第七章 结论
325 产权、商人与政府:1927年前后的比较
330 秩序:商人的不绝追求
333 在商言商:"资产阶级"幻影背后的近世中国商人实像

340 参考文献
363 再版后记

表格目录

031	表1	晚清中央政府财政收入中各项税收的比例
097	表2	辛亥革命前后江浙两省商民组织的自卫团体（上海除外）
103	表3	辛亥革命后江浙地区商人参加地方政权
153	表4	1924年江浙战争期间商人被勒索事例
158	表5	江浙战争期间公债变动情形
162	表6	江浙战争期间江浙地区商民武装自卫团体一览
170	表7	江浙战争期间江浙商民举办难民收容所一览
206	表8	五四运动期间江浙各地的罢市
228	表9	五四运动期间江苏省各地焚毁商人日货一览表
232	表10	五四、五卅运动中江浙两省国货公司、国货商场的创办
237	表11	五四运动期间学生贩卖团的组织
257	表12	五四运动后期江苏地方商人抵制学生的罢市

第一章 绪　　论

　　1911年10月10日，湖北新军在武昌起事。这个消息很快便传遍了江苏、浙江两省的大小城镇。不到一个月，白旗便在上海、苏州、杭州、宁波、嘉兴、无锡、常熟等许多城市的大街上挂了起来，地方商绅在这些地方的政治变动中扮演了重要角色。各地军政府的领导班子，包括了不少原本在地方上享有权威的商人。当时革命党人的报纸对这些商人的政治觉悟曾大唱赞歌，许多后世学者也表扬江浙商人在关键时候抛弃了"在商言商"的陋习，勇敢地参加了这场轰轰烈烈的政治革命。

　　8年后的初夏，白旗又在江浙一些城镇的街市上挂了起来，不过这次行动据说是店家们为遥远的京城里发生的一桩外交事件主动罢市。街道上一队队高呼口号的学生在游行，两旁的店铺门板上贴满了"救国停市"之类的字条。在一些评论家的眼里，这些天天与算盘、账簿打交道的生意人无疑是融入了汹涌的民众爱国潮流之中。

　　似乎从这时开始，商人们的政治自觉性突然提高了。五光十色的变幻时局中，商人俨然成为一种极有权威的政治势力，为各方要人们所重视。1923年6月，在上海总商会富丽堂皇的会议大厅里，商界巨头们正在讨论一个"历史性"的议题——成立民治委员会。这个举动立即产生了轰动性的新闻效应,许多报纸的主笔都在为上海商人们的政治觉悟大声叫好,时任中共中央局秘书的毛泽东也曾用热情洋溢的笔调对商人的行动予以积极的肯定。

商人的地位似乎越来越重要了。次年10月,上海的商人领袖与满身戎装的军人围坐在一个会议桌前,这些刚经过一场鏖战的将领们正在接受总商会的调解。不久,各路军队陆续撤出上海,北京政府下令由总商会接管兵工厂,并准备正式成立"淞沪商埠自治市"。"商人政府"似乎真的要在上海实现了。

不到半年,因为南京路上发生的一起枪杀案,商人大罢市很快又在这个中国最大的城市被发动起来,总商会也成为全市总罢工运动的经济靠山。上海商人的"革命性"连远在莫斯科的苏联共产党领袖们也为之惊叹不已,甚至因此影响到其重大的政治决定。

在这些历史场景面前,我们似乎不能不得出一个印象:江浙地区的商人正在一步步走向政治化,"在商言商"的古训也已为这些商人们所抛弃,他们在政治方面的行动正愈来愈主动积极。然而,这一切都是真的吗?

虽然1911年的辛亥革命本身未必造成中国的经济社会结构根本性的转变,但这场革命却是中国近世最重要的政治变动之一。这场革命的重要性不仅仅体现在1911年这一时点,更在于此后发生的一切。辛亥之后,中国政治处于剧烈的动荡之中,社会秩序遭受了前所未有的挑战。由于职业的特性,商人对社会变动往往较其他社会阶层更为敏感。那么,这一波又一波的政治力对江浙地区的商人们造成了什么样的冲击呢？他们又是如何来应对这些外在的政治变动呢？今天的我们究竟应该如何来理解江浙商人与民初政治间的互动关系呢？

商人与政治：一个老问题

"商人与政治"一直是国内外中国近代史学者所关注的问题。在中国大陆，较早的研究者主要是将其置于"中国资产阶级"的框架中加以讨论：其一，着重分析政治运动的"阶级基础"。如立宪运动的阶级基础、辛亥革命的阶级基础。其二，将商人划为买办阶级、民族资产阶级等，认为阶级属性决定政治立场。其三，分析"中国资产阶级"的特点（如软弱性、妥协性、两面性）及其根源（如"封建脱胎"说、"工业弱小"说、"政治幼稚"说等）。

1980年代后，关于中国近世商人的研究出现一些新的变化。学者们突破以批判为主的论述模式，试图对"资产阶级"或"资本家阶级"在近代历史中的表现给予客观评价，其研究工作多侧重于讨论他们对革命的态度，或者按照资产阶级的阶层分析法将多数商人纳入"民族资产阶级"的范围，与"大资产阶级"或者"买办阶级"作些区分。稍后，又开始对"买办阶级"及"大资产阶级"进行分析，尽量将这些概念具体化，避免政治化的定性分析。这些研究多从中国资产阶级发展史的角度来进行，政治色彩仍很浓。对于晚清商人的研究，更是被置于辛亥革命史的框架中进行。

作为对资产阶级集团分析的一种路径，1980年前后，大陆开始出现商会史研究热潮，但其分析的动机多为了更加清晰地了解资产阶级的政治动向,时段上、价值取向上均有鲜明的时代特色。此前讲"民族资产阶级",其所指多停留在"维新派""革命派"以及知识精英的身上,真正的商人反而被淡忘。商会史的研究者将"民族资产阶级"的主体重新提出,从而根据新的基础来判断"民族资产阶级"或者"资产阶级"的特点。在这些研究者的笔下,商会标志着中国资产阶级"独立阶级队伍的形成",成为"资产阶级争取政治地位与利益,以及与帝国主义与封建势力斗争的重要场所"。论者们一方面承认商会所代表的资产阶级有一定的促进经济发展的"进步性",体现了资产阶级发展资本主义的要求,但认为它无法摆脱半殖民地半封建社会性质的制约,政治上表现出很多的"软弱性"。[1]

进入1990年代,学者们开始在研究中尝试着引用各种新的理论框架与概念,主要在以下三个方面有了进展:其一,商人的政治参与意识。学者们认为商人的政治参与意识开始抬头,由"在商言商"向"在商言政"转变。其二,商人与政府之间关系。论者多以"民族资产阶级"的阶级利益需求作为分析其与政府关系的关键,把商人与政府的离合作为判断其政治独立性或进步与否的标尺。其三,商人在政治运动中的表现。多数学者认为在晚清至民初期间,商人们的政治表现呈"M"形,商人们在1860年代后政治上日趋活跃,至清末立宪运动及辛亥革命达到第一个高峰。后来由于反对"二次革命"政治上出现倒退。1915年后,政局日益混乱,商人们的政治表现又呈上升势头,到1920年代中期,达到第二个高峰。但在国民党上台后,商人受到压榨,最终丧失了"政治自主性"。[2]

在中国大陆以外，自1960年代起，一些学者即在从事为中国"资产阶级"恢复名誉的工作，强调商人对"国家现代化建设"所作的贡献，或者以"对抗论"来重新阐释商人与政府之关系。官商关系长久以来都是他们讨论的焦点。[3]其中白吉尔（Marie-Claire Bergère）与傅士卓（Joseph Fewsmith）的著作主要讨论的即是1911～1927年的政商关系。白氏在其著作中将1911～1937年视为"中国资产阶级"发展的"黄金时代"，"资产阶级"在第一次世界大战期间趁势崛起，取得了一系列的"经济奇迹"，政治上也日益觉悟，并曾试图去建立一个自己的政权。然而最后却归于失败，"资产阶级"走上了依附国民党的道路。而傅士卓的著作，主要从上海的商业组织入手，去探究晚清至国民党上台之间商人与政治关系的演化。他认为上海的商人自晚清后，由于观念的变化，组织的创建，自治运动的参与，日益表现出政治方面的发展，五卅运动则代表"商人组织政治化"的一个高峰。1927年后，国民党人曾试图以党化商民组织整合上海商人，但遭到反抗，最终双方妥协，形成一种国家统合主义（State Corporatism）。李达嘉在其以"商人与政治"为题的博士论文中，认为自1895～1914年，"近代中国商人政治意识逐渐兴起"，但是面对政治强权，最终只有无奈地被压制。[4]

历史研究自应围绕"问题"而展开，往往什么样的问题便决定有什么样的历史叙述与解释。以"商人与政治"的题目而论，学者们关注的重心虽然不一，但是所提出的问题似乎却相差不大，基本上围绕着"商人为什么不能在政治上有所作为？"或者"中国近代商人为什么不能构成一种独立的政治力量？"等问题展开的。[5]这些问题其实均在预设中国近世的商人群体有政治企图，但是由于自身的力量虚弱或者强权的压制而最终未能实现。然而，中国近世商人真的想在政治上有所作为吗？他们真的想构成一种独立的政治力量吗？

长期以来，中外学者似乎都忽略了以下问题：政治变迁对商人的观念、行为造成了何种影响？商人作出过何种反应？此种反应成效何如？又如何影响到政治变革的过程？就"商人与政治"的议题而言，如不从商人本身的角度出发，其视野上既有盲点，论述也易流于牵强。对于商人而言，政治意识的抬升与降低以及政治参与的程度等并不重要，重要的是政治力的冲击如何影响到社会秩序的变动，以及他们自身的利益，他们又该如何因应这些变数。

其实，上面许多学者在研究"商人与政治"时，多以上海作为其举证的中心。但从政治化程度最高的上海是极难观察到商人的政治动向的。政治迷雾中，哪些是商人的"做秀"？哪些又是他们的真意？左右商人行为的种种因素，哪些是上海特有的，哪些又是在别处可遇到的？不作认真深入的考察是很难发现的。

笔者认为，要看清中国近世商人的政治观念与行为，仅从上海着眼是远远不够的。商人的特性，固然有地域的差别，但在职业范围内，商人的共性确实是存在的。如何找出这些共性，就需要我们将观察的视野放开阔一些。即使要了解上海商人的政治旨趣，笔者认为亦应将上海放在江浙地区之中作一比较，而不能把它"典型化"。要判断商人的政治动向，首先便需要有一个恰当的视点。

其次，更不能以预设的政治化框架去套商人的言行。论者往往先预设商人有政治志向，或者与"国家"相对立，然后便将论述重心放在分析为何此种意愿不能实现。但此种前提本身即需要证明。有时我们可以发现偏激的政治倾向充满于论者的文字之中，对党派政治或"军阀"个人的厌恶，致使分析流于粗糙。虽然论者有时可能找到一些例子来作局部证明，但均未能明了事实的全部。为什么我们不能先放弃预设立场，或者避免使用一些容易引起争论的概念（如"资产阶级""资本家阶级"），从商人所经历的事实本身出发去作适度的分析呢？

再次，论者往往没有将研究主体作适度界定。在他们的研究中，民族主义运动与革命、战争等没有区别，对内与对外混为一体。所谓"资产阶级"，也不太分商人与"知识分子"甚或"党人"。论者的笔下，他们主要关注的所谓"政治"其实主要以"政治作为"为核心，诸如商人的政治参与、政治意识的觉悟甚至所谓"自由主义"等。他们笔下的"商人"失去了商人的本来面貌，成为"泛政治化"的"虚拟形象"，但是这根本不是民初中国商人的主要形象。由于此种严重偏狭，我们很难从他们的著述中找到民初商人对政治的真实反应。

谁是商人？

"商人"一词，在近代汉语中含义甚广，几乎涵括了各种与民生相关行业的经营者。国内外学者在对其进行具体研究时，采用的概念往往并不都是"商人"二字，而是随着考察时代的更替有所变化。如于明清时期便径直用"商人"称呼研究主体；讨论清末民初后则多根据阶级分析法，将工商业者归入不同类型的资产阶级：官僚资产阶级、买办资产阶级（亦有称买办阶级）、民族资产阶级等。此种分析明显带有先入为主的政治判断，对历史人物的客观评价颇为不利。尤其是"资产阶级"一词，由于其概念范围甚广，把党人、军人甚至学生等政治旨趣相差甚远的群体均包括其中，所以笔者认为这个词语最不适合用作分析商人的概念。近十多年来，这类状况有了改观，一些论者开始使用具有限定意义的替换概念来指代商人阶层，如"早期资产阶级""资本家阶级"等，虽然这些替换词语能起到一定的修正作用，不过其本质仍未跳脱"资产阶级"的概念框架。另一个目前使用甚为频繁的词语"绅商"，因其界定不易，且难以分清"绅"与"商"的区别，其实亦不能滥用。[6]

笔者认为，讨论某一历史主体最好直接使用当时社会上惯用的称呼，或者他们自己所使用的名词，最好不要使用带有褒贬色彩或者意识形态成分较浓的词语。如果后来的研究者一定要用新概念来对某一社会群体作归纳，那么，这种归纳不应出现众多指代不明或者有"史料前预设"的问题。[7]因此，笔者径直用"商人"这一中性概念来指称本书的研究主体。

本书中所指的"商人"是一个泛指性概念，其定义则以民初所颁布之"商人通例"为准。[8]不过，笔者认为在讨论近代商人问题时，应把一些虽然厕身于商界，但其主要活动却在政界或者党军界或者学界的人和普通商人作适当的区分。就其主流来说，商人自然是以经商为其主业，其兴趣和理想亦在其中。不能把一些暂居商界的党人、政客作为商人的代表来举证。甚至"商客"也不能算作民初中国商人的主流。[9]

国内外学者讨论商人与政治的问题，多喜欢从商人组织入手。这固然有其研究的方便，亦能带来许多的启发，但是问题可能也不少。此种"集团分析"，有时会因取证的难度而容易将一些个人的行为当成是集体的行为。即使作者确实是使用了"集体证据"，但可能会忽视团体可能受个人或者派别的操纵。论者可能因过分重视个别团体如商会，而忽视其他商人团体，或者更多商人个体的表现。尤其是在处理商人与政治关系的主题时，此种问题对观点的影响尤其大。笔者将尽量从个体出发，同时注意在具体的政治事件中组织与个人态度的差别。

从"上海"到"江浙"

讨论"商人与政治"之类的大题目，"总体论"的计划往往是不现实的，建基于特定时空的个案考察方能更清晰地展现历史。笔者将以1911～1927年的江浙地区为考察对象，先看看晚清以来该区域内社会变迁的态势与商人的变化，再分章对近世三种主要的政治力（革命、战争、民族主义运动）对社会的冲击及商人的反应做具体研究，然后分析政治力冲击下商人所出现的种种变化。[10]

以前的学者讨论中国的商人与政治，多以上海为中心，或认为上海具有代表性。[11]但是在近世中国，上海却是一个最为独特的城市，其政治化、商业化及国际化程度均是其他都市不能比拟的。处此环境中的上海商人又如何能作为中国商人的代表？论者以上海为讨论中心，笔者认为主要出于两个原因，一个是史料的原因，研究上海，史料容易搜集；

另一个原因则是理论框架的影响，由于上海是一个异质性很强的城市，各种形态的商人均可找到。更因为此地的商人受"政治场"的影响往往较大，[12]其行为也容易观察到，采用不同理论框架的研究者或许均可以找到其所需的例子，所以上海便成为学者们论述的焦点。但是，如果我们将视线投向上海以外，就便会发现上海可能并不能作为中国的代表。

由"上海中心论"出发，一些学者可能会在潜意识中将沿海中国与内地中国对立起来观察，[13]造成对中国历史割裂的认识。其实他们所说的"沿海"又主要局限于上海一地。这种划分，即使对于他们所指称的"沿海"来说，也因过分重视那些与西方经验类似的现象，忽视了相同的时空背景下发生的其他基本事实。笔者虽然赞同区域史的研究取径，但是在"近世商人与政治"这一主题上，却不认为沿海中国与内地中国存在本质性的差别。[14]笔者选择江浙区域做此个案，主要是基于史料的熟悉与自身的了解，并非认为江浙区域有着与其他地区完全不同的历史脉络。当然，即使是同一事件，各地的历史经验亦不尽相似，江浙地区更因其特殊的政治、经济及文化区位，[15]在许多方面均与其他地区有显著不同。但这种历史表象方面的差异并不能掩盖在一些问题上基本脉络的相似。

本书中，"江浙商人"主要指在江浙两省范围内从事营业活动的商人，包括江浙本籍商人及外省旅居商人在内。选择"江浙商人"为讨论主体，首先是因为江浙两省在地理上的密切联系、历史行政上的归属以及区域文化上所拥有的众多共同点，使得人们在习惯上便常以"江浙"合称。[16]江浙民众在心理上亦曾承认此种联系，这可由历史上以及海外至今犹存的许多以"江浙"命名的同乡会馆得以证明。"江浙商人"此一概念本已存在于众多的文献之中。其次，江浙两省间商品、金融、信息、人员的频繁流通，使得他们实际上存在某种共同经济利益。在开拓外埠市场时，江浙商人往往因地域文化的相似更易联成一气，两省以外的人便自然把江浙两省商人视为一体。这种共同纽带因为五口通商后上海崛起而得到极大的强化，上海成为江浙商人最大的事业基地。所以，在经济上江浙商人的概念可以成立。不过要说明的是，采用此一相对化概念并不否认两省商人之间激烈的商业竞争和各自具有的独特性，更不认为他们是一个绝对同质的群体，而是从他们的基本关怀着眼的。另外，选择江浙商人作为讨论对象，也是想与以前许多学者以上海为中心所做的研究作一比较。在他们的著作中，江浙两省商人群体经常也被冠以"江浙财阀""江浙财团""江浙资产阶级""江浙金融资产阶级""江浙帮"等其他名称。这些概念如果在特定的语境中使用未尝不可，但如果把它们泛化，作为两省商人群体的普遍性概念则似乎不妥。因为这些概念均附加了额外的政治或意识形态的成分，容易产生误导。使用"江浙商人"亦是为了尽量减少历史描述中的主观成分。

什么是"政治"？

近世中国商人与政治关系密切，商业发展与政治变革息息相关，商人之事业更受政府政策的影响；同时政治变迁亦加剧了商人阶层的复杂化，近世政治党派甚至渗透进商人社团而影响到商人的活动。那么，"政治"是什么呢？

"政治"一词的英文"politics"源于古希腊荷马史诗,指城堡或卫城。后来综合了土地、人民及其政治生活而被赋予"邦"或"国"的意义,为城邦中的统治、管理、参与、斗争等各种公共生活的总和。西方政治学家对该词有许多定义,归纳起来,主要包括三种含义:(1)政治是国家的活动,夺取或保存权力的行为。与此相关则是指国家政策制订和执行的过程。(2)政治是人们在安排公共事务中表达个人意志和利益的过程。(3)政治是权力斗争,是人际关系中的权力现象,或者社会价值的权威性分配。[17]在古代中国,"政治"一词虽然也可以在文献中偶见,但主要仍是分开使用,"政"主要指国家的权力、制度、秩序和法令,"治"则指管理人民和教化人民。到近代,人们方将这个词合并使用,孙中山曾称:"政就是众人的事,治就是管理。管理众人的事便是政治。"[18]但实际上,在近世中国人的观念中,"政治"一词可能更多的是与国家权力或者"官方权力"紧密相连的。本书中,"政治"一词便侧重于前列第一种定义,即管理公共事务的国家权力的运作及政策的制订与执行,在一定程度上也包括公共事务的民间治理。

与"政治"一词密切相关的是"政治参与"。一般的看法认为政治参与是公民自愿地通过各种合法方式参与政治生活的行为,它反映公民在政治系统中政治活动的地位、作用和选择范围。西方政治学者通常认为政治参与具有两个基本特点,一是自愿性,一是选择性。所谓自愿性即指公民在自愿基础上积极主动地参与影响政治事务的行为,选择性指公民参与政治可以表达不同的看法与意愿,可以选择不同的行为来表态自己的看法和意愿。在西方政治中,政治参与的形式包括投票、竞选、公民自发行为、组织政党、社团或利益团体等。[19]笔者认为,很难从当时绝大多数的民初商人身上发现这种严格意义上的政治参与行动。

广义上,民初商人所参与的政治,笔者认为可分为商政与公共政治两种。商政方面,主动参与的情形较多,包括全国性与地方性的不同层面:全国性商政参与如商法的制订、商税的改良、商会与地方官厅的行文程式问题等;地方性的商政参与如对地方税捐的抗争、地方民意机构代表权的争取、商业惯例的维护等。公共政治的参与,则多是被动性的,又可分成对外及对内两类。对外者,当商人意识到可能借由参与获得利益时,亦呈现出较主动的态度。如关税问题、取消不平等条约、外人的领事裁判权等。当利益前景不明或者商人根本不能从中获利时,则表现被动。对内者,主要可分成两种:一是为挽救秩序的举动;二是强力影响下的附和举动。所有这种种"政治参与"均不能"一锅煮"。至于前面提及的口岸租界的商人参政,则是针对外人要求平等政治参与,且多与其自身利益密切相关。所以不能被视作一般的公共政治的参与。

笔者在本书中要讨论的民初商人涉足的政治,实际上主要指公共政治参与这一面,尤其是指商人如何应付外部政治力冲击的集体行动。许多研究者经常将这种应付外部政治力冲击的行动解释为商人缘于"阶级意识"的觉醒、政治意识的萌发或"政治参与"热情的高涨,即认为商人由"在商言商"向"在商言政"转变。需要强调的是,如果我们将"政治"界定为"管理公共事务的国家权力的运作及政策的制订与执行",或者为一般国人认识中的"追逐国家及地方机关的控制权力，甚或建立阶级性的政府"等集体行动，那么我们可以发现这种"政治"，以绝大多数商人的立场来看，是没有多少兴趣的。建构在此种前提或者预设基础之上的研究结论，笔者也是不能苟同的。

在近世社会变迁这一历史过程中，1911～1927年可谓是一特别阶段。1911年的革命虽然在短时间内未对社会的制度和传统造成激烈的冲击，但是，由革命所带来的一系列政治性成果却对日后中国社会的广泛变迁有着深远的影响。辛亥革命之后，中国国内政治处于剧烈的动荡之中，一波又一波政治力的冲击，使得社会秩序遭受了前所未有的挑战，所以本书把它作为讨论的起点。1927年后，由于政治体制发生根本性的变化，社会变迁进程与这以前有重大的差异，因此本书以1927年作为讨论的时间下限。当然，历史是不可以割断地理解，因此在具体讨论时，笔者先回溯晚清之际商人与政治的变化，以确立一个"变"的起点，同时，亦会将这16年的经验与此前及1927年后作一定的比较，以更清晰地看出近世中国商人与政治关系变迁的脉络。

"产权与秩序"：一个新的研究框架

研究近代商人的大陆学者最初多采用革命史框架来做主要的解释路径。所谓革命史框架，即从革命者的立场去推演商人的行为与言论，并且，以"革命"作为评判商人行为的最终标准。此种研究途径，虽然可以揭示历史的一些面相，但往往掩盖了更多的史实。

1980年代后，大陆学者除一部分人坚持革命史框架之外，一部分人改向现代化框架。他们多从两个角度入手:(1)晚清民初的政府做了若干努力,其推出的许多措施有助于现代化的开展;(2)商人则努力为"中国早期现代化"作贡献,但是最终并未成功。在此一分析框架中,商人的经济活动更多地受到关注与肯定,但他们也容易被描绘成一个个为了"现代化"或"振兴民族"等高尚目标而去工作的"虚拟人",丰富的历史内容可能被简化成一部资产阶级失败史。

1990年代,一些学者以"市民社会理论"来解释商人,虽然较前面的研究路径有新意,但这一理论模式是否能适用于中国,学界一直争论不休。而且这种视角的新转移,未能从根本上脱离泛政治化的模式。因为已有的从这种路径出发的研究,其重心仍以预设的理论前提入手(如国家与社会的对立),真正从商人自身来探究其在近世社会中的角色与行为,并分析其与政治间关系的著述非常罕见。[20]

西方学者,除早期的左派史家所做的资产阶级研究外,1970年代后的研究则主要是限定于"国家"与"社会"的框架之中。研讨的重点则在于讨论商人与政府的关系,如白吉尔、博士卓、陈锦江、曼素恩等人。虽然他们的主题不一,但是透过商人的研究来观察近代中国"国家"与"社会"的对抗,似乎均是其核心。

然而,如一些学者的研究所揭示的,在中国,官员与地方精英间更多的是一种基于"儒家政治策略"的合作。[21]所谓"社会精英"增强的活动或者"政治表现",更多的是因为"国家"的权威降低,官员未能尽到责任之故,并非一种有意的独立倾向。如果"国家"恢复权威,相应"社会精英"的表现便可能又重返原位。近代欧洲出现的贵族与王室争夺政治权力的历史图景在中国并不容易见到。普通民众所能理解的"政治哲学"里,"国家"有其固定的职责与任务,"地方精英"也有其职责所守,这种"政治定式"为民众所熟悉。因此"国家与社会"的分析框架也不太能适用于民初中国的历史。

有些台湾学者的研究虽然在理论上未受革命史观的束缚,但暗中却是以其作为理论预设的标靶。他们的研究,似乎带有与大陆学者论战而做的意味,未能从根本上脱离意识形态框架。由于其论敌曾提出"民族资产阶级"具有两面性并有意弱化商人的角色或功能,故李达嘉等人转而认为在"商战"的旗帜下,因得政府的支持,商人的角色日渐重要,在民族主义浪潮的激荡下,商人不但在经济事务上担负起对外竞争的重任,更积极参与政治事务,甚至对政局的发展能够发挥相当程度的影响。[22]此种积极的评价,虽然可找一些表面的证据,但却远离商人的实态。尤其重要的是,他们认为商人因社会功能的加强,而有许多主动的"政治参与"或"政治欲望",更使人怀疑。故他们提出的一些观点只是针对大陆史家而做的反方向的努力,却未料到依然偏离了问题的核心:商人们想的主要是政治,还是商利?

商业的发达有赖于政治的稳定与私有财产制度的规定。贸易则意味着法定或惯定的度量衡及价值标准的运用。[23]一个稳定的秩序及保障私有财产权的政经制度环境对商人来说无疑非常重要,[24]此点正是决定商人政治取向的根本。[25]本书中,笔者以多年来对本论题相关的史料阅读与理解作基础,尝试着提出一个"产权与秩序"的解释思路,用来讨论近世中国的商人与政治关系。笔者认为,在一个社会中,私有产权愈不能得到保障，社会稳定性则愈差。就民国初年中国历史的实际来看，影响社会稳定性即产权变动的政治因素主要有革命、战争与民族主义运动等。每当这些事件发生时，社会便很可能出现动荡，秩序呈现危机，商人感受到私有财产受到威胁。为应付变局，他们会设法挽救，因此，私有产权出现危机之际，往往正是商人"政治参与"较热烈之时。

笔者承认，在市场经济的运作与社会系统的维持中，一种动态稳定的秩序有着极其重要的作用。[26]不过笔者这里关注的焦点并非此种秩序的具体特质，而是民国初年，此种秩序受到政治力冲击的情形。以前的学者研究商人与政治，其实并未触及"政治"对一般商人生活、事业的冲击及他们的反应，而是从一定的"政治意识形态"出发去假设他们应该如何行动，并根据这种假设来判断商人行为的对错。因此，笔者试图通过"移情"的办法，从一般商人的眼光来看待民国初年政治与社会的变革。

中国近世社会变迁实际上是由政治变迁与技术变迁、文化变迁等所引发的。政治秩序的崩溃，使传统无所依附。而观念与技术的引进则增加了商业社会秩序的不稳定。传统的商业伦理与规则似乎已不能完全有效。一方面是政治失调后引起混乱，革命者与一些知识精英给商人们带来了许多的危机，"泛政治化"或者"政治道德化"使商人们已很难理直气壮地把"赚钱牟利"作为公开宣示的目标，而须借助于所谓"商战"或者其他口号；另一方面是新派人物在"现代化"的旗帜下，不断攻击保守的商人。战争的来临迫使商人们不得不去作出紧急的反应。交易成本因为革命者的政治运动有时增加了不少，但商人却没有办法去阻止。财产权利的侵害事件一再发生,商人们不得不为了保住自己的家产而作出种种选择。

笔者所提出的"产权与秩序"的解释思路,实际上与新经济史学的理论模式有偶合之处。[27]新经济史学提倡从制度入手,关注产权在经济增长中的重要性。[28]我们可以发现,从制度上来看,民国初年的私有财产制度在上层与下层基本上被承认,商业经营秩序基本上能保持稳定。投资虽然有风险,但是利润亦甚可观。这种制度的维系与产权的保障与民国初年经济增长间的关系相当密切。但是民国初期的十六七年中,私有财产也遭受了政治力前所未有的冲击,这其中既有打着革命旗帜的党人、高呼爱国口号的学生,亦有趁乱打劫的军人。此种冲击虽然在当时未能根本摧毁既有的社会秩序与产权制度,但对商人行为与心理影响至深,亦为此后的巨大社会变革作了充分的预演。

本书的研究虽然主要是从社会经济史的角度所做的工作,但笔者关注的不仅仅在于商业的变化,而是欲通过商人与政治间关系的演变看出近世中国政治演化的一个重要侧面。正如 T. G. 威廉斯(Thomas George Williams)所称:"商业史不是历史长河中一个独立存在的方面,它与社会政治的发展紧密相关,并为其作注解。"[29]

从世界史的角度来看,商人与政治的关系经历了由被动到主动,由小商业环境的安定到大的社会环境秩序的追求,由圈外影响到圈内参与等转变。但是在民国初年,一切均刚开始,与政治社会秩序的动荡相伴的主要是商人被动的反应,商人对小环境的保护诉求正是笔者研究的重心。当然,民初商人对秩序安宁的追求或许正可以成为较为严格意义上的政治意识酝酿产生的基础。但考诸史实，笔者并未从民国初年江浙商人身上看到这些令人乐观的政治景观。这背后的原因可能既需要从当时的政治制度架构实状及与民主政治配套制度环境的缺乏等方面去寻找，更要从当时那些生意人大脑中的实际政治认知水平方面去发掘。传统观念的改变绝非易事，而现代政治意识的培植，更需要一个较长的时间才能做到。

本书的核心章节集中于革命、战争、民族主义运动这三类事件，且分别以一些个案事例为中心。以事件为中心更能将此种分析置于一动态的框架之中。然而，笔者描述事件的同时，却并不以此为最终目的，只是欲通过此一途径，来考察商人的实际政治心态，以及背后左右此一心态更深一层的经济制度与结构方面的原因。通过此一研究，希望能对民国初年江浙商人与政治之间关系作出一个重新解释。

注释：

〔1〕冯筱才：《中国商会史研究之回顾与反思》，《历史研究》，2001年第5期。

〔2〕关于1990年以后研究的具体评述，请参见冯筱才：《中国大陆近代商人之研究》，《近代中国史研究通讯》，1998年第26期，第87～98页。

〔3〕直接相关的著作主要有陈锦江：《清末现代企业与官商关系》，王笛、张箭译，中国社会科学出版社，1997年；[法]白吉尔（Marie-Claire Bergère）：《中国资产阶级的黄金时代，1911～1937》，上海人民出版社，1994年；[美]小科布尔（Park M. Cable, Jr.）：《上海资本家与国民政府，1927～1937》，杨希孟、武莲珍译，中

国社会科学出版社，1988年；[美]高家龙(Sherman Cochran)：《中国的大企业——烟草工业中的中外竞争（1890～1930）》，商务印书馆，2001年；[日]小浜正子（Kohama Masako）：《近代上海的公共性与国家》，上海古籍出版社，2003年；李达嘉：《商人与政治：以上海为中心的探讨，1895～1914》，博士学位论文，台湾大学历史学研究所，1994年；Joseph Fewsmith（傅士卓），*Party, State, and Local Elites in Republican China: Merchant Organizations and Politics in Shanghai, 1890～1930*. Honolulu: University of Hawaii Press, 1985; Susan Mann（曼素恩），*Local Merchants and the Chinese Bureaucracy, 1750～1950*. Taipei: SMC Publishing Inc., 1987. Stephanie Po-yin Chung（钟宝贤），*Chinese Business Groups in Hong Kong and Political Change in South China, 1900～1925*. Basingstoke, 21.k., Macmillan press ltd., 1998; Zhang Xiaobo（张晓波），*Merchant Associational Activism in Early Twentieth-Century: The Tianjin General Chamber of Commerce, 1904～1928*. Ph.D. dissertation, Columbia University, 1995. Zhongping Chen（陈忠平），*Business and Politics: Chinese Chambers of Commerce in the Lower Yangtze Region, 1902～1912*. Ph.D. dissertation, University of Hawaii at Manoa, 1998.

[4] 李达嘉：《商人与政治》，第285～287页。
[5] 高家龙与钟宝贤对港粤商人的研究则更多地关心商人政治活动对其事业带来的影响。
[6] 当然，"绅商"是中国历史上既存的概念，而且在许多时候，地方上的活动是由"绅"与"商"一同参与的，甚至未必能分清哪些工作是"绅"做的，哪些工作又是"商"做的。在此时，我们可能不得不采用"绅商"一词。但是，如果事实上可能的话，便要尽量分开来讨论，否则不能看清两者的区别。笔者亦遇到此一问题，但如果可以分清角色，在此便尽量不使用"绅商"一词。
[7] 所谓"史料前预设"，笔者意指论者在讨论某一历史问题时，不是从史料入手，而是从某一特定理论框架或者意识形态入手，预先确定一些假设，然后去从史料中寻找"证据"证实。
[8] 1914年北京政府公布的"商人通例"规定商人为商业之主体，而商业则包括以下17类：买卖业、赁贷业、制造业或加工业、供给电气煤气或自来水业、出版业、印刷业、银行业兑换金钱业或贷金业、担承信托业、作业或劳务之承揽业、设场屋以集客之业、堆栈业、保险业、运送业、承揽运送业、牙行业、居间业、代理业。参

看张士杰编《商人宝鉴》,商务印书馆,1935年,第425页;陶汇曾编《商人通例释义》,商务印书馆,1925年,第13页;刘绍基编《商人要览》,南京书店,1933年,第14~25页。

〔9〕罗志田曾在一篇论文中引用杨荫杭所谓"商客"一词,来指代民国初年新出现的介于政商之间的边缘小社群。参见罗志田:《近代中国社会权势的转移:知识分子的边缘化与边缘知识分子的兴起》,《开放时代》,1999年7、8月号。

〔10〕本文所谓"江浙地区"实际上与明清史学者所关注的"江南"有相当的重叠。许多学者的研究已证实,自18世纪后,江南地方精英愈来愈卷入了社会秩序的创建与维护。但是民国以后,此一"江南模式"是否还继续存在?则不见回答。笔者的研究试图在此方面进行探索,实际上亦想将学界对明清江南社会的研究下延,以帮助我们全面了解江南地区的社会经济变迁与政治变迁。[美]王国斌:《转变的中国——历史变迁与欧洲经验的局限》,李伯重、连玲玲译,江苏人民出版社,1998年,第128页;梁其姿:《施善与教化:明清的慈善组织》,联经出版事业公司,1997年,第37页。

〔11〕李达嘉:《商人与政治》,第285页;白吉尔:《中国资产阶级的黄金时代,1911~1937》,第121页。

〔12〕讨论商人与政治的关系,必须考虑到"政治场"的影响。"场"的概念是借自物理学,按照《辞海》的定义,主要指"分布在空间区域内的物理量或数学函数",亦指"空间区域本身,不一定是物质存在的形式"(《辞海》,上海辞书出版社,1999年,第1440页)。笔者用"政治场",指一定区域内的政治活动的强度。包括政治人物数量、政治言论及宣传的多寡、政治事件发生的频率、民众政治意识的强弱等。而在上海,由于集中了大量政治人物、政治性的宣传媒体,政治事件发生频率也高,所以"政治场"大。在强大"政治场"中,人们往往会受到场力的影响而使行为言论均呈现一种"政治化"的表象。但这种"政治化"未必反映人们自身的真实意识,往往是在外在的"场"的压力下一些被动的表现。

〔13〕关于"沿海中国"与"内地中国"的使用,可参见白吉尔:《中国资产阶级的黄金时代,1911~1937》,第31页;[美]柯文(Paul A. Cohen):《在传统与现代性之间——王韬与晚清改革》,雷颐、罗检秋译,江苏人民出版社,1994年,第215~219页;费正清(John K. Fairbank)主编《剑桥中华民国史》第1部,章建刚等

译,上海人民出版社,1991年,第1～3页。不过费正清敏锐地注意到,"中国沿海"和"中国内陆"是两个界限比较模糊的抽象物。它们首先是提示性的用语,而不是分析解剖的工具。费正清主编《剑桥中华民国史》,第31页。

〔14〕固然,在沿海一些条约口岸,由于外国政治经济势力的存在,尤其是租界的设立,使得生活在这里的商人可能会更受各种政治运动的影响。但是这种影响是否改变了多数商人的观念甚至行为,以致他们与其他生活在非通商口岸的商人有根本的不同,可能需要我们通过具体的考察来分析。更重要的是,即使真的有一些口岸商人政治化比较明显,我们亦不能简单地将其当作是商人的代表或者典型,而必须考虑到左右其言行的众多的外界因素。

〔15〕所谓"区位",系借自经济地理学概念,其简单的定义,"一般是指某一地区在与外围地区的经济联系中所形成的空间关系,即个体在总体中的位置。与地理位置的含义大致相同"(丁萍萍主编《经济地理》,中国财政经济出版社,1998年,第4页)。在本文中,笔者以该词指由某地历史及现实因素所构成的事件发生的背景。

〔16〕《中国实业志》浙江省第1册,宗青图书公司印行,1932年,序,第1页。

〔17〕《中国大百科全书》(政治学),中国大百科全书出版社,1992年,第481～482页。更为权威性的西方学界的定义可参见《布莱克维尔政治学百科全书》:(1)政治是在共同体中并为共同体的利益而作出的决策和将其付诸实施的活动。(2)政治是一群在观点利益方面本来很不一致的人们作出集体决策的过程,这些决策一般被认为对这个群体具有约束力,并作为公共政策加以实施。这两种定义都认为国家是政治的主要活动领域,但是其他社会共同体(或次级国家机构)中也存在政治活动。邓正来主编《布莱克维尔政治学百科全书》(修订版),中国政法大学出版社,2002年,第629～630页。

〔18〕《中国大百科全书》(政治学),第481～482页。

〔19〕《中国大百科全书》(政治学),第485页;Sherrill, Kenneth S, Vogler, David J., *Power, Policy, and Participation: An Introduction to American Government.* New York: Happer & Row, 1977, p.207. 又请参考《布莱克维尔政治学百科全书》(修订版),第608～610页。

〔20〕采用市民社会研究路径的主要可参考朱英:《转型时期的社会与国

家：以近代中国商会为主体的历史透视》，华中师范大学出版社，1997年。敖光旭对广东商团的研究也采用"市民社会"的分析路径。他认为1919年之后陈廉伯执掌广东商团后，开始刻意打造"商人政府"，并在商团事件前形成了以商团为驱动中心、以民团为外围组织，以士绅和商人为主要社会基础、以"民治"或"自治"为核心理念的一体化社会网络，及其以社会主体自居，用实力与广东政府分庭抗礼的"大商团主义"。广东商团也被视为类似于西方早期现代化时期的"市民社会"。敖对广东商团的具体发展及活动的考察无疑已较前人更为深入细致，但其关于商团"市民社会"性质的论断是否成立，似乎仍可以商榷。敖光旭：《"商人政府"之梦——广东商团及"大商团主义"的历史考查》，《近代史研究》，2003年第4期。

〔21〕王国斌：《转变的中国》，第101页；亦参见梁其姿：《施善与教化》，第248～250页。

〔22〕主要参见李达嘉较早的研究论文《上海商人的政治意识与政治参与（1905～1911）》，《"中央研究院"近代史研究所集刊》上册，1993年第22期。

〔23〕〔英〕T. G. 威廉斯（Thomas George Williams）：《世界商业史》，陈耀昆译，中国商业出版社，1989年，第3页。

〔24〕所谓"财产权"，笔者在文中采用道格拉斯·C.诺斯（Douglass C. North）的定义。诺斯认为，财产权是个人支配其自身的劳力与其拥有的物品劳务之权利。支配是许多条件的产物：法律、组织形式、执行和行为规范，亦即制度架构。参见〔美〕道格拉斯·C.诺斯：《制度、制度变迁与经济成就》，刘瑞华译，台湾时报文化出版企业有限公司，1994年，第43页。到这里，读者肯定会反诘笔者，为什么你前面批评一些学者使用"西方概念"或者以西方经验来理解中国历史，而你又在这里借用西方词汇作文章的中心概念呢？！笔者并不反对引用西方理论来解释中国历史，但却有两个重要的前提。其一，笔者反对在引用时存在"史料前预设"。笔者不同意一些学者在阅读历史资料前，便已确定一个西方的理论或者概念来做预设的前提。其实，笔者对使用西方概念的批评主要是建立在那些使用者或多或少存在预设判断的问题。这些"史料前预设"，笔者认为是历史研究的大忌。另一个相关的前提是，你所使用的西方理论或概念是否具有"普适性"，还是"特殊性"

的经验的产物？笔者认为像"产权"是个普适性的问题，任何人类社会均存在这一问题。但是有些概念，比如"资产阶级革命"便是一个欧美特殊历史经验的产物。如果一个概念或者理论可以判断是"普适性"的，那么相对的引用自然是可以的。

〔25〕吴伦霓霞、莫世祥等人曾认识到趋安厌乱，保护自己的经济利益是决定商人们政治态度的首要依据（《粤港商人与民初革命运动》，《近代史研究》，1993年第5期）；相似的观点亦见马敏：《官商之间：社会剧变中的近代绅商》，天津人民出版社，1995年。张桓忠认为上海商人政治文化是"以社会安定为前提，政治理想为后置"，总的政治态度倾向保守，且知时善变（张桓忠：《上海总商会研究：1902～1929》，知书房出版社，1996年，第306页）。

〔26〕关于"自生自发秩序"，请参见［英］弗里德利希·冯·哈耶克（Friedrich A. Von Hayek）：《自由秩序原理》，邓正来译，生活·读书·新知三联书店，1997年，第68～74页；又氏著《致命的自负》，冯克利、胡晋华等译，中国社会科学出版社，2000年，第1～6页。当然，用这种"自生自发"来描述一种受多种外在因素制约的市场秩序，或者一种动态稳定的社会秩序，都是比较粗糙的提法。因为，"国家"及"政治"等实际上深深嵌入这种秩序之中，或者即是其重要的塑造力量。而完全"自生"或者"自发"的秩序实际上只能是一种虚构的参照体系。对"自生自发秩序"的批评，参见博兰尼（Karl Polanyi）：《巨变：当代政治、经济的起源》，黄树民译，远流出版股份有限公司，1989年。

〔27〕笔者在此之所以用"偶合"一词，是因为，在接触新经济史学的理论前，笔者于阅读史料的过程中便已想到此一问题。后来读到新制度经济学一些理论，深感其一些观点正与平时的思考相一致。

〔28〕参阅 Douglass C. North, *Institutions, Institutional Change and Economic Performance*, New York: Cambridge University Press, 1990；道格拉斯·C.诺斯：《经济史中的结构与变迁》，陈郁、罗华平等译，上海三联书店、上海人民出版社，1994年；道格拉斯·C.诺斯、罗伯特·保尔·托马斯（Paul Thomas）：《西方世界的兴起》，张炳九译，学苑出版社，1988年。

〔29〕T. G. 威廉斯：《世界商业史》，第1页。

第二章　晚清以降江浙区域社会变迁中的商人

考察民初江浙地区的社会变迁及商人与政治关系，我们有必要先来看看晚清以来，这个地区出现了一些什么变化，商人的地位及政治动态如何，以便确定一个研究的起点。

晚清国内政治、经济的演化

政治层面的变化

晚清以降，建立于政治、经济格局演化基础上的社会变迁速度加快。外力的入侵带来了条约口岸体制，新学随之兴起，留学风气渐炽，部分国民的政治观念发生重大变化，如民权学说、宪政理念、合群思想，以及影响深远的社会进化学说，均开始被引进。

中国内部的变化表现为地方权力的抬升，督抚势力膨胀，以及由此而来的自治运动，太平天国战后秩序重建过程中出现新的权力空间，地方财政的变化（如厘金制度的创设）、功名捐纳制的泛滥等。

在这两股力量共同作用下，民族主义萌发，救国学说流行；革命党人出现，革命主张成为具有颠覆力的潜流。同时国内社会舆论的力量开始显现，对政治情势发展有重要影响。[1]中央集权制开始松动，地方自治的推行、社会秩序的重建使绅权日益扩张。[2]新的政治权力空间的出现，往往意味着新的利益空间的出现，商人们试图加入或予以适当的投资，以求得利益，如参与立宪运动和支持地方自治等。

1898年政府一度开放党禁，旋又禁止。1904年局部解除党禁，开放结社律。结社自由在一定范围内得以实现，各种民众团体涌现出来。[3]1905年科举废除，大量的"绅"进入实业一途，改变了原有的商界结构。政府方面复持"重商主义"，提倡与扶持工商发展，添设实业机构，经济政策开始有了新的变化。各种新的部门被设立，如商务局、商部、商会等，工商似突转显赫。同时商人们利用捐纳功名之途，企图获得更多的身份资本，节省交易成本，为自己的事业打开绿色通道，在新的利益空间争夺中先人一筹。

外力入侵，同时带来新的谋取利益的机会，口岸商人们积极把握，并且努力效仿，以求得更多的利润。地方财政结构的变化，使商人们在地方上的权威增加，拉近了地方官吏与商人间的关系。不过，由外力入侵而引起的赔款，与国内镇压太平天国起事后重建秩序，亦增加了商人的赋税压力。1905年后新政的渐次推行在一些地方更增加了商人的负担。[4]

经济层面的变化

经济层面最重要的变化，从外部看来，是外力所带来的技术变迁与新经济制度的引进等，这些既给商人们带来潜在的获利机会和创业途径，但同时亦破坏了原有的国内市场网络结构，而引起中国经济结构的渐变。另一方面是对外贸易额增多，使国内经济与世界市场体系联系更为紧密。

内部来看，明清时期，中国的商品经济的发达是非常明显的，国内商业繁荣已由许多学者从各方面得到证实。这种发展的态势一直延续到清末。[5]1896年后，国内消费增长趋于迅速，商人的利润空间拓宽。[6]因社会稀有资源的加速分配，导致人们对财富、地位同时追求的可能性增大，于是有阮忠仁所强调的绅商"利润需求面"的扩张，[7]这些均刺激了国内新兴企业的创办。

经济结构的变迁，市场的扩大，使得人口流动加剧，城乡结合日益紧密。[8]城市化的速度加快，原有的社会秩序不同程度地遭到破坏，社会上的流民增多。伴随着企业的创办，工人阶层开始出现。他们均带来了新的问题。传统经济结构的变迁，所带来的失业人群更可能会引起政治上的不稳定。[9]

从"轻商"到"重商"：商人地位的嬗变

中国社会中轻商的传统

学者们多认为传统中国的轻商风气源于法家的思想。秦以后逐渐成为历朝政府的国策。[10]其实亦成为士人以至于普罗大众的共同心理。

政府方面，轻商主要见诸政策法令。李和承曾列表对照从秦至明历朝的商业政策，其中多属于抑商法令。其规定主要包括：列入市籍、戍边服役、禁止为吏出仕、不得名田、限制服饰及车马等。[11]另外亦有规定一定级别以上的官吏不准经商。虽然其动机中有避免"与民争利"的想法，但是也可能是担心官员经商而有辱形象，败坏仕风。不过在轻商政策的实际执行中,各朝并不一致,主要还是在于随着具体政治情境的变化,轻商政策时紧时松。而商人也会设法规避一些法令,为自己谋取更高的地位。[12]

在士人眼里,商人获利的途径既不脱欺诞之术,对其角色的评价自然属于低贱之流。[13]一般民众的观念中,商人自然不会有好名声。李陈顺妍的研究便显示,认为商人奸诈成性,好不劳而获实是农业社会中的大众心声。[14]如果家族中出现商人,为了避免影响集体声誉,即使他们非常富有,仍然可能会被排除在宗族管理层之外。[15]瞿同祖亦发现,一些家族甚至禁止其成员或者后代经商。[16]

当然,这种社会中的轻商风气,亦处于变化之中,像一些盛产商人的地区,或者商人活动集中的城市,对商人的评价可能会要高一些,[17]但这并不能否认从社会整体而言,轻商仍占意识形态和大众心理的主流。

商人自己也有轻商倾向。晚清之季,商人往往喜欢在传记中称自己"幼业儒后习商",1792年出版的《商贾便览》的作者吴中孚便称他自己本来是读书人,因身体不好辍学经商。[18]按理说,经商应比读书更需要体力的支持,所以这种自圆其说似乎折射出他内心的"向儒"心理。谢文华研究清末买办商人的价值取向,他认为第一点便是"重功名"。许多买办商人虽然已为豪富,但仍然以读书、求功名为重。[19]另外一个表现即是商人在赚钱后,其奢侈性消费让人吃惊。这里面,既与后文论及的私有产权无法得到明确的保障有关,亦不排除在轻商的社会氛围中商人欲通过炫耀财富而达到心理上的一种平衡。所以社会上的轻商之风实际上又影响到商人自己的价值观。

陈锦江认为轻商的原因缘于以下三点：商人寄生性格、威胁政治权威、价值信仰不相符。[20]黄克武则将其总结为四点：本末观念、儒家肯定富民而反对利己思想、政治控制上的因素、知识分子的轻视等。[21]李陈顺妍亦认为政府轻商的主要动机是"维护统治阶级的利益，将之作为一种统治的手段"。[22]王家范提出：汉以后轻商的根源是政府与商人争利，以及防止异己集团。[23]所以重农抑商政策的产生，既有价值信仰系统的因素，亦有政治上的实际考虑，还有士人态度的影响。

除此外，商人自身营业上也可能因为盘剥过甚，或者喜好投机且不顾公益而受舆论攻击。[24]有学者即认为汉代政府之所以厉行抑商政策，甚至禁止商人着丝乘车，是因为奸商囤积居奇，操纵物价所致，亦对社会可能因此出现危机的一种反应。[25]翁昌辉则从管制经济学的角度认为中国传统的"重农抑商"政策是反垄断的社会表现。[26]

经常有人从现代工商社会的立场出发，对中国传统的轻商取向进行谴责。认为正是轻商的政策与社会心态，才造成中国社会的停滞等。但是据希尔斯（Edwards Shils）的观点，人类的知识是渐进的，累积性的，后人是很难跳出过去的掌心的。[27]那么，将中国传统观念中的"轻商"仅视为一种落后的思想，似有失于简单化。笔者认为，由于中国古代学者的"内省"意识，他们思考人的道德意义，所谓"义""利"之辨，较受重视。专以"逐利"为目的的商人往往因注重"利"而忘其"义"，为人所歧视。且国人多以商人不能生产，其利之出，皆源于易货投机。当时市场网络狭小，自然经济占主流，商的需要既不大，而其价值亦不会被看重。

更重要的是，政府从其统治的稳定性出发，采取重农抑商政策，对于一个农本社会来说，是十分合乎理性选择标准的。

随着生产专业化的出现，规模效益产生了较大的交换必要，商业便日显其重要性。自然经济既受到冲击，商品经济逐渐盛行，市场网络亦随着交通网络及信息流通的改良而有拓展；外来观念的浸淫，工业革命成果的输入等使得人们认识提高。清末商人地位的提高可归之于政府政策的诱导，而这种政策的出台又与当时社会经济情势的变化有关。所以商人地位的提升，在清末既受政府政策所赐，又受外来技术观念输入影响。

重视工商之由来

已有研究显示，在明清时期，商业出现了重大的发展。相应地，商人的地位亦开始呈上升趋势。余英时即认为"四民论"到了明清之际发生重要的变化。明代中叶后，士与商的界限已不容易清楚地划分了。[28]杨联陞也发现，自清初至中叶，政府对商人控制已不甚严厉，"且颇以恤商自许"。商人入仕较前朝为易。[29]亦有学者指出，自清中叶后，商人即有"极度膨胀"之势。[30]苏云峰甚至强调在明清两代，商人的地位实际上要高过农、工，仅次于士绅而已。[31]

明清以后商人地位的变化有其深刻的原因。明中叶以后，社会商品经济的发展，商人队伍的壮大，商业税收成为国家财政的重要补充，甚至是源头之一；中国人口从明初至清末增加了好几倍，而举人进士的名额并没有增加，弃儒就贾的趋势一天天上涨；商人的成功更提供了转业的诱惑；明代开始的捐纳制度为商人开辟了入仕之途。[32]

1850年代以后，受内部变化与外力冲击的影响，"重商"

的呼声开始一浪高过一浪。

晚清政府对商业的重视首先是源于财政上的需要。[33]曼素恩曾注意到,中国历代政府每逢经济或者政治危机,便经常会增加商税以充实国库收入。[34]鸦片战争及太平天国之役先后爆发后,政府愈来愈面临严重的财政困难,商税成为解决难题的重要途径。清末,中国的商税有迅速的增加(见表1),政府亦增加了对商人的仰赖。[35]

表1 晚清中央政府财政收入中各项税收的比例　　　（单位：两）

年份	田赋		工商税总额							
			盐课		厘金		关税		合计	
	数额	%	数额	%	数额	%	数额	%	数额	%
1776	29 910 000	73	5 740 000	14	—		5 400 000	13	11 140 000	27
1842	29 575 722	76	4 981 845	13	—		4 130 455	11	9 112 300	24
1885	32 356 768	48	7 394 228	11	12 811 708	19	14 472 766	22	34 678 702	52
1890	33 766 023	44	7 427 615	9	13 643 107	18	21 996 226	29	43 066 948	56
1894	32 669 086	43	6 737 469	9	13 286 816	18	22 523 605	30	42 547 890	57
1903	37 187 788	38	13 050 000	13	16 252 692	17	30 530 699	32	59 833 391	62
1911	48 101 346	27	46 312 355	26	43 187 097	24	42 139 287	23	131 638 729	73

资料来源:邓绍辉:《晚清财政与中国近代化》,四川人民出版社,1998年,第99页。

从表1,我们发现工商税在中央政府财政收入中的比例1842年为24%,1911年则增至73%,整整翻了3倍多。因此,邓绍辉与何烈均认为,晚清国家租税结构发生了重大变化,工商税渐占主体地位,这表明国家经济基础开始由农业转向工商。[36]

不仅中央财政要依赖于商税的征收,曼素恩更指出晚清政府开办厘金税后,厘金的征收成为省级地方当局的主要财政来源。所以他们对地方商业体系的运转变得更为关心。[37]

重商思想引起政府的重视,更是外力冲击的结果,外贸入超与军事上的失败均是重要诱因。[38]外贸入超,白银外流,漏卮问题引起朝野官绅的忧虑。军事上的屡次失败,尤其甲午一战中国大败于日本,于上于下,更是极大的心理冲击。政府因战事向国内商人筹借公债,亦可能影响其对商业的态度。[39]到戊戌前后,政府已认识到"振兴商务为目前切要之图",[40]再经义和团一役,清政府已"彻底觉悟","重商主义终于成为国家的基本经济政策"。[41]

与重商主义的国策相关的,有商政、商学、商法等制度的建立。[42]1903年商部的设立是一重要的制度性突破;次年,更颁布《商会简明章程》《商律》《公司律》等与振兴商务有关的法令。商会,作为沟通官商的媒介与商人自我管理的组织,开始发挥其重要的功能。[43]种种工商奖励法规的创设,也让国人轻商心理发生一些动摇。[44]同时政府亦筹办劝业会,敦劝商民积极参加国外赛会,设立实业学堂,提倡商业教育。"重商"的另外一途则是出资创办官办企业,既与列强争利,亦做商民榜样,同时劝商民入股官办企业。

政府方面,虽然大力倡导重商,但若无民间响应其效果亦不能彰显。最早起而响应者自然是通商口岸的一些新式商人,尤其是本来便感觉到了新式企业所蕴藏的潜在利润的买办。其次则是旧式商人,他们可能会一面趁机加强既有的事业,一面抱着狐疑的心理将资金转移一部分到新式企业上来。在朝廷的劝谕下,基于"报国"与"求利"的双重动机,一些地主绅士起而响应。这与曾国藩1851年后响应政府号召编团练抵抗太平军实有相似的一面。差别在于，前者观念上要跨越一个很大的鸿沟——"轻商"。不过当朝廷将重商"合理化"后，这一鸿沟便无形中弥合了不少。黄克武以马克斯·韦伯（Max Weber）的理论，将士绅转变为商人及公开经营工商业的"商绅阶层"的出现过程称为"利益追求和商业活动的合法化"，但是他认为"促成此合法化的动力，不是个人利益的追求，而是知识阶层工商救国的高远理想"。[45]这与当时一些舆论的观点，似乎正好相对。[46]但实际上谋利与报国又何尝不能融为一体，对利与名的双重追求本来即是一般人的心理。

在此情形下，中国的政治资源重心遂发生转移，由抚贫转向自强。以前政府把商业贸易视为"平衡不同地区物质需要，补充自给自足"的手段，[47]而到近世，商业则成为对付日益严重的外患的工具，不过，朝廷关心的焦点实际在于"利权"。政府劝办商务，一再督促大臣切实执行重商政策，是由于认识到商务不振可能会影响到国力竞争，然其本质仍在于对外，并不在民生水平的提高。此时清廷的"重商"政策与1900年的支持义和团指向实际上有一致性。

两种重商主义

学界对晚清政府开始推行重商政策、重商主义开始流行意见似乎非常一致，但是大家却经常忽视"重商主义"一词的两层含义，而这一点则是与重商政策的评价直接相连的关键问题。

广义的"重商主义"，即重视商业之意。20世纪初，林作屏作《商箴》称："今日之天下，故一变而为重商主义，商人之力足以操纵天下之权利。"[48]这一句中的"重商主义"一词即是此意。学者们谈"晚清的重商主义",其所指亦主要是政府对商人的重视与保护。[49]一般学者或者民众谈"重商""重商思潮"或者"重商主义",多是从此意出发。

但是狭义的亦是经济学者口中常论及的"重商主义"（Mercantilism）,系指16~18世纪风行于欧洲的一种经济学说和经济实践。它主张应由政府控制国家的经济,以便损害与削弱竞争对手的实力,增强本国的实力。重商主义包含了一些相互关联的原理：（1）一国的财富必不可少的是贵重金属如金、银等。它如果没有或无法获得贵重金属矿场,就得通过贸易来取得。（2）对外贸易必须保持"顺差",也就是出口必须超过进口。[50]这种重商主义是解释国际贸易的最初理论,它鼓励出口,遏制进口,坚决主张以黄金为国家积累财富。[51]

重商学派与重农学派是经济学说史上的对手。重商学派强调国家干预在社会经济生活中的重要地位,个人利益应该服从国家整体利益；重农学派则强调个人自由的重要性,主张减少经济活动中的国家干预,如此则民富国强。[52]故埃利·赫克谢尔（Eli F. Heckscher）认为重商主义的基本性质是一种"常使一切经济活动从属于国家政权的利益"的体系,"作为一种权力体系的重商主义,迫使经济政策服务于政权就是其本身的目的"。[53]

值得注意的是,此前不少学者在讨论近世中国的"重商主义"时,常忽略了此一词语所特定的内涵,而将其泛泛地从字面理解成"重视商业",而这亦导致了他们对商业与政治关系中最重要主题（即国家在商业活动中的角色）的忽视。[54]

笔者所关心的主要便是这种经济学上的重商主义。

中国历史上是否有这种重商主义呢？

据王家范的研究，早在春秋时代的《商君书》中，即有利用商人为其谋"国强"的深意。容许商人自由贸易，亦不能摆脱各诸侯国"富国弱敌"的初衷。到西汉时，我国的经济思想主体已由私人转向国家，由"自由主义"转向"干涉主义"。[55] 杨联陞指出，传统中国政府对城市商人多采统制政策，其手段不外乎限制、征税与利用，目的则在于维持政府的利益。[56] 因此，可以说中国很早便有了重商主义的一些迹象。但此时"国力竞争"一说似乎还未形成。

到1840年代后，外力步步进逼，国内情势日益紧张，近代国家学说传入，重商主义成为一些国人的信仰。我们可以从众多自强的条陈与呼吁变法的文章中看出，当时人们所关心的焦点如杜绝漏卮、国家竞争等均是重商主义的典型论调。[57] 对清末民初国人思想影响甚巨的严复在翻译《天演论》与《原富》时，便有意地误译原作，在译著中宣扬其信奉的社会达尔文主义国家富强学说，[58] 实际上亦有明显的重商主义的色彩。史华慈（Benjamin Schwartz）认为，严复的译著《原富》虽然受到广泛的欢迎，但是书中的经济利己主义并没有在中国引起明显的反响。[59] 在此时，商人若要获得其地位便不能以"为己谋利"作基础，而需借助于重商主义的口号——"商战"来达到。

轻商观念依然存在

与历朝政府为维护社会秩序的稳定而采取一些保护商人的政策相似，[60] 晚清政府推行其重商政策之目的在于国家强大。商人只不过是达到这一目的的工具而已。所以在晚清之际，对商业的性质与商人角色的认识仍未有根本性的变化。[61]轻商风气实际上仍存在于中国社会之中。

在中国，轻商风气实际上主要表现于政治法律及意识形态、文化观念等方面，而在经济上政府从来就未严格地"抑商"。[62]经常有学者举出一些历代政府在财政经济上重用商人的例子，来证明其"重商"倾向，但是对商人的利用并不等于从价值观上给予其平等的地位。

而且，由于轻商为中国传统文化中固有的观念，其产生有特定的社会经济结构原因。从官方来看，由"轻商"到"重商"的转变似乎有一条明显的轨迹，但这主要停留于对官方政策与一些"维新派"官员的行为观念之中。[63]其对社会心理究竟产生了多大的影响，值得认真考察。法律和制度的规定，似乎让商人获得了前所未有的地位。但这往往只是纸面上的变化，可能民间社会心理上"轻商"观念并未有显著的减少。从"士商一律"的条文中，商人可感觉到某种心理平衡，但是从社会大众观念来看，"轻商"实则一直存留于国人潜意识中，是抹不掉的传统。学者们会用一些地方的商人受到重视的例子来证明轻商观念已有很大变化。[64]但观念的测定非常复杂，结构上与功能上的需要，并不一定能够导致观念的变更。人们完全可以一边利用商人的劳动丰富生活，一边仍骂着"无商不奸"。[65]

事实上，四民论对中国社会的影响极深，重士轻商的观念在中国人的潜意识里是极为根深蒂固的，即使在士商相混或身份转换较为频繁的时代，重士轻商观念仍然隐然在支配着人们的思想和行为。尽管明清之际，士商关系发生了重要的变化，在言论上出现了一些对商人比较持平的看法，甚至有士不如商的说法，我们也不能轻易地认为传统的四民论已经被推翻了。[66]

从晚清思想界一些事实来看，社会上轻商之风气确实未曾有多少减弱，反而因附着于一些新进口的学说中得以再兴。如在无政府主义者的笔下，商人即是他们主要的攻击对象之一："富商之起源，大抵无赖黠徒，观时变以射利，利用时机籴贱贩贵，而所获之利，或相倍蓰，或相什百，或相千万，故今日之经商致富者，均用欺谲之政策者也。"[67]革命党人甚至直斥"资本家"为"大盗"。[68]刘师培更是大声疾呼"废商"，化商为农工，他认为："人类之中，惟军人商贾有害于民，军人者，杀人者也；商贾者，劫财者也。军人杀人以为功，伤人道之和；商贾劫财以为利，失人道之平。"因此，刘对当时政府的"重商"政策极表不满，认为古代之弭兵抑商政策远胜于今日。[69]

1910年4月，有人撰文指出对商人的评价至"晚近之世，愈趋愈下，轻之曰经济中人，贱之曰市侩，斥之曰奸商"，商人"遭举世之白眼，受举世之诟病"。[70]实际上直至1940年代，仍有所谓"罪在商人论"，将一切经济秩序的扰乱归咎于"奸商"的破坏。[71]

值得注意的是，轻商似乎并不是中国社会的独特之处，早期世界许多国家都曾限制商人的政治权利，[72]基督教义中亦充满了"轻商"的言论，[73]但是中国的轻商传统似乎在文化上延续更为长久。甚至今天中国沿海一些较发达地区的商人赚够钱之后，多不大愿意让其子女经商。反之，他们一般竭力支持子女努力求学，即使考不上大学，亦倾向于让其找一稳定工作。

经济民族主义与私有产权制度

重商主义实际上是一种民族主义在经济层面的表现。民族国家是重商主义干预政策的基础。[74] 晚清中国出现的重商主义浪潮,确实与当时勃然兴起的近代民族主义思潮密不可分。

晚清民族主义的兴起

民族主义(Nationalism)即意味着对国家的高度忠诚,把国家的利益置于个人利益或其他团体利益之上。该词在英文中,可以等同于"国家主义",本质上是一种以国族为个人效忠最高对象的心理状态。[75]

但是在晚清政治家与思想家的笔下,"民族主义"与"国家主义",似乎有着不同的含义。"民族主义"一词,较早的使用可见于梁启超等维新派人士,似乎较接近"国家主义"一词。[76] 稍后革命党人所提倡的"民族主义",则强调在对民族效忠的同时,要对满人主导政权的抵抗,充满了种族主义的意蕴。[77] 是故,李恩涵认为自"鸦片战争到辛亥革命的一段时期,也可以说是中国民族主义自传统的原型民族主义蜕变为近代民族主义的一个时期"。[78] 李所谓原型民族主义与霍布斯邦所说的"民族主义的原型"意思相似,但可能主要还是指"种族民族主义"。

"民族"作为一种"想象的共同体",[79] 其创建被白芝皓(Walter Bagehot)认为是19世纪历史发展的核心关键。[80] 白氏此语似针对欧美历史而言，对20世纪的中国来说，余英时认为民族主义仍是政治演变最重要的原动力，几次重要的政权更迭实际上均拜民族主义之赐。[81]黄仁宇则认为1905年科举的取消，使中国社会中高层结构和低层结构间联系被截断，社会"宪法"既堕落，而新的原则又尚未确立，唯"忠恕之道"与"爱国精神"成为维系不堕的力量。[82]黄所说的"爱国精神"实际即民族主义的强烈表现。

安德森（Benedict Anderson）认为现代民族主义的产生与"印刷资本主义"的发展密切相关，[83]民族的"想象社群"借报纸、书刊、电报等现代传媒与技术而得以形成。甲午战争后，维新派人士与革命党人竞起办报，"造成了中国报业史的黄金时代"。[84]当时各种宣传民族主义的报刊书籍为数不少，其中尤以倾向革命留日学生所办刊物用力最多。[85]通过"民族英雄系谱"的不同书写，革命党人与改良派人士等不同派别的知识分子为"国族构想"贡献了力量。[86]如果我们先不把"种族的民族主义"与"国家的民族主义"作具体的区分，民族主义借着知识分子的宣传在晚清实已形成了一股强大的力量。

经济民族主义

1904年后民族主义在中国社会的勃兴又以经济层面表现较为明显，[87]论者常以"经济民族主义"一词来表示。该词的具体意涵，一般认为主要包括两个方面：对外主张收回经济主权或者抵制外国经济侵略；对内大力提倡振兴实业，积极推动经济的近代化。[88]晚清收回路矿利权与抵制外货的运动，则是中国近代经济民族主义最具体的表现。[89]

收回路矿利权运动最初似肇始于地方疆吏，1903年，四川总督锡良向朝廷奏请铁路商办，获得上下一致的赞同，地方士绅更是主要的支持力量。1904年，总督张之洞，以巨资赎回粤汉铁路的修筑权。紧接着，苏杭甬、广九等路的修筑权收回运动轰轰烈烈地在各地展开，从高层官绅到普通民众，无不卷入其中。[90]收回矿权运动亦同时被发动起来。[91]

全国性的抵制外货运动自1905年始。因中美工约风潮，是年全国各埠绅商学界发动了大规模的抵制美货运动。特别是上海、广东、广西及江苏、浙江、福建、湖北、安徽等省及青岛、烟台、营口等地，声势尤其浩大。[92]1908年，香港、广东因二辰丸事件又发起抵制日货运动，运动迅速波及上海及南洋，同年青岛亦发生抵制德货运动。[93]

收回利权与抵制外货运动使国人的民族主义情绪日益增加。到1910年，甚至有人将购外货与亡国联系起来，看到旁边有人极力模仿欧风，便大叹"亡国之尤"。[94]将利权与主权相联系更成为一种普遍的认识，[95]经济竞争亦成为一些知识分子口中的名词。[96]

为什么在1904年后，经济民族主义思潮突然高涨呢？阮忠仁认为传统的看法一般有三点：1904～1905年日俄战争及立宪运动使国内民主主义思潮更为昂扬；1895年以来，帝国主义对华经济压力快速高涨；清政府的工业化政策愈为积极。不过，阮也指出，这三大因素实际上均是与经济民族主义运动的主体——各省绅商相对的客体物，他提出"绅商的新式企业利润需求面"的解释，认为1903年后，由于国内政治、社会、经济等方面发生政策性与制度变革，绅商已体察到新式企业可能带来的丰厚利润，故"利润需求面"扩张，促成经济民族主义运动由口号转化成实践。[97]

由此观之,仅以"爱国"来解释经济民族主义的兴起是不够的。萧功秦亦认为:清末的保路运动之所以形成强有力的具有高度社会动员力与号召力的政治抗争运动,乃是因为它是观念层面的经济排外主义思潮、社会层面的地方主义势力与政治层面的谘议局力量这三方面的因素彼此密切结合的产物。[98]收回路矿利权运动中,地缘意识与个人私利意识的结合确实是值得注意的,[99]甚至所谓"挽回利权",不一定是针对外人,亦可能是针对本国甚至本省人而言。如1910年有人在《绍兴商业杂志》讨论绍兴商业与浙路关系时,便主要从该路对于绍兴商人的重要性出发,并提到路通之后,便可以避免由宁波、杭州商人代包货捐,而挽回"无形中损失之利权"。[100]

所以,阮忠仁不同意将1903～1911年的经济民族主义运动称之为"爱国"运动,亦否认绅商具有"爱国热情"。他认为,反对帝国主义不等于爱国,可能只是为了私人恩怨,其行为多与爱国背道而驰。在绅商的价值体系中,个人利益与国家利益的结合,并非绝对性的,而是概然性的。一旦无利可图,随时可弃土地、主权;一旦为了获取私利,也可出卖土地与主权。[101]

然而,以"爱国"来作为评判商人经济行为的标准可能本来就是误入歧途。投资者以利润为依归,自属无可厚非。更何况,所谓出卖土地、主权如何是商人能做主?商人在运动中的不良表现,多是利益空间存在时,产权没有很好的界定,或没有相应配套的制度对商人行为加以规范。投资本国企业的买办或商人,可能是有志于实业救国,也可能是纯粹基于利益的考虑，或两者兼而有之，他们的动机其实是不易分辨的。不过，从一些商人留下来的资料，我们仍然可以看出有些买办或商人确实早已具有民族意识，但是政府工商业政策及投资环境亦是商人投身于创办新式企业的重要影响因素。[102]

当然，在"爱国"民气高昂之时，商人如果完全以"利润需求"为其投资新式企业或者参与收回路矿权的运动的公开目标，自然是难以得到其他社会阶层的响应的，于是对经济民族主义口号的利用，又是近世工商业者的一个营业策略。这其中，"商战"无疑是最响亮的口号。

"商战"——商人手中的双刃剑

"商战"是经济民族主义的一个直接表达，据王尔敏的研究，该词最早为曾国藩所使用，郑观应则作过较完整的表述，[103]王氏认为"商战"一说主要由传统士大夫提出，不过到清季末年这个词汇显然已经广泛存在于舆论报道之中了。[104]

当"商战"成为舆论界频繁用语时，商人自然会搬用，高呼"商战"可能会对商人们的事业有利。[105]他们会以"商战"为口号，强调与列强竞争最要紧的是通过贸易及工矿业生产，既要增加出口额，更要在本国市场上将外货驱逐出去，以国货作为代替，于是"国货运动"便成了一些商人持久不息的爱好。同时，商人们用"商战"口号去作游说资本，以期获得政府的实业支持或补助。晚清政府出台一系列保商恤商奖商的政策，不能不说有"商战"的考虑在其中，而所谓"商权"的抬升，更是受"商战"思潮的推动。

近世一波波的社会运动，实际上无一不是以"救国"为旗帜。"在商言商"的商人们也只有应合时势，举起一杆"爱国主义"的旗帜，与"爱国"民众站在一起，否则便极有可能成为运动中群众发泄愤恨和激情的目标。民族主义运动中先反"外强"再反"奸商"的例子并不少见。所以，打着"商战"的旗帜，对商人而言，既有利用的成分，亦属时势所逼。从商人而论，以商利为目的，本来无可厚非。但是在近世中国，民气沸腾，社会进化学说与经济民族主义甚嚣尘上，如果你超然度外地去逐利，肯定会被斥为小人，甚至招来横祸。

然而，这种策略并未从根本上解决商人们的担忧，私利的追逐仍未有多少道德资源可供支持。商人们便只有一面做生意，一面用警惕的目光注视着街市上的动静。

阮忠仁认为，就社会来说，绅商以"商战"观念配合民族主义思潮，把自我形象诠释为爱国角色，但事实上此种角色很难被国人接受，其原因是绅商的多数行为只顾私利而罔顾国家公利，甚至非法行为层出不穷，不仅破坏自我标榜的爱国角色，更为社会所唾骂。[106]笔者认为，商人的"爱国"形象不被社会接受，其实更重要的原因还是"轻商"的社会心理未有多少改变，商人在其事业经营中，对私利的专注是非常自然的事，只要在合法的范围内，这种行为便不应受到谴责。关键是何为"非法"？何为"合法"？阮忠仁所举的收回路权运动中一些地方绅商在自办铁路中腐败自私的行径，其实主要是各省铁路公司一些掌权的地方绅士，而非普通的商人。[107]不过，经济民族主义运动中举着"商战"旗帜的商人，确实会遇到"公利与私利""合法与非法"等类似让他们尴尬的问题。[108]

更重要的是，政府提倡"商战"，其目的最后还是为了"抵御外强"。[109] 由于商人将其逐利的合理性建筑于"商战"的浮沙之上，一味以"商战"为招牌，而不是像欧洲的卡尔文教徒信奉"新教伦理"，宣称赚钱就是人的"天职"，并且要求得到法律的保护，[110] 所以当知识分子或者革命党人认为他们所提出的道路比"商战"更能救国，那么，商人便只有服从于新的口号了。遇到激进的群众要来侵犯其私有产权，商人们也实在是搬不出像样的理论武器来对抗；而如果政府以"人民"与"国家"的名义对其实施压榨剥夺政策，商人们便只有忍受的份了。这是"商战"口号为商人们带来的悲剧性的命运。不从法律上去寻求私有产权的保护，而欲靠着民众的"爱国"热情大赚一票，也许他们确实能获得一些暂时的利润，但是最后却可能毁掉他们拥有的一切。对商人而言，"商战"口号正是这样一柄双刃剑。

晚清私有产权制度与观念的变化

赵冈与陈钟毅曾认为：中国历史与欧洲的发展最主要的差别之一，便是私有财产制度在中国发生极早。从战国时期开始，私有财产制度便已确立，产权的观念深植人心。[111] 他们进一步认为，由于中国较早就有了私有制度，经济财产的所有权分散在众多的单元中，所以市场经济在中国的战国时代便开始了。[112] 刘广京亦认为，明清法律肯定私有财产制度是没有问题的，最重要的是私有财产制度在家族礼法里生根滋长，契约与分家文件同受人尊重。契约无论是"红契"（有官府盖印的契）或"白契"（即未由官府证实者），只要合乎程序的居中、见证，宗族及法庭基本上承认其效力。[113]

但是他们所说的多限于土地所有制与不动产的所有权。按照赵文洪的观点,"私有财产权利体系"主要包括：绝对私人所有权、私有财产神圣不可侵犯的原则、行使私人财产权利的自由。[114] 所谓绝对所有权主要指动产或不动产而言,它又集中表现在土地所有权上。[115] 在中国,绝对所有权一般均能获得政府承认,但是被认为是"近代资本主义的灵魂"的"私有财产神圣不可侵犯"一条原则在中国却似乎没有根基。[116]

相似地,黄仁宇认为传统中国处于模糊的数目式管理之下,而非清晰的基于私人财权的数目式管理。[117] 费正清也认为"rights"一词很难在中文中准确定位。[118] 沟口雄三则指出,"私"在中国哲学传统中一向有负面含义,私隐观念根本无发展的土壤。[119] 像英国17世纪的民法中所规定的社会、政府与私人所有权的平等,[120] 并不能在当时中国的法律中找到多少影子。

对商人而言,私有财产神圣不可侵犯与行使私人财产权利自由这两条原则似与他们关系更大。但中国商人在社会上的地位低下,法律上亦无此类产权的保护规定。故商人的财产经常会遭遇政府的侵犯。王家范认为,夺富思想早就见诸古代中国知识分子的议论及政治家的实践,[121] 而行使私人财产权利的自由,在中国亦受到诸多的限制,[122] 财产在相当大的程度上的不可侵犯性有利于大额私人财产和资本在长时段内的成长,[123] 政府对富有的商人往往持敌视态度,唯恐形成对统治基础的威胁。

晚清政府及知识分子既以"重商""商战"为应付外力

冲击的手段，国内的工商业亦借此机遇有了不少的发展。但在私有产权方面，变化似乎却不多。郝延平认为19世纪中国的沿海地区，在中西贸易的刺激下，"商业资本主义"趋向成熟，甚至构成了一场"商业革命"，其表征之一便是私有财产和由此产生的收入不平等受到强有力的保护。[124]但他所揭示的事实主要还是存在于几个重要的条约口岸，保护私有产权的制度化措施很少是由中国政府所推出的，亦未得到中国社会的普遍承认。[125]

真正意义上的"重商主义"其实与国家干预经济生活密不可分，重商的另外一面即是抑制私有财权。[126]虽然晚清政府谈不上奉行真正的"重商主义"，其抑制"私有财产"亦比不上前朝，但在保护产权方面无多少积极的表现，对商人私有产权的尊重意识尚为欠缺。

清末官商合办的重要企业如轮船招商局、电报局等，发起时多赖商人踊跃入股，但到利润分成时，除商人所得官利外，政府方面则要求将企业所得的一部分报效朝廷。[127]1908年，政府将电报局收归官办，在股票收购价格上，商人要价290元。邮传部则以商人收利已久，自应减价报效，是以酌中定价150元。[128]其理由似可以林作屏一句话来概括："国家为保护民人而设，则商人即有报效国家之义务。"[129]

道格拉斯·C.诺斯（Douglass North）与罗伯特·保尔·托马斯（Paul Thomas）曾提出，为了创建一个更加有利可图的市场环境，英国与荷兰新兴的商人阶级可能会要求政府官员加强界定及保护私人产权的努力，市场发展亦会给政府带来更可观的税收利益，所以官员们可能积极地履行这些要求。[130]然而，近世中国的历史似乎与此迥然相异，商人与政府间这种互动关系并未建立起来。晚清政府由于财政上的困难，似乎有些类似的动向，但是还谈不上清晰地来为商人界定产权，其政策推行的主要动机主要是商战的需要及挽回利权的急迫心理。

其实在晚清中国，产权界定与保护的工作，仍多由民间自己来完成，如习惯法的沿袭、行业法的制订与执行，商人团体在其中扮演了重要的角色。不过，民间商业社会对产权规则，多是遵循传统的习惯，规则的变更通常比较困难，其成本似乎很高。[131]

1903年商部成立后，实行保护商人奖励商业的政策，但是商人的私有产权仍未能得到法律的明文确定。即使是1906年政府颁布勋商章程，仍是从外部奖励的层面入手鼓励商人，并非基于商人的财产安全保护的考虑。可以说，晚清民初的政府始终未认识到唯有产权的确立，方是鼓励商人兴业的最佳途径。"新政"期间，政府出台了一些效仿西方的制度，而西方社会通行的"私有财产不可侵犯"的原则似乎并未在中国社会扎根下来。

主要的变化乃在于1903年政府颁布的公司律。公司律在法律上承认公司为法人，享有保护之利权，故公司成为商界流行的组织，[132]商人纷纷注册以图产权之保护。[133]另外，专利权的规定，亦是鼓励企业举办之一方法。[134]

五口通商后，随着贸易的发展，中外商人的交往愈来愈频繁，中国商人的产权观念似有一些微妙的变化。当国家可能侵害到商人的私有财产时，商人的抗议亦趋明显。[135]但是在许多人眼里，"国家"仍是远远比"个人"的地位要高。国权与私利间的紧张关系始终无法排除。[136]"私利"往往在道德上占不到优势,"国权"却成为大众宣传中的口号。随着近世中国民族主义思潮的愈趋激烈,以及"民族国家"的构建,商人们便被置于一个前所未有的政治社会生态中。

按照洛克(John Locke)的理论,任何政治社会都只能保护私有财产而决不能侵犯私有财产。因为每个人都享有对自身的所有权,私有财产的正当性来源于每个人对其劳动的所有权。包括财产权在内的人的自然权利均具有不可剥夺性,而且政治社会的来源亦是为保护财产而自愿通过契约所组成的。[137]但是在中国并没有理论家来作这种论证工作。中国的理论资源中并不能找出类似证明私有财产神圣不可侵犯的东西。而"私有公享"之类的论调、国家至上的原则,以及商人非道德性的诉说等却可以找到许多例证。

随着"商战"的口号日盛,边沁(Jeremy Bentham)及亚当·斯密(Adam Smith)等人的学说渐为国人所知。一些知识分子开始从理性的角度来重新认识"私利"以及"私有制"。

如薛福成在1879年似已认识到谋利乃经济生活的原动力。他曾说:

> 夫事之艰于谋始者理也,人之笃于私计者情也。今夫市廛之内,商旅非无折阅,而挟赀而往者踵相接,何也?以人人之欲济其私也。惟人人欲济其私,则无损公家之帑项,而终为公家之大利。[138]

严复的老师吴汝纶曾注意到:"不痛改讳言利之习,不力破重农抑商之故见,则财且遗弃于不知,夫安得而就理。……以利为讳,则无理财之学。"[139]

梁启超更认识到"国民之富,亦私人之富之集积也"。他指出,私有制度(即以法律承认私人所有权的制度)可被视为现代社会一切文明之源泉。一切经济行为,殆无不以所有权为基础,而活动于其上。而"人人皆以欲得财产所有权为目的,既共向此目的以进行,则汲汲自殖其富量,而国民富量,即随之增进焉"。私有产权既是经济行为的基础,破坏产权的行为则可能"牵一发而动全身",于社会秩序造成紊乱。故他强调私有制度是历史演化的产物,不可轻易言弃。[140]

1908年,有人在《时报》上发表文章,也认为私有产权的保护与商战前途关系甚大:

> 夺富民之所有,以均之贫民,使之不劳而获,其为贫民计固得矣。然而智而贤者,积终岁之勤劬,曾不得一享其利,而游手偷闲之辈反得以坐享其成,而无匮乏之忧,更何人尽心于殖产之途者?吾恐贫者之益习为游惰,而富者悉不够于俄空。……一国之总殖,将消耗于无形,更何以登商战剧烈之场,而助前途之进化也哉。[141]

萧公权曾列举朱采、李璠、郭嵩焘、薛福成、马建忠、郑观应、陈虬、陈炽等8位"经济改革论者"的观点,指出他们与康有为的看法相似,均认为政府应鼓励与帮助私人企业家在经济各领域中开拓,但政府不应介入经济发展的实际过程。他们无一人赞成国家管制和经营企业,更重视人民的经济福祉，而不是强调富为强国之本。[142]

但是康有为在变法失败后完成的《大同书》中，却大力抨击私有财产制度与自由竞争学说，私营商业亦被其贬为对人类有害无利。[143]他把社会冲突与浪费的根源归咎于私人财产制度，提出建立公有制度及对农工商业均建立全面的控制，来取代私有制度，以实现其心目中的"大同社会"。[144]可见，在给政府的条陈中，康有为表达的变法观念似乎并不等于他内心的理想。

对私有财产制攻击最烈的莫过于20世纪初一些无政府主义的信徒。如李石曾、刘师培等人即提出"废财论"，他们认为，社会的不平等，皆是由种种"自私自利"的存在；婚姻制度、财产制度、家族制度以及国家的分立、种族的区别等，均是"社会组织之失当"，提出要"废婚姻、废财产、毁家庭、破国界、破种界"。[145]

革命党人对私有财产制的攻击亦不乏其人。如章炳麟提出要禁止财产继承制以避免社会财富的集中；[146]胡汉民以国有土地为国家社会主义的一部分，并据以反对私有财产制，他认为政治革命完成后如不取消土地的私有制，则"经济阶级"将取代"政治阶级"。[147]

除了知识分子间的争论外，产权观念的变化亦可能在社会上引起冲突。王国斌认为，晚清商人的私有财产权利的扩张，可能与习俗、道德经济的要求不相一致，进而可能引起"革命者"或被动员起来的民众的反抗。[148]此种变化实又波及"赋税"以外的一些与财产占有相关的问题，如对当铺的态度，对商人牟利的不宽容，等等。晚清"民变"的不断爆发，正是这种社会心态转移的写照。其最激烈者，便是要求废除私有财产，重新分配社会资源。一方面是"私有财产观念"的上升，一方面是对"社会正义"的公众评价出现变化，这中间内在的紧张便随时都可能爆发了。

晚清社会变迁中的江浙商人

明清时期江浙地区商业的发展

16世纪以后，由于长程贸易的发展，全国市场逐步成长，地区劳动分工及专业化推动了江浙地区逐渐走向商业化。[149]已有研究均显示明清时期江南商品经济趋于发达。[150]李伯重更认为：明清时期东亚地区国际贸易的发展，导致了一个以中国为中心的东亚贸易圈的形成。在这个贸易圈中，江南处于中心地位。[151]

据范金民的研究，江南商品性农作物的种植在明中叶后大为增加，商品生产"出现了前所未有的盛况"，[152]如松江、常熟等地所产棉布畅销全国。清代江南年产布兴盛时达7800万匹。江南是全国最重要的丝绸产地。丝织业在乾隆年间达到鼎盛期，商品性丝绸相当于绸类1000余万匹，价值银1500余万两。酿酒、榨油、草席、纸张书籍刻印、玉石器加工等商品生产行业均有较大的发展，成为全国主要的商品生产和加工业基地。江南与各地的商品流通范围涵盖全国，与各个区域均存在着广泛的经济联系。同时对外贸易亦呈活跃。[153]

明清江浙的市场发育程度亦较高。江南农村的地方小市场在明后期约有250余个，清乾嘉时期达400余个。地方专业市场则以专业化的市镇为中心，覆盖专业生产区与地方小市场。另外,像杭州、南京、上海、无锡、镇江等城市成为较大的区域中心市场。苏州则成为全国性中心市场,将江南各级市场联为一体,同时与全国各区域市场紧密联系。[154]

明清江南成为各大商帮汇集之地。安徽、山西、广东、福建、陕西等地商人纷至沓来,而江浙本地的商帮如浙江的宁波、绍兴、龙游、杭州及江苏的洞庭、句容、常州等地商人亦相当活跃。[155]各地商帮在江南各城镇建立了众多的会馆公所,仅苏州一地,会馆便多达60余个,公所更有160余个。[156]商人创建的这些会馆公所,不仅发挥保护行业利益、制订与维护商业制度等方面的功能,也通过举办公益慈善事业、参与城镇自我管理等活动对社会影响甚深。

商业的繁荣,对地区文化教育发展亦有促进作用。[157]明清时期,江南人才辈出,以进士人数来看,两朝合计江南共录取进士7 877人,占全国15.24%。[158]文风繁盛,由此可见一斑。明清时江浙地区的识字率在全国居高。[159]江浙两省的慈善事业甚为发达,据梁其姿的统计,清代江浙两省有比例最高的善会善堂,两省占了超过全国58%的施棺善堂,超过61%的救济寡妇的善堂,育婴堂的数量也占全国的32%。[160]

五口通商后的新变化

1842年的五口通商,对江浙地区的商业发展影响甚巨。随着上海在全国中心商业都市地位的确立,江浙区域的经济发展便进入了另一条发展轨道。吴承明认为1894年以后,我国传统的商品流通渠道即逐渐改变,形成了一个以上海等通商都市为中心、从通商都市到内地和农村的商业网络。[161]而江浙地区受上海的强大经济辐射作用,商品生产、交换与流通均出现一些新的变化。罗兹·墨菲（Roads Murphey）认为，作为中国最大的条约口岸，上海能提供的经营自由、对私有财产安全的法律保障、稳定的公共秩序、低利率资本贷借的便利，无疑吸引了不少中国商人。[162]江浙商人更是趋之若鹜，将上海变成他们事业的大本营。

通商口岸的开辟，尤其是上海的崛起，改变了此区域内的经济地理格局。苏州、宁波、杭州等地的繁荣景象稍有衰败。但像无锡、常熟、嘉兴等地却因铁路的开通，以及新式工厂的大量创办而有新的发展。郝延平认为，在各开放通商口岸，尤其是江浙地区的重要口岸，商业经营享有充分的自由，市场组织的扩大，金融组织的健全，以及西方经营及技术制度的输入，均使商业化进一步发展。[163]

对外贸易额进一步加大。江南的丝绸贸易在外力刺激下亦有大的发展。但是外力进入后，区域经济既呈现出繁荣的景象，在某些方面受国际市场的影响也更深了。[164]如手工业生产原有的生产结构发生演变，一些地方出现了新式织布工厂；土布与土经出口量均迅速减少，而上海、苏州、杭州、无锡、常熟等地的商人纷纷创办新式的织布厂与丝厂，以抢占商机。[165]

太平天国运动及上海通商口岸的开放，推动了江南市镇的发展，江南城镇化水平日益提高。江南新型市镇自宋代以后便已出现，明清时期更趋繁荣。[166]19世纪中叶后，江南市镇则进入一个快速成长的时期。[167]到清末，江南至少已有1 162个市镇。[168]新建的工厂招募了不少的工人，1900～1910年，江浙两省使用500人以上的厂矿的工人总数为108 280人，占全国总数的45%强。[169]

上海开埠后，江浙地区内部的经济网络愈趋强化。沪杭、沪宁等铁路线的开通，成为江浙地区内部的两条动脉。水运方面，一方面是沪甬轮运航线开通后，宁波人大量涌入上海。[170]另一方面，苏州与上海、杭州间的内河小轮航运发达起来。[171]据1910年的统计，全国商办轮船公司中，江浙两省的总数占到1/2。1911年，江浙两省登记的商轮公司达70余家，该地区可以通航的水道几乎均有轮船在运营。1896年后，江浙两省各县的邮政系统亦开始发展起来，到1911年前后，江浙地区设立电报局的县份超过1/3，报纸等新闻媒体已进入一般江浙村镇。[172]

江浙两省商品生产结构方面由于有紧密的联系，所以促进了区域经济网络的发展。在原料采购与产品输出等方面，江浙两省商人经常合作组建行业公所，如江浙皖丝厂茧业总公所、江浙冶业公所[173]、江浙丝经同业公会。[174]江浙两省农民以养蚕为重要收入来源，主要是浙江湖州、嘉兴、绍兴等地及苏南一带。由于浙省丝厂与绸厂均不多，故蚕农之产茧多销往上海及江苏的茧行，再转销丝厂。苏州绸商则依赖于浙茧的生产。[175]

江浙商人势力之扩张

明清以来，基于江浙地区商业发展的厚实基础，以及五口通商后所抓住的新机遇，江浙商人的势力日涨，清末时实已超于徽商与晋商之上。进入民国后，其发展势头更快。苏云峰曾统计了民初377个著名商人，发现中国著名商人的势力重心已由西北部之山西（票庄）移向东南沿海，并由南方北迁，而以浙江及江苏（上海）为首位。由于对外贸易的扩张及上海市的地位，江浙商人在民初的财力最大。[176]

上海商务总会总理、协理及议董头上的顶戴暗示其亦官亦商的身份,此照约摄于1907年。

　　章开沅的统计显示:自1895～1913年,全国历年设立厂矿549个,资本共120 288 000元,其中上海、杭州、无锡三地厂矿数占1/5弱,资本额则占全国总数的1/4强。1911年,上海、南通、无锡三地华商纱厂的纱锭总数占全国总锭数的44.8%。1895～1910年,全国华商纺织厂共19家,江浙共16家,资本额占全国总数的80%以上。华商缫丝厂江浙有40家,约占全国资本总额的90%。[177] 据民国元年的《工商统计概要》,全国各省工厂总数为20 749家,其中以浙江省最多,为2 583家,占全国总数的1/8强(1894年前浙省即有工厂数1 962家)。江苏工厂总数虽然只有1 215家,但是其职工总数却最多,为98 017人,占总数661 784人中的1/7强。可见其工厂资本规模均较大。[178]

晚清江浙地区的社会政治动态

政治方面，江浙两省虽有差异，但相对来说，两省督抚均较开明，新政推行亦较他省用力，制度层面，如谘议局的设立及运作较有实际意义。[179]同时，江浙两省以人文繁盛，出洋留学的人亦较多，新学甚为发达，新思潮的传播较其他地区为广。据清末学部所编第一次教育统计图表，到1902年，浙省共有官立学堂34所，居全国第一位。[180]到1909年，江浙两省共有中学34所，学生人数4 069人。[181]李国祁认为：从政治权力结构的改变与政治参与权的扩大的发展来看，浙江绅权扩张，且因启发民智、兴办新式教育而得迅速传布。特别在浙江，启发民智的努力是造成日后浙省民权观念较他省为普及发达的最根本原因。这种启发民智的运动均是由全国最大的通商口岸上海向内地辐射。在浙省，上海近在咫尺，因而其强大的辐射力能遍及浙江全省各地。所以，他认为随着新式学堂的兴办，浙籍青年知识分子甚早即放弃科考，接受新思潮，而走向革命。[182]

明清以来，长江流域地方精英承担了更多的社会责任，补充国家的不足，这已为学者所证实。[183]两省士绅势力，历来雄厚，在晚清之际，虽然科举废除对士绅势力有一定打击，但清代江浙两省出产官吏甚多，这些官吏退职后往往居乡为绅。后又以新学发达，更有大量新绅士的补充，他们对本地区的变革起着重要的作用，对地方政治社会多能积极参与，而实业更是他们的重要事业之一。程德全曾称苏省商界中人"资格甚高，半皆有学问而不愿为官者，时寓于此，讲求有素，故实业颇兴"。[184]

上海既成为江浙人士活动的基地,经由沪埠输往两省的物质与文化制度甚多。晚清民初,上海更是一个政治思潮发源地,民族主义与民权主义在本地区内蓬勃发展,社会达尔文主义成为流行学说,所以此地区内的"政治场"似乎较为强大。

江浙两省舆论亦甚发达。晚清后,上海无疑成为中国报刊出版的中心。不但商业性的《申报》《新闻报》《时报》等大牌报纸对全国舆论影响深远。革命党人依托租界所办的许多宣传报刊成为国内革命思想传播的主要载体。如辛亥革命前陈其美等人所办《民立报》,于江浙两省舆论民心的影响不亚于军事上几场战役的胜利。[185]项士元将辛亥革命前浙省报纸的发展称为"排满势力之勃兴时期"。如《杭州白话报》《萃新报》《经世报》《浙江潮》《白话新报》等皆为排满而组织者。[186]新学发达,留学生众多,革命势力亦渐被培育。江浙两省革命党活动发生极早。1904年,以浙省革命党人为主组织的光复会成立,绍兴徐锡麟、秋瑾的起义为国内大案。1904年后,上海更成为同盟会与光复会的活动重心。

清末江浙商人的政治意识

不少学者认为,晚清商人因经济势力的扩张,而政治意识亦高涨。章开沅、朱英、虞和平、王尔敏、黄克武等人均持此论。[187]但论者在讨论此一问题时,常常出现方法与史料上的缺陷。

首先,论者所举出的例子多出自上海一地,认为上海的情况最为典型。[188]上海既是政治思潮的中心,传统地方士绅力量亦较小,更受租界外人的影响。加之上海新思潮的宣传,民众自治观念的先进、革命党人之潜势力均是江浙其他城镇所不能相比的。以上海绅商的政治意识来作为典型,并无助于我们了解江浙地区普通城镇商人的政治意识。

其次,我们分析商人的政治意识,要尽量将士绅与商人作些区分。论者往往以"绅商"一词,将二者不作区分地加以叙述。但实际上,在政治意识的问题上,士绅,尤其是退职官宦以及新学的领袖,与普通的商人之间存在天壤之别。前者往往拥有较多的政治知识,甚至一定的政治理想,而后者却多没有什么政治抱负。亦有学者常举沈缦云、王一亭、李平书等人为例来论证商人的政治意识,更是不妥。他们或者已是革命党人,或者与革命党关系密切,如何能充任一般商人的代表?

再次,论者常以西方商人来比附中国商人,他们认为:既然在西欧,商人力量壮大后,便有干政的企图,甚至组织政府的愿望;那么,在中国,道理亦一样。如王尔敏即认为:由重商观念辗转而推及民主议会政治,固多半由于参仿西方政府所使然。然就自然之势,凡发展商务,健全商业组织,以及商人之政治醒觉,对于政治参与的要求必会产生,[189]但揆诸实际则未必。[190]

最后,亦有证据的问题。论者常以一些报刊言论作为商人政治意识上升的证据。但是,这些报刊上的言论与商人的意识间并不能等同。报刊既有其政治倾向,其主笔往往更具理想主义色彩。即使是一些商务报刊上提倡商人应具备政治思想的言论,我们也要小心鉴别。如由绍兴学界所组织的商学公会便比绍兴商会要激进得多,他们所办的《商业杂志》上的许多言论其实主要是代表学会领袖的意见,而未必能被商会中人所接受。

一般地方上的商人多抱"在商言商"主义。1910年7月，嘉兴商务分会开成立大会，当议决龙洋通用一事，总理褚辅成提出"龙洋为本国币，墨洋为外国币，龙洋贴水尽可取消"一案时，领袖会董祝心梅即表示："鄙人系商人，在商言商，龙洋贴水系兑换性质，为商家谋通，通用龙元，宜直接厘局，并要求杭总会实行通用，杭钱庄一律收受。"[191]这其中既有不愿牺牲自己商业利益的考虑，亦有不同意将本国币与外国币作区分之意。

即使是在上海，不愿涉及政治的商人可能仍在多数。如1903年4月，上海发生"拒法运动"，[192]商会虽有人欲开会发电，进行抵制，但因内部多数反对并未成功。而广肇公所的董事多表反对，公所首事且在议所粘贴"公所当议商务，不当谈国是"的传单，[193]由此可见商人心理之一斑。

虽然笔者不排除有政治意识极浓或者欲在政治上有所投资的商人，[194]但清末商界的成分极为复杂，尤其像上海等大城市，往往旧绅新学、退职官宦甚至军人与党人等均有涉足于商界。平时，他们之间似乎没有区别，但是当政治事件爆发时，其态度分野便可看见，需要研究者去细心考察。

清末江浙商人的"政治参与"

许多学者认为晚清商人的政治意识已有觉悟，在当时并有积极政治参与行动。但是行为乃认知与环境相互作用的产物。认知既具有复杂的面相，而环境更是重要的外在变量。如果我们对照"政治参与"一词的定义，则很难从当时绝大多数的商人身上发现这种严格意义上的政治参与行动。这既与当时商人的政治认知水平有关,也是当时中国政治社会环境所规定的。笔者且试从几件常被认为是晚清商人"政治参与"的典型事件谈起。

收回利权运动。收回利权运动一般被认为是地方商人与绅士发动的爱国运动。李国祈更认为此一运动更促成浩大的要求立宪浪潮。[195]然而,在运动中,商人究竟扮演了什么角色呢?

收回路矿利权运动的主要发动人其实是各地的士绅。商人加入商办路矿公司的股份,多出于"利润需求面"的动机,他们可能对铁路等新兴行业的利润有较高的估计。[196]"七厘官利"是浙江铁路公司股东入股的起码要求,[197]但商人并未控制运动的主导权,如浙路公司掌握在汤寿潜手中,苏路公司亦掌握在王清穆、张謇等人手中。[198]

所以,陈锦江认为收回路权运动最后将筑路变成了一个政治事业,但是当运动获得了势力和权力时,本省士绅和官员们便都想利用运动果实,增强他们自己在地方与中央权力之间的政治和经济的控制权。因此,当路权真的收回后,争论和派系斗争便持续不断,并衍生出股东权、管理权等新问题,最终公司陷入混乱与无领导的管理。[199]

运动被地方士绅发动起来后,民众入股甚多。而政府方面,后来公布苏杭甬路借款合同,引起江浙两省地方人士的强烈反弹,抗议文电纷飞。但是如果我们细细比较不同阶层的人发出的电文,可以看出,与铁路公司骨干的严词威胁、学生的慷慨陈词不同,商人更关心的是因路事而牵动地方秩序的安危。[200]

抵制美货运动。1905年的抵制美货运动更被许多学者视为是中国商人政治参与热情的表现。这次运动确实体现了商人们开始萌发的民族主义倾向,以及"商战"思潮的影响。但是不少学者可能过分强调运动中商人的主动性与"爱国"的动机。

首先,运动虽是先由上海商务总会受旅美华侨舆论影响发动,但李达嘉提醒我们运动已得到政府某种程度的允许。[201]其次,上海商人之所以会有较积极的表现,又是与该埠福建与广东籍的商人的态度,特别是闽籍商务总会会董曾铸有密切关系,而这一运动开始即是为了援助旅美华工,其中多为粤闽籍。[202]所以同乡情愫在其中所起的作用不可忽视。再者,运动之所以能如火如荼地发展,不可忽视学界与报界在其中推波助澜的作用。[203]

然而,就1905～1906年的抵货运动而言,商人的态度也只是在上海地区起比较决定的作用。[204]在江浙其他地方,抵制运动并不是由商人所主导的。如南京的抵制美货运动是由学界组织的"江苏省争约处"发动,他们为了督促商界实行抵约,议定"抵制华工禁约办法"5条,其中规定凡存储美货者,不得加入商会,已入会者则开除出会。如有已签名抵制但仍买卖美货者,则查明报告商会,列入"奸商一览表",并设立"遗臭万年碑",使之永远不齿于商类。[205]这些办法无疑是商界中人不可能提出也不大会赞同的。苏州的抵制运动先在美国福音医院的毕业生典礼上发起,主要组织是苏州拒约会,而领袖则是沈戟仪。镇江、扬州等地亦是由学界组织的阅报社发起抵制运动。杭州的拒约大会是由地方士绅发起,其他嘉兴、江阴、海盐等地均是学界组织为多。[206]

笔者认为,清末中国商人的民族主义情绪可能并不强烈。

针对外人的运动经常是以一些偶然事件触发的，其背后深层的动因则不可忽视。又如攻击其他商人勾结洋商，私行贩卖，以致利权旁落者，往往是地方上的包销商人或者其行业组织。他们并不是反对洋货的销售，而是欲以"主权"及"捐务"为借词，达到其垄断市场的目的。[207]

立宪运动与国会请愿。许多学者均注意到商人参加立宪运动，并把这作为商人政治自觉与民族主义意识上升的表现。[208] 巴斯蒂（Marianne Bastid-Bruguière）更认为清末最后5年，"资产阶级"在上海、广州等地形成，他们反对政府，支持民族主义运动。[209]

立宪运动，从上层的政策推动因素来说，里面的动力来自维新派知识分子与官员的呼吁与运动，外面的动力来自革命党人的武装行动及外国势力的影响。商人在其中并没有扮演最主要的角色。而从下层的呼吁及请愿运动来看，其主力亦是立宪派的士绅。商人只是偶尔扮演配角。

立宪运动的主要活动是在上海进行的。其领袖是汤寿潜、张謇、郑孝胥等人，他们先是成立宪政研究会，刊行《宪政杂志》月刊。1906年9月，清政府发布上谕，宣布预备立宪。12月，郑孝胥等人将研究会扩大为预备立宪公会，公开讨论立宪办法。[210] 由于该会打着"敬遵谕旨"的牌子，所以一时间江浙地方名流入会者甚众，包括一些在任的布政司、知府、知县等各级官吏，其中商人也有不少。

参加国会请愿运动，是学者们认为的清末商人积极参与政治的又一表现。1909年，由张謇等人发动的以各省谘议局议员为主的第一次国会请愿失败后，"国会请愿同志会"欲扩大范围，以争取成功概率，遂邀请各社团参加第二次请愿。

商会是他们动员的重要对象。但各地商会反应并不热烈。最后虽然亦有10余个商会表示响应，但商界真正有积极表现的似乎除了上海商务总会的沈缦云、苏州商务总会代表杭小轩外，似乎别无他人。江浙各地商会对请愿并不热心，苏州商务总会除派杭小轩入京加入外，别无其他举动。[211]杭州总商会似乎开过一次"国会期成会"，但推举代表入京似无结果。[212]江浙其他绝大多数商会对此举更是毫无反应。其实不独商界，其他普通民众对此是否在意令人怀疑。所以黄仁宇曾称，这些国会请愿代表如民初的立宪政党的领导人一样，他们可能不缺乏高尚的理想，但是却缺乏民间的支持力量。[213]

其实多数商人的心理，表面上如天津商务总会一些会董所说的"商界自应办商事""国会事重，商人不够资格"，而关键则是政府对此不甚赞同，商会不愿"抵制国家"。[214]商人更恐因此而连累市面。

地方自治。上海的地方自治运动，不少学者强调商人的主动性，但是李达嘉却透过其研究说明上海地方官实际在地方自治的推行上居于重要的主导地位。此种地方自治具有"官督绅办"的性质。李认为把上海地方自治说成是商人争取参政权的行动，或是"一场资产阶级运动"，并不合于实情。[215]不过，他也承认，由于地方自治的展开，使上海商人开始大量地参与地方事务，并逐渐形成一股不可忽视的政治势力，进而对清末政治的发展造成重大的影响。[216]

不过，上海的情形有其特殊性。在江浙其他地方，自治运动似乎多掌握在士绅及学界中人手中，商人多不能置喙。苏州主要掌握在士绅手中，而杭州主要掌握在士绅与新学人物以及留学生手中。[217]

亦有学者将商团、市民公社等视作是商人参与地方自治的产物。但是,以商团论,除上海以外,江浙其他各地在1911年前均无成立。如苏州、无锡、杭州、宁波等地均是在辛亥革命前夕或者革命之后方仓促成立,维持秩序,以应变局。而像苏商体育会、无锡体育会等,在革命前规模均甚小,活动亦有限。因此,认为"江浙资产阶级"在革命前便已掌握了一支准武装或正式武装并不太妥当。

苏州的市民公社的活动仅限于商务或者与他们自身密切相关的一些公益事项,对国事或者其他时事并没有多少表示,并且在已知的46个市民公社(包括市民公社联合会)中,成立于1911年前的仅有4个,其余均系在地方秩序遇到危机或者其他偶发事件时成立的,[218]其维持地方秩序及临时应变性非常强。

* * *

晚清以来政经结构的变化,直接推动了国内重商主义浪潮的涌起,商人地位随之发生嬗变。但值得注意的是,重商主义的实质在于其目的指向国家的强大,使国家能在国际竞争中获得有利的基础。而所谓商人地位的抬升,是服从这个大的目的。中国商人从来就未能获得其欧洲同行的地位,私有财产权亦处于暧昧之中,未有明确的制度化的保护措施。进而,轻商的社会风气未能从根本上祛除,商人仍在一种混沌之中经营他们的事业。

五口通商后,江浙地区自明清以来的商业发展出现新的变化,上海作为全国贸易中心地位的确立以及其经济辐射,使这个地区在全国继续保持其领先地位。江浙商人因此得以超过徽商、晋商等而势力大涨，但是其政治意识并未在此一时期内突进。传统中国商人的政治观仍然为江浙商人所遵行，遇到不满情事，如地方政府加收税捐等，其抗议仍只是停留于"跪香泣请"的行动水平，[219]所以清末江浙商人的政治意识与政治参与和以前并无多少差别。

正如王国斌所说，1911年前，尤其是1900年前，中国的国家与社会，截然不同于西方的对抗关系。[220]商人更不可能有与"国家"对抗的企图，商人与政治的关系虽然在晚清有所变化，但多限于条约口岸，这方面尤其是上海的历史经验不具有普遍性的意义。一些由上到下的政策实施过程中商人的反应，并不一定能视作商人的主观意识所推动。商人的心理实态与一些已经"觉醒"的知识分子的愿望有时相差非常遥远。

注释：

[1] [美]费正清主编《剑桥中华民国史》第2部，章建刚等译，上海人民出版社，1992年，第9页。民初曾有学者指出清末政府所推出的一系列政策，实际上皆是以社会舆论为其原动力，政治随当时之舆论而进行。诚之:《对于群众运动之感想》，《东方杂志》，1920年第17卷第16期，第89页。

[2] [美]费正清主编《剑桥中华民国史》第2部，第65～67页；李国祈:《中国现代化的区域研究——闽浙台地区，1860～1916》，"中央研究院"近代史研究所，1982年，第208～211页；James Polachek, Gentry Hegemony: "Soochow in the T'ung-Chih Restoration", in Frederic Wakeman, Jr. and Caroly Grant, eds., *Conflict and*

Control in Late Imperial China. Berkeley: University of California Press, 1975, pp.221～256.

〔3〕以往大陆学者在讨论商人团体的兴起时,认为商人在鸦片战争后尤其是1900年后,受外国势力入侵影响,合群观念特别强烈,大家意识到不组织团体就无法抵抗外人的势力。于是有商会等商人社团的成立。其实,此种需要早就存在,并非等到1904年才产生,而之所以在这一特定时间出现,是因为此时"结社律"的解禁,政策的变化才是主因。可参见邱澎生:《商人团体与社会变迁:清代苏州的会馆公所与商会》,博士学位论文,台湾大学历史学研究所,1995年,第91～92页。

〔4〕地方政府推行新政,常因经费缺乏而创办新捐。如浙江创办房捐,1909年7月因新设巡警道、署,地方政府又在房捐基础上加抽五成商捐,以筹措开办及日常经费;江苏为筹办新政,向各典当商劝预完牙贴税15年。南京又因新办劝学所无款或警费不足,增添的杂捐有猪肉鸡鸭铺捐、砖瓦捐、烟酒捐、房牙报效捐等种种名目(马鸿谟编《民呼、民吁、民立报选辑》,河南人民出版社,1982年,第113、207、282、283、308页)。又参见申叔(刘师培):《论新政为病民之根》,《天义报》,1907年第8～10合期。张枬、王忍之编《辛亥革命前十年间时论选集》第2卷,下册,生活·读书·新知三联书店,1963年,第968～975页。

〔5〕许涤新、吴承明:《中国资本主义发展史》第1卷,《中国资本主义的萌芽》,人民出版社,1985年,第81～111页;Rhoads Murphey, "The Treaty Ports and China's Modernization", in Mark Elvin & G.William Skinner eds., *The Chinese City Between Two Worlds.* Stanford, Calif.: Stanford University Press, 1974, pp.22～23. 邱澎生:《商人团体与社会变迁》,第19～22页;范金民:《明清江南商业的发展》,南京大学出版社,1998年,第52～63页;[美]郝延平:《中国近代商业革命》,陈潮、陈任译,上海人民出版社,1991年,第1～3页。

〔6〕张国辉:《辛亥革命前中国资本主义的发展》,《近代史研究》,1982年第2期。亦可参见阮忠仁之"利益需求面的增长"的观点(阮忠仁:《清季经济民族主义运动之动力、性质及其极限的检讨(1903～1911)——以"绅商的新式企业利润需求面"为中心》,《台湾师范大学历史学报》,1990年第18期,第265～341页)。亦

有人指出:"导致甲午战争后十六年中出现工矿企业高潮的因素无疑是多方面的,归根到底是由经济上的必然性决定的。"(复旦大学历史系编《近代中国资产阶级研究》,复旦大学出版社,1984年,第161页)。

〔7〕阮忠仁:《清季经济民族主义运动之动力、性质及其极限的检讨》,第292页。

〔8〕[美]费正清主编《剑桥中华民国史》第2卷,第14页。

〔9〕王尔敏即认为1853年在厦门与上海分别发生小刀会起义,其原始动因乃在于外洋轮舶之倾挤,致使东南沿海沙船航运业衰败,造成大量水手失业,而酿成事端。参见王尔敏:《重商观念与重商思想》,《"中央研究院"近代史研究所集刊》,1976年第5期,第38页。

〔10〕李陈顺妍:《晚清的重商主义》,《"中央研究院"近代史研究所集刊》上册,1972年第3期,第207页。

〔11〕李和承:《明清传统商人区域化现象研究》,博士学位论文,台湾师范大学历史研究所,1997年,第4～9页;亦可参照杨联陞:《传统中国政府对城市商人的统制》,费正清等:《中国思想与制度论集》,段昌国等译,联经出版事业公司,1976年,第373页。

〔12〕参见杨联陞:《传统中国政府对城市商人的统制》,第379～380页。

〔13〕参见马敏:《官商之间:社会剧变中的近代绅商》,天津人民出版社,1995年,第41页。

〔14〕李陈顺妍:《晚清的重商主义》,第208页。

〔15〕Cited from Tai-Shuenn Yang(杨泰顺), *Property Rights and Constitutional Order in Imperial China*, Ph.D.dissertation, Indiana University, 1987, p.173.

〔16〕Ch'u T'ung-Tsu, "Chinese Class Structure and Its Ideology", In John K. Fairbank, ed., *Chinese Thought and Institutions.* Chicago: The University of Chicago Press, 1957, p.128. Cited from Tai-Shuenn Yang, *Property Rights and Constitutional Order in Imperial China*, Ph.D.dissertation, Indiana University, 1987, p.173.

〔17〕徽商、晋商因其商业上的成功及其对地方公益的大量捐献,其在家乡的声誉可能会比其他地方要高。参见余英时:《中国近世宗教伦理与商人精神》,联经出版事业公司,1987年,第115页。

〔18〕陈锦江:《清末现代企业与官商关系》,第25页。

〔19〕谢文华:《清末买办商人的价值取向》,硕士学位论文,台湾师范

大学历史研究所，1995年，第29～43页。
〔20〕陈锦江：《清末现代企业与官商关系》，第20页。
〔21〕黄克武：《清季重商思想与商绅阶层的兴起》，《思与言》，1984年第21卷第5期，第486页。
〔22〕李陈顺妍：《晚清的重商主义》，第208页。
〔23〕王家范：《帝国时代商人的历史命运》，《史林》，2000年第2期，第5页。
〔24〕参考马伯煌主编《中国经济政策思想史》，上海社会科学院出版社，1993年，第543页。
〔25〕李陈顺妍：《晚清的重商主义》，第209页。
〔26〕翁昌辉：《传统中国政府与商人——一个管制经济分析》，硕士学位论文，"中央大学"产业经济研究所，1999年。
〔27〕[美]希尔斯（Edward Shils）：《论传统》，傅铿、吕乐译，上海人民出版社，1991年，第260～275页。
〔28〕余英时：《中国近世宗教伦理与商人精神》，第97～121页。包伟民教授提醒笔者，实际上"四民论"在南宋时即已见变化。
〔29〕杨认为，在宋时，商贾应举之门已开，而金元时代，则似乎取消了对商人应举的限制。所以他认为"最近数百年中商人已经得到了政治解放"。杨联陞：《传统中国政府对城市商人的统制》，第374、382页。
〔30〕贾植芳：《近代中国经济社会》，棠棣出版社，1949年，第119页。
〔31〕苏云峰：《民初之商人，1912～1928》，《"中央研究院"近代史研究所集刊》，1982年第11期，第47页。文崇一在《中国人的价值观》一书中，似亦认为在传统中国社会中，商人实际上是处于绅士与农工之间。参见文崇一：《中国人的价值观》，东大图书公司，1989年，第14页。
〔32〕余英时：《中国近世宗教伦理与商人精神》，第117页。据何炳棣的统计，仅道光朝（1820～1850）30年中，政府就卖出了315 825个监生，获银3 388 630两。转引自张维安：《近代中国社会阶层结构——士绅与商人阶层文献之检讨》，"中央研究院"近代史研究所六十年来的中国近代史研究编辑委员会：《六十年来的中国近代史研究》（上册），"中央研究院"近代史研究所，1996年，第197页。又参见许敏：《明代商人户籍问题初探》，《中国史研究》，1998年第4期，第116～127页。
〔33〕曼素恩认为，一个政府重视商业，常有两个历史原因：(1)财政上的需要；(2)以商品流通保持社会稳定的需要。Susan Mann

Jones, *Local Merchants and the Chinese Bureaucracy*, *1750~1950*, pp.27~28.

〔34〕Susan Mann Jones, *Local Merchants and the Chinese Bureaucracy*, *1750~1950*, p.96.

〔35〕整顿税厘，保证中央财政，亦为商部设立之一目的。1903年10月20日，商部奏称"中国自互市以来，商务日盛，现在设立商部，正宜极力整顿，相与维持。惟中国商民，平日与官场隔阂，情谊未能遽孚。而不肖官吏，或且牵制抑勒。甚至报关完税，多所需索，商船验放，到处留难。遇有词讼，不能速为断结，办理不得其平，以致商情不通，诸多阻滞"，故请下旨饬令各将军、督抚通饬所属文武各官及局卡委员"一律认真恤商持平，力除留难延搁各项积弊，以顺商情而维财政"。《大清德宗景皇帝实录（七）》，华文书局股份有限公司影印，1970年，第4795页（原书卷521，第1页）。

〔36〕参见邓绍辉：《晚清财政与中国近代化》，四川人民出版社，1998年，第99页；何烈：《晚清租税结构的变动》，《故宫文献》，1971年第2卷第2期，第35~52页。转引自黄克武：《清季重商思想与商绅阶层的兴起》。对此观点，可能学界有不同看法，但国家财政中工商税比例的上升则是无疑。

〔37〕Susan Mann Jones, *Local Merchants and the Chinese Bureaucracy*, *1750~1950*, pp.96~97.

〔38〕邱澎生：《商人团体与社会变迁》，第83页。

〔39〕1894年，因对日战争需要，政府打破惯例，以"息借商款"的形式向全国商人借款，一年内共向广东、江苏、山西、直隶、陕西、江西、湖北、四川及北京等地商人借银1102余万两。4年后，为偿还巨额战争赔款，政府又发行"昭信股票"，波及全国商民。朱英：《晚清经济政策与改革措施》，华中师范大学出版社，1996年，第23~28页。

〔40〕《大清德宗景皇帝实录（六）》，华文书局股份有限公司影印，1970年，第3839页（原书卷421，第6页）。

〔41〕李陈顺妍：《晚清的重商主义》，第219页。

〔42〕张维安：《近代中国社会阶层结构——士绅与商人阶层文献之检讨》，《六十年来的中国近代史研究》上册，第184页。有关具体制度设立的情形，可参见阮忠仁：《清末民初农工商机构的设立：政府与经济现代化关系之检讨（1903~1916）》，台湾师范大学历史研究所专刊，1988年；朱英：《晚清经济政策与改革措施》，第158~217

页;马敏:《官商之间:社会剧变中的近代绅商》,第77~80页。
〔43〕关于清末江浙地区各地商会创办情形,可参考陈忠平的研究:Zhongping Chen, *Business and Politics: Chinese Chambers of Commerce in the Lower Yangtze Region*, 1902~1912, pp. 87~115.
〔44〕白吉尔认为清末政府的奖励措施多为"象征性",而无改变习俗和社会环境之实际效果。但是不可否认此种奖励措施,更重要的意义在于其"社会导向性"的作用,此一类精神上的力量有时会慢慢改变人们的观念习惯(参见白吉尔《中国资产阶级的黄金时代,1911~1937》,第46页)。民初有人曾称"中兴名臣曾国藩仅赏侯爵,李鸿章不过伯爵,其余百战功臣竟有望男爵而不可得者,今乃以子男爵奖创办实业之工商,一扫数千年贱商之陋习,斯诚稀世之创举"(陈真、姚洛:《中国近代工业史资料》第1辑,生活·读书·新知三联书店,1957年,第8页)。
〔45〕黄克武:《清季重商思想与商绅阶层的兴起》,第486页。
〔46〕1908年5月出版的《河南》杂志,有人撰文《绅士为平民之公敌》,攻击当时一些绅士"昌言无忌",不以牟利为耻。参见张枬、王忍之编《辛亥革命前十年间时论选集》第3卷,生活·读书·新知三联书店,1977年,第304~305页。
〔47〕王国斌:《转变的中国》,第190、228页。
〔48〕林作屏:《商箴》,《绍兴商业杂志》,1910年第5期,第11页。
〔49〕参见李陈顺妍:《晚清的重商主义》。李陈顺妍解释重商主义之兴起,认为其背景是晚清帝国之衰败造成的商业环境的恶劣以及西力冲击下中国富源被列强囊括,在"外力的压迫与社会中统治阶级或知识分子的觉悟"下,重商主义始抬头。其实她既未注意到"重商主义"的本质,更未明了当时清政府推行重商政策的根源。而反倒由于其自身所持的"重商主义"(强调国家经济竞争)立场,对清末国内商业状况及外国经济势力的认识发生错误。参见李陈顺妍:《晚清的重商主义》,第211页。
〔50〕《大不列颠百科全书》第11册,中国大百科全书出版社,1999年,第105页。
〔51〕《大不列颠百科全书》第8册,第406页。
〔52〕参考T. G. 威廉斯:《世界商业史》,第124页。
〔53〕埃利·赫克谢尔(Eli Heckscher):《重商主义》Ⅱ,转引自〔美〕本杰明·史华慈(Benjamin I. Schwartz):《寻求富强:严复与西

方》,叶凤美译,江苏人民出版社,1995年,第108页。
〔54〕马敏曾注意到狭义"重商主义"的意义。他并且认为:"晚清重商主义一出世,便兼容并包西欧早期和晚期重商主义的特征。"也就是既有"重金主义""货币平衡论"的特征,亦有"贸易平衡论"与"重工主义"的特征。但是他仍然未提及重商主义中"国家干涉主义"的一面。反之,他认为:"强调商人在近代社会中所扮演的举足轻重的角色"是晚清重商主义的另一重要特征。参见马敏:《官商之间:社会剧变中的近代绅商》,第73页。
〔55〕王家范:《帝国时代商人的历史命运》,第2~3页。
〔56〕杨联陞:《传统中国政府对城市商人的统制》,第376页。
〔57〕盛宣怀曾向慈禧解释天下有三种利:第一是天地自然之利;第二是中外通商之利,如进口货要少,出口货要多,关税要考究;第三是取商民税厘之利。盛所讲的第二种利,实际上是一种重商主义主张。北京大学历史系近代史教研室整理《盛宣怀未刊信稿》,中华书局,1960年,第279页。
〔58〕"国民财富"在亚当·斯密(Adam Smith)的眼里,主要是指构成民族-社会全体个人的财富。但对于严复而言,"国"的财富,则首先是指民族-国家的财富,尤其是指为生存而竞争的国家实力。严复把斯密著作中的经济自由主义体系,阐释成一个为了国家富强而设计出来的体系。他把达到国家的富强的途径归纳到解放个人的从事经济活动的活力上来,鼓励人民多从事生产。斯密的目的似乎是纯经济性的,个人幸福是他的最终目的。而严复则认为,经济自由之所以是正确的,是它使国家的"计划"成为可能。史华慈认为在这一点上,严复的看法已与斯密的学说背道而驰。斯密所反对的重商主义的途径,关键是国家对个人经济生活的干预。而严复则强调国家应鼓励民众从事经济生活,开发富源。自由主义的核心是强调社会中人的价值就是目的的观念,社会政治制度只是促进这一目标实现的因素之一。而严复则把自由主义作为获得国家力量这一目的的手段。参见史华慈:《寻求富强:严复与西方》,第90~104、109~113、229页。
〔59〕史华慈:《寻求富强:严复与西方》,第120页。
〔60〕王国斌:《转变的中国》,第190页;Susan Mann Jones, *Local Merchants and the Chinese Bureaucracy, 1750~1950*, p.20.
〔61〕陈锦江曾说,清末提倡重商的许多士绅与官吏无疑缺乏现代经济学

的知识，他们很难认识到商人在创造新的需求和促进商品在国内流通与出口方面的作用。参见陈锦江：《清末现代企业与官商关系》，第36页。

〔62〕参见陈明光：《"食货"与"轻重"——试论中国古代财政对商品经济的影响》，《光明日报》，2001年3月27日；王尔敏：《商战观念与重商思想》，第3页；陈长华：《抑商质疑——兼论中国古代的赋税政策》，《史林》，1995年第2期。

〔63〕据芮玛丽（Mary C.Wright）的研究，同治中兴时代的经济思想仍是要恢复到儒家理想下的农业经济社会，而对贸易商人之获利表示担忧。Mary C. Wright, *The Last Stand of Chinese Conservatism: The T'ung-Chih Restoration, 1862～1874.* Stanford, Calif.：Stanford University Press, 1957, p.156. 转引自黄克武：《清季重商思想与商绅阶层的兴起》，第488页。参见中译本《同治中兴：中国保守主义的最后抵抗（1862～1874）》，房德邻等译，中国社会科学出版社，2002年，第184页。

〔64〕乐正：《近代上海人社会心态（1860～1910）》，上海人民出版社，1991年，第65～66页。

〔65〕小说可算是社会心态的一种直接反映。阿英在《晚清小说史》一书中，认为"由于知识阶级和商人不大接近，而商又被派作四民之末，历来写商人的小说是很少见的"。即以其在书中所列出的一章——"工商业战争与反买办阶级"而论，无论从作者的立意以及该章中所列举的三篇小说（《市声》《胡雪岩外传》《发财秘诀》）的内容均是充满了对商人的讥讽与反对。阿英：《晚清小说史》，东方出版社，1996年，第74～85页。

〔66〕李达嘉：《国权与商利：晚清上海商人的民族意识》，《世变、群体与个人》，台湾大学历史学系，1995年，第15页。

〔67〕申叔：《无政府主义之平等观》，《天义报》，1907年第4、5、7期。见张枬、王忍之编《辛亥革命前十年间时论选集》，第2卷下册，第926页。

〔68〕民（李石曾）：《普及革命》，见张枬、王忍之编《辛亥革命前十年间时论选集》，第2卷下册，第1026～1027页。

〔69〕刘师培：《废兵废财论》，《天义报》，1907年第2期。张枬、王忍之编《辛亥革命前十年间时论选集》，第2卷下册，第904页。

〔70〕佚名：《论商人宜抱政治思想》，《绍兴商业杂志》，1910年第4期，论说，第2页。

〔71〕《商人应起来自救》，《经济报道》，1948年第95期，第1页。

〔72〕陈锦江：《清末现代企业与官商关系》，第19页。

〔73〕赵文洪：《私人财产权利体系的发展：西方市场经济和资本主义的起源问题研究》，中国社会科学出版社，1998年，第98～99页。

〔74〕傅殷才、颜鹏飞：《自由经营还是国家干预——西方两大经济思潮概论》，经济科学出版社，1995年，第8页。

〔75〕《大不列颠百科全书》第12册，第25页。

〔76〕梁启超：《国家思想变迁异同论》，《清议报》第95册，1901年10月。转引自沈松侨：《振大汉之天声——民族英雄系谱与晚清的国族想象》，"中央研究院"近代史研究所集刊，2000年第33期。曾有人在《新民丛报》上撰文提出以"国家主义"对抗革命党的"民族主义"，"二者之孰胜孰败，中国之存亡系焉耳矣"。"各国皆自民族主义，以成统一之事业，中国则以民族主义，而得分裂之结果也。……民族主义可以不唱，唱之亦徒以祸国家而已矣。"此时立宪党人似乎放弃了"民族主义"一词，而以"国家主义"代之。与之：《论中国现在之党派及将来之政党》，《新民丛报》，1907年第92期，转引自张枬、王忍之编《辛亥革命前十年间时论选集》，第2卷下册，第610～611页。

〔77〕参考沈松侨：《振大汉之天声》。沈松侨认为汪精卫在《民族的国民》一文中的"民族"一词，实际上是"ethnic nation"。而当时的"民族主义"似乎应是一种"族群民族主义"（ethnic nationalism），关于后者，可以参见［英］艾瑞克·霍布斯邦（Eric J. Hobsbawm）：《民族与民族主义》，李金梅译，麦田出版股份有限公司，1997年，第82、146、210、229页。革命党人笔下"民族主义"之种族主义指向，亦可参见四无《无政府主义可以坚决革命党之责任心》，《新世纪》，1908年第58期，转引自张枬、王忍之编《辛亥革命前十年间时论选集》，第2卷下册，第214～218页；又陶成章在其所著《中国民族权力消长史》中，似亦持此义。参见《辛亥革命浙江史料选辑》，第364～379页。

〔78〕李恩涵：《论清季中国的民族主义》，《思与言》，1976年第5卷第6期，第32页。

〔79〕关于民族是一个想象的共同体的观点似源于安德森（Benedict

Anderson），他有名著《想象的共同体：民族主义的起源与散布》（*Imagined Communities: Reflections on the Origin and Spread of Nationalism.* London, New York: Verso, 1991）讨论此问题。该书由吴叡人译成中文，上海人民出版社2003年出版其简体中文版。

〔80〕霍布斯邦：《民族与民族主义》，第31页。

〔81〕余英时：《打开民族主义与民主的百年历史纠葛》，《联合报》，2000年12月25日，第4版。余在此文中进一步指出，虽然民族独立和民主都是中国人追求的基本价值，但两者相较，民族独立的要求却比民主的向往也不知道要强烈多少倍。孙中山的三民主义首标民族主义，其次才是民权主义，这一先后次序便真实地反映了中国人的普遍心理。

〔82〕黄仁宇：《资本主义与二十一世纪》，生活·读书·新知三联书店，1997年，第476页。

〔83〕参见［美］本尼迪克特·安德森：《想象的共同体：民族主义的起源与散布》，吴叡人译，上海人民出版社，2003年，第46～55页。

〔84〕张存武：《光绪卅一年中美工约风潮》，"中央研究院"近代史研究所，1982年，第37页。

〔85〕如《浙江潮》第1期刊《民族主义论》，1903年2月；《江苏》第7、8期刊《民族精神论》，1904年；《游学译编》第10期刊《民族主义之教育》，1903年。又可参考罗志田：《民族主义与近代中国思想》，东大图书公司，1998年。

〔86〕沈松侨：《振大汉之天声》。

〔87〕李恩涵：《论清季中国的民族主义》，第30～31页；萧功秦：《清末"保路运动"的再反思》，《战略与管理》，1996年第6期，第2页。

〔88〕阮忠仁：《清季经济民族主义运动之动力、性质及其极限的检讨》，第266页；余子明：《世纪之交，潮流涌动——清末经济民族主义评说》，《华夏文化》，1998年第4期，第10页；张富强：《李鸿章的经济民族主义思想简论》，《社会科学战线》，1990年第3期，第190页。

〔89〕李恩涵：《论清季中国的民族主义》，第30页；李达嘉：《国权与商利：晚清上海商人的民族意识》，第319页。

〔90〕萧功秦：《清末"保路运动"的再反思》，第26～27页。

〔91〕李恩涵：《晚清的收回矿权运动》，第128～200页；汪敬虞编《中国近代工业史资料》第2辑，1895～1914年，下册，科学出版社，

1957年，第742～793页。
〔92〕具体情形可参见张存武：《光绪卅一年中美工约风潮》。
〔93〕陶绪：《晚清民族主义思潮》，人民出版社，1995年，第177页。
〔94〕《购外货者鉴之》，《江宁实业杂志》，1910年第5期，第120～121页。
〔95〕参见邱澎生：《商人团体与社会变迁》，第85页。
〔96〕孟广：《论非振兴实业不足以救国》，《绍兴商业杂志》，1910年第5期，第4～5页。
〔97〕阮忠仁：《清季经济民族主义运动之动力、性质及其极限的检讨》，第267～281页。
〔98〕萧功秦：《清末"保路运动"的再反思》，第10页。
〔99〕参见阮忠仁：《清季经济民族主义运动之动力、性质及其极限的检讨》，第293～302页。
〔100〕孟广：《论浙路与绍兴商业之关系》，《绍兴商业杂志》，1910年第6期，第4～5页。
〔101〕阮忠仁：《清季经济民族主义运动之动力、性质及其极限的检讨》，第302页。
〔102〕李达嘉：《国权与商利：晚清上海商人的民族意识》，第298、309页。
〔103〕王尔敏：《重商观念与重商思想》，第4～17页。
〔104〕王尔敏在《重商观念与重商思想》一书中曾列举了1862～1910年22个人共40条对"商战"一词的引用，不过多出自朝廷重臣或者著名士绅之口（王尔敏：《重商观念与重商思想》，第17页）。但1900年之后，民间舆论引用"商战"一词已很普遍。如以下各文皆以"商战"为标题：《论沪商各业宜兴学育才以防御商战》（作者署为"崇实商学会书记员"，刊于《时报》，1905年12月5日，第2版）、《商战论》（同名文章分别由天津广业中学堂学生石绍祺、萧景源所撰，应属学校教师们布置的命名作文，《直隶教育杂志》，丁未年第7期，1907年6月11日，第107～111页）、《振兴农工以利商战说》（作者署为"津报"，刊《振华五日大事记》第46期，1907年12月14日，第9～14页）、《中国的商战问题》（郁耀卿撰，《白话报》第3期，1908年12月或1909年1月出版，第22～23页）。
〔105〕普通商人采用"商战"一词者亦甚多，1905年天津道胜银行买办王宗堂在自拟的《不售美货说贴》中称"商战竞争之世界，优者胜而劣者败，此定理也"；1906年苏州银楼业安怀公所议定的

简章中亦有"此次所以修复公所者,诚欲联群情,结团体,互启新知,勿私小利,使吾业于商战界上,占进步而操胜算也"等语(彭泽益选编《清代工商行业碑文集粹》,中州古籍出版社,1997年,第117页);1911年夏上海《重修桐油苎麻业公所收支碑》中称"彼外人能以商战争雄者,惟其对于内则精益求精,对于外则同德同心故也"(彭泽益选编《清代工商行业碑文集粹》,第76页)。到1914年,甚至典当业开会商人亦会喊"文明之世,商战为先""二十世纪强富之国莫不以兵战为前驱,以商战为后盾"(《江苏全省典业公会第一年纪事录》,1914年,第10页)。

〔106〕阮忠仁:《清季经济民族主义运动之动力、性质及其极限的检讨》,第297页。

〔107〕湖南的王先谦便是其中的显例。参见阮忠仁:《清季经济民族主义运动之动力、性质及其极限的检讨》,第299页;亦见萧功秦:《清末"保路运动"的再反思》,第2页。不过,铁路公司众多的腐败现象其实主要还是缺乏有效的法律制衡,以道德不良来做解释仍欠周全。在决定由各省自组公司筹办铁路后,政府其实并没有配套的有效监督约束政策出台。既缺乏有效的监督,仅凭一些空洞的"爱国"口号,如何能避免铁路公司中的腐败和低效?!

〔108〕1905年的抵制美货运动中,此种困境便再次出现。参见李达嘉:《国权与商利:晚清上海商人的民族意识》;王冠华:《爱国运动中的"合理"私利:1905年抵货运动夭折的原因》,《历史研究》1999年第1期。

〔109〕在1878年就明确提出"商战"主张的湖广道监察御史李璠,其主要办法是"以商敌商,鼓励沿海义民仿照外国凑集公司,前往贸易,收回利权",以使洋人无利可图,"不驱自去"。参见李达嘉:《商人与政治》,第22~23页。

〔110〕余英时:《中国近世宗教伦理与商人精神》,第7页。史华慈曾经指出:在20世纪初,出现了部分绅士投资铁路等新动向,但不管这种新兴趣的实际动机如何,他们似乎还很少从文明的利己出发来肯定自己的投资行为。史华慈:《寻求富强:严复与西方》,第120页。

〔111〕赵冈、陈钟毅:《中国经济制度史论》,联经出版事业公司,1986年3月,第6页。

[112] 赵冈、陈钟毅：《中国经济制度史论》，第3～5页。
[113] 刘广京：《后序：近世制度与商人》，余英时：《中国近世宗教伦理与商人精神》，第25～26页。
[114] 赵文洪：《私人财产权利体系的发展》，第27页。
[115] 赵文洪：《私人财产权利体系的发展》，第34页。
[116] 私有财产不可侵犯，其主要包括：纳税必经同意；不得以非法形式侵犯私人财产；以纳税人代表组成，以私有财产为权力基础的国家权力机构。赵文洪：《私人财产权利体系的发展》，第239页。
[117] 黄仁宇：《资本主义与二十一世纪》，第478页。
[118] [美]费正清主编《剑桥中华民国史》第1部，第5页。
[119] [日]沟口雄三：《中国前近代思想的曲折与展开》，陈耀文译，上海人民出版社，1997年，第5页。
[120] 赵文洪：《私人财产权利体系的发展》，第35页。
[121] 王家范：《帝国时代商人的历史命运》，第3～4页。
[122] 参见杨联陞：《传统中国政府对城市商人的统制》。
[123] 赵文洪：《私人财产权利体系的发展》，第57页。
[124] 郝延平：《中国近代商业革命》，第4～5页。
[125] 郝延平似乎亦意识到此点，所以他说条约口岸的利润制度更易被接受是因为"沿海地区远离中国儒家社会的中心"。参见郝延平：《中国近代商业革命》，第5页。
[126] 赵文洪：《私人财产权利体系的发展》，第313页。
[127] 王尔敏、吴伦霓霞编《盛宣怀实业朋僚函稿》中册，"中央研究院"近代史研究所，1997年，第703～704页。
[128] 北京大学历史系近代史教研室整理《盛宣怀未刊信稿》，第114页。
[129] 林作屏：《商箴》，第11页。
[130] 转引自Tai-Shuenn Yang, *Property Rights and Constitutional Order in Imperial China*, p.3.
[131] 据杨泰顺的研究，在中国，通过教育与处罚法令的结合，使得产权的变化举步维艰。由于法令通常是惩罚而不是保护异端分子，所以个人想试着变更产权规则的成本太高。Tai-Shuenn Yang, *Property Rights and Constitutional Order in Imperial China*, p.7.
[132] 阮子江：《二十五来中国商业之变迁》，《先施公司二十五周纪念册》（1900～1924），香港商务印书馆，1925年，第91页。

〔133〕阮忠仁:《清季经济民族主义运动之动力、性质及其极限的检讨》,第278~279页。

〔134〕1900年,杭州利用公司的《招股章程》中便以"业经禀奉局宪立案,准予本公司专利十年"为广告词。汪敬虞编《中国近代工业史资料》第2辑,第709页。

〔135〕1908年,清政府要收回电报局归官办,而商人不满意收购股票的价格。激烈者如胡二梅即在股东会议上表示:"我中国政体向称专制,吾等商人有何能力可与相抗,收回国有之说自不能挽回,然吾等商人身家财产岂竟不可保存乎?"北京大学历史系近代史教研室整理《盛宣怀未刊信稿》,第109页。

〔136〕盛宣怀曾对慈禧说:"有钱人只讲究自谋私利,决不肯做开矿等有益公家之事。"(北京大学历史系近代史教研室整理《盛宣怀未刊信稿》,第279页)所以在当时善办洋务的朝廷重臣眼中,"自谋私利"似乎亦是中国富人的缺点。盛更在私函中向友人表示其办实业主要为了"报朝廷恩遇",并不敢言一利字(北京大学历史系近代史教研室整理《盛宣怀未刊信稿》,第168页,"1908年5月3日盛致吏部尚书陆再启函")。1910年,一位署名"师孟"的作者亦在《商业杂志》上撰文强调:商人"当知经商系欲为国家挽利权"(师孟:《商人宜抱国家思想》,《商业杂志》,1910年第2期,论说,第10页)。

〔137〕[英]洛克(John Locke):《政府论》下篇,叶启芳、瞿菊农译,商务印书馆,1964年,第77页。

〔138〕徐素华选注:《筹洋刍议——薛福成集》,辽宁人民出版社,1994年,第72~73页。

〔139〕吴汝纶:《〈原富〉序》,《严复集》第5册,第1553页。转引自史华慈:《寻求富强:严复与西方》,第115页。

〔140〕饮冰:《再驳某报之土地国有论(节录)》,《新民丛报》,1907年第92期。张枬、王忍之编《辛亥革命前十年间时论选集》第2卷,下册,第581~584页。更为重要的是,梁启超在其《新民说》一文中认为国家民族的未来取决于生利与分利这两种公民之间各自的比例,前者多于后者,方能为强国。而所谓"生利之民",在梁的归类中,不但包括农民与工匠,亦包括商人及军人、政治家与教育家等。这种观点似乎是中国知识分子对商人角色认识的一大进步。参见[美]张灏:《梁启超与中国思想的过渡》,江苏人民

出版社，1995年，第149～150页。
［141］张枬、王忍之编《辛亥革命前十年间时论选集》第3卷，第226页。
［142］萧公权：《近代中国与新世界：康有为变迁与大同思想研究》，汪荣祖译，江苏人民出版社，1997年，第287页。
［143］萧公权：《近代中国与新世界：康有为变迁与大同思想研究》，第401～404页。
［144］Hao Chang（张灏），*Chinese Intellectuals in Crisis: Search for Order and Meaning*（1890～1911），Taipei: SMC publishing Inc., 1987, p.60.
［145］民：《无政府说》，《新世纪》，1907年第31～36、38、40～41、43、46～47、60期。张枬、王忍之编《辛亥革命前十年间时论选集》第2卷，下册，第150～151页。Hao Chang, *Chinese Intellectuals in Crisis: Search for Order and Meaning*（1890～1911），p.171.
［146］Hao Chang, *Chinese Intellectuals in Crisis: Search for Order and Meaning*（1890～1911），p.174.
［147］汉民（胡汉民）：《民报六大主义》，《民报》，1906年第3期。
［148］参考王国斌：《转变的中国》，第221页。
［149］［美］费正清主编《剑桥中华民国史》第2部，第29页；李伯重：《江南的早期工业化（1550～1850）》，社会科学文献出版社，2000年，第539页。
［150］范金民：《明清江南商业的发展》，第46～49页；陈学文：《明清时期太湖流域的商品经济与市场网络》，浙江人民出版社，2000年，第89页。
［151］李伯重：《江南的早期工业化（1550～1850）》，第538～539页。
［152］清代江南地区的棉花种植面积持续增长，据范金民的估计，达到320万亩。桑地数在清代康熙以后超过160余万亩。其他靛蓝、烟草、茶树等经济作物亦有相当数量。范金民：《明清江南商业的发展》，第13、16页。
［153］范金民：《明清江南商业的发展》，第26、30、32页。
［154］范金民：《明清江南商业的发展》，第130～147页。
［155］参见范金民：《明清江南商业的发展》，第184～238页；又陈学文：《明清时期太湖流域的商品经济与市场网络》，第125～128页。
［156］范金民：《明清江南商业的发展》，第244、249页。这两个统计数字均涵盖了明清两代，甚至民国新成立的会馆公所亦包括在

其中。

〔157〕刘广京即认为苏杭既是商业最发达的地区,功名繁盛必与商人财富有关系。刘广京:《后序:近世制度与商人》,余英时:《中国近世宗教伦理与商人精神》,第4页。

〔158〕范金民:《明清江南商业的发展》,第342页。

〔159〕许倬云:《历史分光镜》,上海文艺出版社,1998年,第211页。

〔160〕梁其姿:《施善与教化》,第6页。

〔161〕吴承明:《中国资本主义的发展述略》,《近代中国资产阶级研究》,第126页。

〔162〕Rhoads Murphey, *The Treaty Ports and China's Modernization*, p.21.

〔163〕Yen-P'ing Hao, "Commercial Capitalism Along China's Coast During the Late Ch'ing Period",转引自黄克武:《清季重商思想与商绅阶层的兴起》。

〔164〕段本洛、张圻福:《苏州手工业史》,江苏古籍出版社,1986年,第299、365页。

〔165〕段本洛、张圻福:《苏州手工业史》,第197～198页;李嘉庆、黄公迈:《江浙粤丝业调查报告》,《农商公报》,1917年第3卷,第9期,报告门,第9～14页。

〔166〕赵冈:《中国城市发展史论集》,联经出版事业公司,1995年,第167～199页;范金民:《明清江南商业的发展》,第318页;陈学文:《明清时期太湖流域的商品经济与市场网络》,第389～390页;包伟民主编《江南市镇的近代命运》,知识出版社,1998年,第35、46～55页。

〔167〕刘石吉:《明清时代江南市镇研究》,中国社会科学出版社,1987年,第41～58、157页。

〔168〕刘翠溶:《明清时期长江下游地区都市化之发展与人口特征》,转引自邱澎生:《商人团体与社会变迁》,第22页。

〔169〕据汪敬虞编《中国近代工业史资料》第2辑,第1183页。

〔170〕竺菊英的研究发现近代宁波人口流动的速率迅速上升,1902年以后人口流动增长率突飞猛进,其主要特点是在宁波与上海之间钟摆式流动。氏著:《论近代宁波人口流动及其社会意义》,《江海学刊》,1994年第5期,第134页。

〔171〕参见聂宝璋编《中国近代航运史资料》第1辑,1840～1895,上

海人民出版社，1983年，第1413~1422页。其中戴生昌轮船公司是经营上海、杭州、苏州之间轮运航线的第一家公司。同上书，第1422页。

［172］参见范文耀：《清末江浙农村经济私生活的新变化》，《南开史学》，1982年第1期，第209~212页。

［173］参见《江浙皖三省丝厂茧行同业录》，1915年5月，"序言"；1914年8月7日之农商部批示。《中华全国商会联合会会报》，第1年，第12号，"法令"，第56页。

［174］上海市档案馆编《一九二七年的上海商业联合会》，上海人民出版社，1983年，第303页。

［175］李嘉琼、黄公迈：《江浙粤丝业调查报告》，第15~16页。

［176］苏云峰：《民初之商人，1912~1928》，第64页。

［177］章开沅：《辛亥革命与江浙资产阶级》，《历史研究》，1981年第5期，第14~15页。

［178］黄炎培：《民国元年工商统计概要》，《农商公报》，1915年第1卷，第12期，选载，第1~5页。

［179］参考王树槐：《清末民初江苏省谘议局与省议会》，《台湾师范大学历史学报》，1978年第6期；又见李国祈《中国现代化的区域研究——闽浙台地区》，第240~255页。

［180］转引自李国祈：《中国现代化的区域研究——闽浙台地区》，第208页。

［181］李桂林、戚名琇、钱曼倩编《中国近代教育史资料汇编》，上海教育出版社，1995年，第305页。

［182］李国祈：《中国现代化的区域研究——闽浙台地区》，第212~213、217、257页。

［183］王国斌：《转变的中国》，第119页。

［184］程德全：《抚吴文牍》。转引自扬州师范学院历史系编《辛亥革命江苏地区史料》，江苏人民出版社，1961年，第17页。

［185］1912年，上海三新纱厂总办陶湘在给盛宣怀的信中曾感慨道：清之亡，实亡于报馆（陈旭麓、顾廷龙、汪熙主编《辛亥革命前后——盛宣怀档案资料选辑之一》，上海人民出版社，1979年，第340页）。苏州旧绅士更抱怨"诸报馆与革命党声气相通，《民立报》主笔陈其美，实为谋主，专播谣诼，以惑民听，好乱者皆从而和之"（王德森：《辛亥九月以后苏城变乱记》，苏州市地方志编纂委员会办公室、苏州市档案局编《苏州史志资料选辑》第

〔186〕项士元:《浙江新闻史》,之江日报社,1930年,第8页。

〔187〕章开沅:《辛亥革命与江浙资产阶级》,第19页;朱英:《辛亥革命时期新式商人社团研究》,中国人民大学出版社,1991年,第43~52页;虞和平:《商会与中国早期现代化》,上海人民出版社,1993年,第276页;王尔敏:《重商观念与重商思想》,第87页;黄克武:《清季重商思想与商绅阶层的兴起》,第499页。

〔188〕章开沅:《辛亥革命与江浙资产阶级》,第19页。

〔189〕王尔敏:《重商观念与重商思想》,第87页。

〔190〕参见本文下一小节对江浙商人"政治参与"的讨论。

〔191〕《绍兴商业杂志》,1910年第6期,商业报告,第5页。

〔192〕所谓"拒法运动",指因日本报纸谣传广西巡抚王之春为平定地方游勇,欲向法国洋行借巨款并请驻谅山法兵协助,而以广西全省路矿权作为酬谢。留日学生与国内士商纷纷发起抵制。参见李达嘉:《商人与政治》,第142~143页。

〔193〕李达嘉:《商人与政治》,第143页。

〔194〕1907年,蒋智由在东京编《政闻月刊》,作为政闻社机关报,旅日宁波巨商吴锦堂便捐款2万元作为经费。李国祈:《中国现代化的区域研究——闽浙台地区》,第217页。

〔195〕李国祈:《中国现代化的区域研究——闽浙台地区》,第215页。

〔196〕阮忠仁:《清季经济民族主义运动之动力、性质及其极限的检讨》,第270页。

〔197〕英国驻杭州领事馆报告,杨锦森节译:《中国实业不振之原因》,经世文社编《民国经世文编》(实业),文海出版社,1971年,第4564页。

〔198〕笔者认为张謇的身份首先还应是士绅,其次才能说他是商人,如果把他称作"绅商",那么对他而言,"绅"的角色似超过了"商"。

〔199〕陈锦江:《清末现代企业与官商关系》,第11页。

〔200〕如苏州昆新商人担心借款纠纷"势将酿成大案"。墨悲编《江浙铁路风潮》第2册,罗家伦主编"中华民国史料丛编",1983年,第8页。

〔201〕李达嘉:《商人与政治》,第149~150页。

〔202〕参见王冠华:《爱国运动中的"合理"私利》;又李达嘉:《商人与政治》,第148~159页;张存武:《光绪卅一年中美工约风潮》,

第44～45页。

〔203〕如抵美运动发动之际，便有上海人镜学社（似由学界组织）开会提出强硬的抵制措施，如议定奸商暗销美货罚款办法；宣传不与奸商联姻等。清心书院、中西书院、沪学会、群学会等学界亦表现激烈。《申报》被时人视为是"拒约者的喉舌"。张存武：《光绪卅一年中美工约风潮》，第45～52页。

〔204〕王冠华：《爱国运动中的"合理"私利》。

〔205〕《时报》，1906年2月2日，转引自汪敬虞主编《中国近代工业史资料》第2辑，第732～734页。又参见张存武：《光绪卅一年中美工约风潮》，第122～123页。张书中，称发起组织为"江南拒约会"，而不称"江苏省争约处"。

〔206〕张存武：《光绪卅一年中美工约风潮》，第53、123～125页。

〔207〕如1910年苏州三义公（美孚煤油包销华商组织）便控告广货业商人施炳卿勾结美孚洋商私自设栈，后经商会劝告，施表面辞去美孚买办职务，但仍似以其雇佣伙计去办理此事。当美商运来煤油时，地方税所为利所动而不顾已有广货业惟勤公所包认此项货捐，给予美商填票放行，又引起惟勤公所之检控（华中师范大学历史研究所、苏州市档案馆合编《苏州商会档案丛编》第1辑，华中师范大学出版社，1991年，第828～835页）。又如1909年的统计显示，杭州租界以外有洋商违约所开商店20余家，但直到次年因日商彩票店闹出事端方引起地方绅商的关注，最终取缔。这其中无疑与洋商商店的营业竞争使本地商人感觉利益受损有关（参见浙江省社会科学院历史研究所编《辛亥革命浙江史料续辑》，浙江人民出版社，1987年，第31～32页）。关于"日商赌彩滋事案"，亦见上书，第33～46页；《绍兴商业杂志》，第4期，第27～30页。

〔208〕如朱英：《转型时期的社会与国家》，第241～244页；虞和平：《商会与中国早期现代化》，第276～280页；Joseph Fewsmith, *Party, State, and Local Elites in Republican China: Merchant Organizations and Politics in Shanghai, 1890～1930*, p.43; Zhongping Chen, *Business and Politics: Chinese Chambers of Commerce in the Lower Yangtze Region, 1902～1912*, pp.290～302.

〔209〕[美]费正清主编《剑桥中国晚清史》下卷，中国社会科学出版社，1985年，第639～640页。

〔210〕《预备立宪公会郑孝胥第一次开会报告词》，《辛亥革命浙江史料选

辑》,第203页。
〔211〕参见《苏州商会档案丛编》第1辑,第1258~1277页。
〔212〕参见虞和平:《商会与中国早期现代化》,第283页。
〔213〕黄仁宇:《资本主义与二十一世纪》,第454页。
〔214〕天津市档案馆、天津社会科学院历史研究所、天津市工商业联合会编《天津商会档案汇编(1903~1911)》下册,天津人民出版社,1989年,第2361页。
〔215〕李达嘉:《上海商人的政治意识与政治参与(1905~1911)》,第177~178页。
〔216〕李达嘉:《上海商人的政治意识与政治参与(1905~1911)》,第180~183、187页。
〔217〕参考萧功秦:《清末"保路运动"的再反思》。
〔218〕参见苏州市档案局编《苏州市民公社档案资料选编》,1986年,第359~364页。其他11个成立于1912~1913年,正值时局动荡之际。又31个成立于1918年后,尤其1921~1924年间,亦是江浙和平频频告急之时。
〔219〕1909年,为了抵制警捐,浙江全省商界代表赴抚院跪香数次。《民呼、民吁、民立报选辑》,第293、308页。又南京因丝行创办进出口丝捐,乡人曾以赴辕跪香中止。《民呼、民吁、民立报选辑》,第71页。
〔220〕王国斌:《转变的中国》,第101页。

第三章　有秩序的"革命"：辛亥革命前后江浙商人政治行动的重新考察

近世商人与革命的关系，国内外许多学者均有论述。但概略看来，现有的分析，大致上可以分为两类。一类是从"资产阶级革命"的观点出发，重在分析以商人为主的"资产阶级"为什么参加革命、在革命中的角色及其与政权移转的联系；[1]一类则从政治文化的角度入手，着重讨论商人在革命中的政治意识与政治参与等，如张亦工、李达嘉等人的研究。[2]前者以"资产阶级"为分析的核心概念，使人无法区分革命中商人与党人以及其他阶层的区别。更很难帮助人们认识商人在革命事件中的行为及观念。而后者的研究亦有先预设商人有政治参与意愿的嫌疑。再者，由于现有的研究，其讨论的对象多限于上海或者一二通商大埠，因此往往不能看清革命中商人的普遍性表现。

以辛亥革命时期商人与政治的关系而论，学界的争论便甚多，先前，大陆学者虽然从"资产阶级革命论"的观点出发，认为资产阶级积极参加了革命，但是其中的商人并不是他们论述的重点。1980年代后，一些学者开始强调以商人为主体的"资本家阶级"在辛亥革命中的重要作用，并以此作为辛亥革命的资产阶级性质的一个重要证明。到1990年代后，部分学者更将辛亥革命视为中国现代化的一个推动力,将商人参加革命认为是为了达到一些现代化的目标。革命带来现代化,商人支持现代化,所以支持革命。张玉法先生则认为辛亥革命是一场"全民革命",认为在辛亥革命中"士农工商各阶层皆参加了革命",[3]否认辛亥革命是一场资产阶级革命。

两岸学者关于辛亥革命性质的争论与各自不同的主流话语模式及所持意识形态立场或者历史观念有关。如果我们仔细阅读两岸学者迄今为止的绝大多数关于辛亥革命的论著,会发现一个共同的特点,即承认革命的合理性以及正义性,他们的区别主要在于对革命的性质与意义的判别上。至于这次事件在民间的反应究竟如何,一般民众究竟对革命持何种态度?我们实际上并不清楚。

辛亥革命爆发之时,一些商人的参与诚是事实,但笔者并不认为这些商人构成了一个"资产阶级"。那么,如何解释商人的参加革命呢?又如何解释商人随后反对革命呢?更重要的,商人在辛亥革命之际的政治举动又如何与以后的史实连贯起来?以前一些学者认为商人反对革命是革命性不强,立场软弱所致,或者商人主要出于利益的考虑,没有长远的革命理想。但是"知时易变"其实并不能让我们看出商人的政治选择的内在原因。所以,讨论辛亥革命的许多问题,笔者认为非得从史实重建的工作做起。

商人对革命的态度:一个事前的分析

"革命"的意义

"革命"一词,为中国古代汉语固有的词汇,初见于《易经》:"天地革而四时成,汤武革命,顺乎天而应乎人,革之时义大矣!"其基本意义为"改朝换代,以武力推翻前朝,包括了对旧皇族的杀戮",即"王朝循环式的政治暴力"。20世纪初,"革命"二字,经由梁启超等人的介绍,以带有进化论色彩的"世间万事万物的变革"之意从日本重新输入。不过在当时的情形下,此种新的意义的加入,实际上促进了"革命"的传统意义的接受,给"暴力政治手段"的意涵添上了"合理性"的光晕。在孙中山、邹容等人的宣传下,"革命"亦带有种种与民主与民族内容有关的社会变革的承诺,但其始终未曾脱离中国传统政治变革的历史与认识的轨道。[4]

在西方的社会学与政治学词汇中,"革命"指政府及有关组织和结构的重大的、急速的,因而常常是激烈的改变。它意味着彻底地脱离先前的任何历史模式,故与旧秩序的破坏紧密相连,尽管革命也多蕴含着建立一种与旧秩序完全不同的新秩序。[5]陈独秀曾称:"革命只是新旧制度交替底一种手段,倘革命后而没有新的制度出现,那只算是捣乱、争权利、土匪内乱,不配冒用革命这个神圣的名称。"[6]他所讲的似乎便是此意。

在不同社会群体眼中,"革命"自然具有不同的意义。柯文(Paul A. Cohen)曾指出,对城市中的激进知识分子来说,他们由于受到单线社会进化论的影响,认为对待过去只能采取克服、摧毁和彻底决裂的态度。这些知识分子坚信一种近代化的信念,认为"革命的本质就是变化,而变化越大越好"。[7]然而,弗里德曼认为,对千百万的农民而言,情况完全是两样的:他们并不认为眼前的不好的境遇是古老的社会结构不可避免的产物,相反他们认为它是这种社会崩溃的结果。在这种情况下,农民想从革命得到的并不是更多的而是更少的动乱。[8]

从实际社会心理层面来看,清末民初,普通民众对明末张献忠及新近太平天国两次破坏极大的战事,尚心有余悸。梁启超曾言:革命本属不祥之事,无论何国,苟经一次大革命后,其元气恒阕十年或数十年而不能恢复。[9]1911年的革命之后,国人由于经历了许多的痛苦,"革命"一词,更与暴力破坏不可分。[10]当然,不同的阶层对革命的认知亦有差别。对富有绅商而言,革命造成的秩序混乱可能会危及其财产安全,因此对革命极为恐惧。而有些贫苦的乡民可能会欢迎革命,因为革命可能给他们带来改善生活的机会。据祈龙威的采访,辛亥年武昌事发后,曾有扬州民众把首义后的湖北,理想化为"白银满地"的乐园。[11]

对北洋时期各届中央政府而言,革命往往是对其合法性的否认,所以常将"革命"与"暴力叛乱"画上等号,严加斥责。在保守的传统知识分子眼里,革命则意味着对他们所信奉的传统儒家秩序伦理的否定,因此是不能接受的。他们所强调的,一是外患当前,"夫以中国一言革命,必至分亡";[12]二是认为中西政治本质上便不同,中国无真正的专制政体,所以宣传革命者乃"以革命为幸功作乱之计也"。[13]南汇县芸香草堂众学生曾奉师命作《革命驳议》一册,专门反驳邹容的《革命军》,直指邹为"学界之蟊贼,文明之公敌"[14],其态度可见一斑。

在革命党人方面,则有将"革命"逐步意识形态化的趋势,并带有浓重的"反对现政府"与"民族解放"的意味。国民党人曾认为"产业落后的国家,国民革命是他的无二救药"。由于与其他民众一样遭受"帝国主义"的压迫,"所以商民是需要革命的,是应当努力参加革命的"。[15]

近世的革命不仅要改变外在的世界,而且还常试图改变人的内在世界。所以欲通过革命来消灭人的私欲或者利益思想,似乎是近世革命者宣传中的一个重要主题。但是,如果一个理想需要依靠人的行为的根本改变方能达到,那么这个理想便易成为一种乌托邦的空想。

不过,革命的理想常与革命的实际发生分离。如辛亥革命,对绝大多数国民来说,革命多停留于形式上:枪毙犯人、废除旧式礼节、剪去长辫、换去旧式衣帽。李侃曾认为,辛亥革命是中国有史以来空前的一次大革命、大变革,革命党人在夺取政权后,应"立即掀起一个以改变封建土地所有制为中心的农村大变动,建立起农村中的各级革命政权,以巩固革命在农村的这个最广阔的阵地"。但他根据湖北与江苏38个县(州)的考察,发现在大多数州县,"革"掉的只是旧政权的外壳,封建的社会经济结构和政治结构以及意识形态并没有被摧毁,而是在"光复"或"独立"的时髦装饰下面保存起来了。[16]

商业与革命的矛盾

现实意义上的革命,是以破坏为其手段。而商业的存在,则是以稳定的和基本的法律为基础的,这些法律的执行又要与其他方面协调一致。[17]制度在一个社会中的主要作用是建立人们互动的稳定结构以降低不确定性。[18]革命却是以破坏旧制度为其主要目的,包括旧政府颁布的法律以及一些行之有年的惯例风俗等,这无疑会与商业的本质发生矛盾。

革命是清末以来各种内外环境激荡而成，从西方引进的民族主义、民权学说与社会进化论等思想是酝酿革命的温床。但是一般来说，革命并非商人所愿。从事实上来看，清末新政给商人带来了许多获利的机遇，商人地位的抬升达到一个高峰，我们很难从史料中得出商人盼望革命的结论。常见的一种说法是：商人在参加国会请愿或者立宪运动遭受挫折后，便转向革命，以实现其政治上的理想。[19]如前所述，晚清的国会请愿与预备立宪运动的积极参与者，主要还是一些本来即有浓厚政治兴趣的上海商人，如沈缦云等，但是他们在商人中并不占多数，更无代表意义。所以"革命转向说"实无多少基础。

革命发生以前，汪东曾称："秩序为革命进行时代之手段。革命之能有秩序与否，率视其宗旨若何。宗旨既正，而为紊乱之行者盖寡。"[20]但是，当革命发生后，革命党人此种判断未必能够成立。所谓革命宗旨是否纯正，本来就极难作判断。究竟有多少抱着纯正宗旨的革命者？在事发时，谁又能作这种甄别鉴定的工作呢？而且对革命发生后的情势，革命者在事先更不能预测到。政治运动一经发生，其发展便常是发动者所不能控制的。所以革命者要保证革命有秩序，往往只能流于空想。"革命"实际上是社会资源与利益空间的重新分割，利益的竞争可能引起一些势力的对抗，而对抗者如果均有武力，那么地方秩序便很成问题了。[21]万一酿成大规模武装冲突，那么损失最大的还是地方民众，尤其是商人。

革命党人亦意识到商人此种恐惧，故其媒体再三申明"革命党之主义即声言在推覆恶政，出人民于水火之中，断不至有骚扰之事"，要民众将"革命"与以前之叛乱举动区分开。[22]甚至亦有人预言革命不但不会给商人带来损害,反而会使商市兴旺。革命前夕之所以会出现恐慌是因为"商业之人不明大势",无端纷扰,尤其是钱庄业制度之不良所致。[23]论者更提出4点理由证明上海市面会因革命而日盛一日:革命军不扰租界;革命中的军事提供了商业机会;避难上海者多;人多财多安全便捷。但是,"革命军不扰租界",只能保证租界内的商人财产暂不受损,其营业在战乱时却无法保证能安全进行;"革命中的军事提供了商业机会",更多的却是阻碍了商品与金融的流通;至于"避难者多""人多财多安全便捷",亦只能说租界内的服务行业可能会因此而生意旺盛,但更多的则是制造行业因原料及销路受阻、工人返乡而停歇,交通行业因战火中铁路与水路中断而萧条,金融保险亦会因市面动荡而受牵连。而且租界流动人口激增亦会带来相应的社会治安问题,而不仅仅是财产。

对商人而言,关键一点还在于革命带来的"社会秩序失范"。[24]商人怕革命,许多时候可能不是恐惧革命军本身,而是担心革命一起,社会动荡不宁,土匪乘机活动,其实商人关心的是社会秩序与市面的安危。所以面对秩序的威胁,商人的天然反应自然是抵制,但如果情形已无可挽救,或者其力量在地方上不足以制止党人或者军人的起事。那么,他们便会走向第二步,即尽量将"革命"约束在秩序的范围内,以使其损失减低到最小,社会秩序不至于破坏得太烈。

多数商人反对革命

李达嘉认为:辛亥革命前夕的上海商人既面临一个和外力竞争,并受外力入侵所威胁的局面,也和其他社会成员同样面临一个政治腐败、经济衰蔽、社会不安的局面,这些因素促使他们同情革命、支持革命甚至投入革命,和其他参与革命的社会成员并没有什么两样。[25]

不过李将商人的职业特点视为虚无,似乎有点矫枉过正。而且他亦未能将商人的"常态"与"变态"反应作适当区分。1905～1911年间,其实正是商人获得政策支持而积极投入新式企业创办之际。当时的政经局势似乎不能以"政治腐败、经济衰蔽、社会不安"来作简单的概括。对于商人参加"革命",以此"时代背景"来作解释,实际上是不能完全说得通的。民国成立后,许多时候均呈现出类似的"时代背景",但是为什么商人并没有支持"革命",而是在多数情形下致力于维护既有政权的合法性?

因此,解释商人与革命间的关系,以"时代背景"来作唯一的考虑并非理想的研究途径。笔者认为应回到实际的历史场景中去。对商人而言,"辛亥革命"并不是他们所推动实现的,而是在革命党人的活动下突然爆发的。商人在革命爆发前后的反应多半应被视为他们在非常态情势下的"应变策略",并非一种常态的表现。就其本身而言,商人反对暴力革命乃是其职业特性所决定的。

苏云峰通过对民初商人的研究,认为:政治方面商人一般倾向于保守。他们为了达到维持和平的目的,可能通过地方性及全国性的商会组织,发挥政治影响力。除了少数例外,多数商人是支持北洋政府的,或援助财政,获得赠勋;或担任政府顾问;其充任国会议员者虽少,然而可由商会影响决策,也唯有在维持政治现状下,商人始能获得最高的利益。因此,他们自然要反对任何形式的政治破坏或者革命。[26]笔者认为这种看法与史实较为接近。

革命对有产者而言无疑是一种威胁。因此,革命发生,"商界中人,大半唯忧各地起乱,于己商业有碍","既知政府之不可恃,又不敢投诚于革命军,唯恐各处土匪而起,于己之财产有损,或提存款,或购金元,或存外国银行,终日营营,唯此是务,而商业因而牵动"。[27]

值得注意的是,一般商人反对革命,并非对革命党有固定的负面看法。有时出于利益的权衡,他们也会支持革命党人。关键是哪种选择最有利于秩序的稳定与产权的安全。1913年9月,袁世凯因"二次革命"中政府"尤得各省商会维持之力","各商界烛其奸邪,绝其资助,遂使逆谋无由大逞,乱事得以速平,曲突徙薪,功非浅鲜"。故下令调查商会事迹,准备颁发奖状。[28]然而,商人虽反对革命,却不欲直接与党人结怨,所以颁奖令下,上海总商会等均表示谢绝。[29]章开沅先生说:"拥袁反孙,这绝非出于个人之间的亲疏爱憎,而是资产阶级从自身利害出发的冷静抉择。"[30]这个判断大体上是正确的。不管是支持还是反对革命,商人的选择均是源于其利益的算计。不能动辄责怪商人"见利忘义",对他们而言,革命者眼中的"义"可能本来便不能为他们所认同。在商人看来,革命与一般的社会动乱或许并没有多少区别。

然而,我们也可发现冯少山在1927年年底的各省总商会大会上再三强调商会的革命性,以及商人参加革命的重要意义。[31]1929年,全国商会请愿书中亦称商会赞助革命事业,在实际而不在虚声,再三声称商会为"实际革命"的团体,认为革命之成功,关键在人心。[32]但这些只能说明商会组织在面临解散的危险时,一些商人力图通过此种手段达到确保组织生存的目的。而不能被视为商人对革命的真实态度。[33]"革命化的商人"[34]只是党人在宣传中所使用的词汇，而不是商人的实际形象。

革命之外的变因

革命之外，其实尚有其他因素在影响着商人的抉择。

如辛亥革命，其实充满了"种族革命"的意味。1911年时，革命党人与满人朝廷不共戴天，种族仇恨充满于革命党的一些宣传文字。[35]同时，这次革命又含有"共和与专制"的对抗色彩。一些商人由于久处于通商口岸的政治文化氛围中，耳濡目染，对共和制不无期盼。专制政体的弊端，他们亦有一些体会。[36]所以商人在辛亥革命中支持革命的行动，也可能是受种族革命宣传的影响或者对共和制的同情，但却不能全认作是对"革命"的拥护。

到1926～1927年，国民革命军进入江浙，又含有南军驱逐北军的暗意，省区观念隐约夹在其中。北伐军攻占杭州、上海后，蒋介石曾大打乡党牌，江浙人在当时浙沪的财政、外交等机关中占有很大的地位。[37]

革命爆发：商人的反应与"参与"

革命发生时地方的反应

1911年10月10日，武昌新军突然起事，辛亥革命揭幕。消息传来，苏浙两省均呈恐慌之象。

> （苏州）现洋一空，织户万人停机。富民提存款，纷

纷迁徙，避地申江，视为乐土，巷为之空。自闻武昌警信，金融停滞。市价飞涨，以致有行无市。[38]

（宁波）"商情惶遽"，钱庄汇兑停止。宁波人心大震，殷商富户纷纷逃难。海上警报日日至，阖邑人心尽惊惶。纵说同胞莫余毒，斯事决无兵燹酷，所虑盗贼乘机起，抢劫奸淫逞所欲。大家挈眷赴春申，权作桃源可避秦；亦有举家匿山岙，林深菁密可藏身。比户惧灾皆股栗，最是满城风雨日。[39]

（常熟）地方上老年人听到这等消息，如魂魄掉落，手足无措。当常熟城中树起白旗时，巨室已迁徙一空。"商不放帐，农不输租，金融恐慌情形，与京津无异。"[40]

（上海）"沪市危迫，朝不保暮。""有钱人"多在积极将钞票兑成现洋，提存储蓄款，抢购金银保值，以为避难作准备。[41]

（杭州）曾经发生的一次惊慌使杭州城一半的居民遗弃他们的家园，去其他地方寻求安全。（11月6日）（地方绅富）当光复之初，携家远去，托迹他乡。[42]

（镇江）这里的一切事情都处于停顿状态；逃亡的镇江居民没有像人们所预料的那样，迅速地回来。……人们还没有恢复信心。整个教育机构陷于停顿，除了外国洋行的买办外，商界首领们仍在外地。[43]

（江阴）彼时谣言蜂起，人心惶惶，不可终日。……金融机关已完全停顿，内外汇划不通，市上银元绝迹。[44]

可以看出，武昌革命对江浙民众震动极大，其主要的表现又在于金融骤然紧张以及有产者纷纷避难。金融为市面所攸关,也是地方秩序能够保持的关键。武昌举事消息传来,苏州裕宁官钱局钞票便首先受挤[45],地方当铺停止当货,拒收裕宁钞票[46]。市面因缺乏现银而无以为继,汇兑亦告停止,局势极为危险。[47]1910年的橡胶股票风潮对江浙地区的商人打击已极重[48],所以此次风潮一起,商人便欲设法挽救。苏州光复前夕,虞洽卿到苏州面见程德全,直陈:"上海为商务枢纽,金融状况以为国家人民命脉所关,万一力尽溃决,长江一带不待暴动,已无善地。"[49]徐兆玮在《棣秋馆日记》中曾称苏州等地的独立,"半为财政问题,金融恐慌达于极点,非独立无以自存。于是绅以是说,官以是应,一二革军乘之,而众响应矣"。[50]此点道出当时的实情,独立者,事寝之后,则可取消。据沈云龙分析,程德全的初意,原在仿庚子东南互保之例,以谋自保。而等张謇代拟之电奏发出后,遂由自保渐变为独立,再由独立而归附革命,皆由时势推演而成。[51]

对江浙多数地方普通商人而言,所谓"革命",只是按革命党人的要求在店门前挂起一面白旗,"表示拥护"。[52]他们最为关心的其实是"革命"可能对他们造成的影响、市面的安危、银根的紧松、莠民的活动。一般他们不会直接参与组织政府,即使是先得到消息,也会与各公团举行会议协商应付办法,而最终多是请有力者(比如当地驻军或者其他有力量确保秩序安全的势力)来宣布光复,而后给予一定的配合,力图将"革命"约束在有序的范围之内。

"参与"的形式

革命浪潮席卷到江浙地区时,商人亦被裹挟其中。然而,商人的"参与"革命,多系情势所迫,与革命党人的主动性不能相比,其形式主要有组织动员、经济动员及参加新政府等。

革命发动之时,商人的参与,最引人注目者乃是一些地方出现商人武装(参见表2)。但考察革命前后江浙商人所组织的众多武装团体,都不是以革命为目的,而以确保商界安全,维持地方治安为其主要宗旨。这些自卫团体并非"资产阶级的政治性武装团体"或者"市民社会的准武装力量"。[53]

表2 辛亥革命前后江浙两省商民组织的自卫团体(上海除外)[54]

名　称	地　点	备　　注
商会保卫团	泰州	商会总理沈惕斋为团长
东台保卫军	东台	商会总理丁立棠与地方驻军联络改组而成
自卫团	扬州	商会总理周树年为团长。15 000人,全城每家出1～2人,分区编队,担任夜间巡逻,共24队
练　勇	赣榆县青口镇	自咸同以来商人自办,辛亥时扩大为200人
志愿团	太仓	分东西两区,各20余人,并分别拥有前膛枪近10支,辅以猎枪。官方亦有公共民团之办理
自卫团、乡勇灯笼会	盐城	
保安会	南京	分区团防,只维持3天
地方协防团	南通	
宁波商团	宁波	1911年7月成立,主要发起人有费冕卿、顾元琛、余润泉等人。到1912年年初发展到8处,日则操练,夜则巡防。
镇海商团	镇海	商团团长沙筱泉

(续表)

名　称	地　点	备　注
定海绅团	定海	
绍兴商团	绍兴	由朱鞠堂负责
商界自卫团	湖州	光复后得到扩充
嘉兴商团	嘉兴	该团似成立于1905年左右，主要由商家子弟组成
无锡商团	无锡	辛亥前有钱业、商余两体育会，革命爆发后改成商团
硖石商团	海宁硖石镇	1910年7月成立，由徐光溥与吴清负责

资料来源：《辛亥革命江苏地区史料》，第65、209、294、320、322、367、376、510～511页；中国人民政治协商会议宁波市暨各县（市）区文史资料委员会合编《宁波光复前后·宁波文史资料第11辑》，1991年，第60～61、88、142页；《时报》，1911年10月28日第4版；绍兴市政协文史资料组：《辛亥革命绍兴史料》，1981年，第31页；邱寿铭：《辛亥湖州光复回忆》，中国人民政治协商会议浙江省湖州市委员会文史资料委员会编《湖州文史》第9辑，浙江人民出版社，1991年，第156页；董巽观：《辛亥嘉兴光复记》，中国人民政治协商会议浙江省委员会文史资料研究委员会编《浙江辛亥革命回忆录》，浙江人民出版社，1981年，第225页；蔡容：《无锡商团章程规则汇刊》序言及附言，1920年。吴欣木：《辛亥革命时期的硖石商团与工兵铁道大队》，《辛亥革命回忆录》第4集，中华书局，1962年，第170页。

从表2可以看出，辛亥革命爆发前后，江浙各地商民所创建的自卫团体，名目不一。但其办团的目的则是一致，均是为了维持地方秩序，保护商民的生命财产安全。革命前夕，官方对于这些团体的纷纷成立，非但不加反对，在秩序不宁的情形下，本就有提倡的意思，以弥补地方军警力量的不足。上海的情形如此，[55]江苏其他地区更是如此。本来江苏地方士绅即有每年定期举办冬防的安排，武昌事变后，由于苏省兵力有限，[56]江苏巡抚程德全即通令支持所属各地士绅筹办团防。[57]苏州、无锡等地商团的正式定名实际上自程德全之命令下达后才有。[58]如果当时的商团是以革命为宗旨，自然不会见容于地方当局。

不过，上海商团在光复沪埠之际，确实是参加了攻打制造局与道县衙署的战斗。这与商团几位领导人，尤其是李平书的态度密不可分，同盟会与光复会势力渗入商团，则是另一个影响因素。[59]但上海的例子在当时并不具普遍性。从当时江浙两省众多的商民自卫团体来看，其主要的工作仍在于维持地方治安，缉盗捕匪，巡游街市。[60]而且，办团自卫往往也被地方士绅甚至官吏视为有效的挽救手段。[61]他们如何可以全部被认作是"资产阶级"呢？

1911年5月30日上海书业商团正式开操大会纪念

为因应时事变化，商人亦可能发起新的商业组织。如上海光复后的第7天，各业商人成立上海南北市商务公所，其发起广告曰：

> 启者，上海经此一变，金融更形危险，凡我商人皆有切肤之痛。于本月十九日组织各业团体设立商务公所，公推朱葆三先生为临时会长。现在公所地址已定在天后宫后面，于二十二日开临时会议，于本月二十六日午后二句钟请各业齐集公所筹议进行方法，事关各业切己。值此时局阽危、商业机关凝绝不通之际，务祈届时惠临，千万勿却。是所盼祝祷，特此奉闻。[62]

从这则告示我们可知，上海南北市商务公所乃为上海商界为挽救秩序危机，并且应付"商业机关凝绝不通"而设立，所谓"时局阽危"一词已说明此点。[63] 原来的上海商务总会，其前身上海商业会议公所既为盛宣怀所倡立，所以该会议公所无疑被革命党人视为敌人，"合法性"存在问题，[64] 致不敢出面活动。但是秩序告危之时，商界必须有人出面来与革命党人周旋，或筹措军饷，或派出代表参与政权，在此情形下，再成立一个类似性质的机关便非常必需了。[65] 这与16年后北伐军抵达上海时，各商业公团"外应时势之需要，内谋自身之保障"，共组上海商业联合会非常相似。[66] 不过，这种为应付变局而组织的替代性临时组织，待时局稳定便可能会自动撤销，或者与以前的组织合并。[67]

商人亦会与地方绅士及官厅组成临时性的办事机关，以解决过渡时期的各项问题。江阴在光复之前，由地方"有力者"组成"公团",商会总理吴听胪被举为财政长,维持地方秩序。[68]光复前夕,杭州、宁波等地亦有人发起组织保安会,作为过渡的政府机关。[69]淮安地方绅商在秩序不稳时,组织"大局",负责民团饷项,设总务、文书、会计、庶务等股,于四门设分局,设门董执事守夜,借以保卫城池。[70]建德绅商在得知省城独立消息后,由各公团自行成立"严州军政分府",推原知府为都督,局势不稳时,商会并出面安抚人心。[71]这些过渡机构在各地宣布光复后,便一一撤销。

革命中,对起事者来说,商人最大的贡献乃在于经济的支持。商人出于保全地方秩序的考虑,会相应地承担筹集军饷、维持政府财政等工作。

各地光复之时,商人可能会主动担任所需的费用。不少地方的商人与革命党人或者军界保持密切联络,对欲举义的新军,则主动承诺负责军饷,以免发生兵变或者不测。像昆山商会与驻军间以金钱换秩序的例子,当时并不鲜见。[72]有的地方甚至由商会出面主动联络驻军,承诺负责军饷,以抵制阴谋者之变乱,策划独立事宜。[73]商人出于形势所迫,不如此其损失可能更大,而军界或者革命党人也借此减轻了筹款压力。所以革命中的合作对双方均有利。

光复之后,各地新成立的政府更需要商人的配合与协助,以解决财政问题。扬州正式宣布光复后,扬州商会总理、典当业商人周树年召集各银号钱庄负责人,清查原政府分存的附加捐税各款,悉数提出,以充军政费用。同时整理关卡,增加税收,如此避免了临时向地方摊派。辛亥时期地方歌谣中所谓"忙坏商会周谷人",即是说明周在辛亥革命扬州光复一事中的重要影响。[74]苏州独立后,程德全亦面临一个财政问题,如何筹措军饷,以保证其地位,并且援助攻宁江浙联军,均是一些现实的压力。为筹款,程德全曾颁布"助饷章程",苏州商人照令有所捐输。[75]上海光复后的5个多月时间内,沪军都督府便向各商家借款高达银400余万两。其中各钱庄为沪军都督府垫款达银33万余两,中华银行垫款银70余万两,又广肇公所及潮州会馆共借给银42万余两。[76]浙江军政府都督亦到处写信向商人借款,以度过财政难关。[77]

军政府发行的钞票更需要商人的配合才能流通,否则毫无信用可言。沪军都督府、江苏都督府与浙江军政府均发行过军用钞票。1912年6月,浙省军政府发行军用钞250余万元,规定与市面上的银元通用。由于商人的配合,尚能在一定范围内流通。[78]上海商人则反对沪军都督府发行军用票与公债。因其担保系以"全国税租"作抵,商人感觉实难兑现,要求南京临时政府责令停止发行。[79]

革命时期的地方自卫团体亦常常需要商人出资维持。规模较大的地方商团可能会得到政府一定的资助,但其来源可能不稳定。[80]紧急时刻成立的地方自卫团体经费多由发起人垫支,一些地方虽然由各公团发起,但经费却更多地需要商人负担。如1911年11月至1912年4月,建德城里庆丰典、其昌盐栈、孙春阳、扬永春、胡亨茂等商家便承担了大部分的民团经费。[81]商团经费问题一直存在,只是时局缓和时会更加凸显出来。

商人"参与"革命,最明显的表现形式当是参加革命后成立的新政府。江浙地区各地光复之后,确有一些商人出任政府要职,下表列出了笔者已知的一些主要个案。

表3 辛亥革命后江浙地区商人参加地方政权

地点	姓名	职务	商界身份	主要工作
上海	李平书	沪军都督府民政长	内地自来水公司总理	负责地方民政
上海	沈缦云	财政总长	信义银行协理	创办中华银行,发行军用票及公债票,一月后辞职
上海	朱葆三	财政总长	慎余号五金号经理,上海南北市商务公所临时会长	出面向钱业界及日本三井洋行等借款,任职二月后辞
上海	虞洽卿	顾问官、闸北民政长	荷兰银行买办	为都督府筹措军饷
扬州	周树年	财政长	商会总理	负责筹饷
无锡	孙鸣圻	财政部长	商会会董,开设干生丝厂	主要负责捐税征收
南通	刘桂馨	财政长	通崇海总商会总理	维持地方军事经费,1912年5月解职
昆山	方还	民政长	本为商会总理,江苏省谘议局议员	由同盟会员张栋请其出任该职,以稳定地方
江阴	吴听胪	公团财政长	商会总理	负责维持秩序、与驻军接洽、垫借款项、举办青年团武装
宁波	费绍冠	财政部副部长	商会总董	均不详
	余民进	参谋部副部长	商会会董	

资料来源:李达嘉:《上海商人的政治意识与政治参与(1905～1911)》,第209页;郭孝成:《江苏光复纪事》,《辛亥革命》(七),第9页;钱基博:《无锡光复志》,出版机关不详,1913年,第5页;《辛亥革命江苏地区史料》,第132、178、199、218页;《宁波光复前后·宁波文史资料第11辑》,第52页。

也有商人不愿意担任名义，但却负责筹饷的。如江苏盐城商会总理冯绍文、东台商会总理丁立棠均主动与军队斡旋，承担军饷筹集任务，以维持地方秩序，既避免了地方土匪乘机而起，亦解除驻军哗变的危险。[82]

在扬州、无锡、南通、昆山、江阴等地的光复过程中，商会或者商团发挥了重要作用。而且地方财政多仰赖商会来解决，所以均以商会总理充任财政部长（或称财政长）一席。上海商人参加政府人数之多是江浙其他各地所未见的，除上列三位外，在沪军都督府中任要职的还有王一亭、穆湘瑶、顾馨一等人。[83]像浙江军政府与江苏都督府则鲜见商人担任要职。

江浙其他府县级的新政府中，据已知的资料，商人担任政府要职的好像也不多。如宁波军政分府便没有商人担任正职的部长。外交兼交通部长卢成章与参谋部长赵家艺虽均系商家子弟，但当时其更重要的身份却是革命党人。[84]像浙江省嘉兴、丽水、湖州、绍兴等地均是由革命党或者学界中人控制政权。

为什么上海商人在1911年后的临时沪军都督府中占有较多的位置呢？笔者认为，这可能与以下几个因素有关：上海商人自治的传统、上海两派党人（同盟会与光复会）集团的互相争斗、上海沪军都督府的财政多仰赖于商界输捐、上海商人在起义过程中的重要贡献等。[85]商人在杭州及苏州的独立中虽然有所表现，但不起决定性作用。而且，财政上两地均有办法，不需完全依靠商人。

商人参加新立的地方政府，其主要的工作之一便是解决军饷问题。从表3中我们可以发现，参加政府的商人多负责财政一事。对当时的各地政府来说，财政问题正是关键。一般来说，商人身份的"财政部长"不可能对本地熟悉的商人以威胁的手段来勒索钱款，党人与军人却可能催款如催命。在此种情形下，担任这些职务的商人多疲于应付，即使连沈缦云这样的革命商人也无法坚持下去，只有辞职了事。因此，参加政府的绅商往往感受到极大的压力，大局稍定即纷纷辞职。

革命前后商人的政治参与，正是革命能获得重大成果的基础之一。所以有人称"民国之造，商人首功"。[86]值得注意的是，以往论者将革命时商人参加政府，视作是"资产阶级"试图建立自己利益政府的一种表现，而将商人退出政府或者依附强权人物看作是"经济结构和自己的矛盾性格使然"。[87]其实民国初年的共和制与代议制主要是出自知识精英对西方政治制度的模仿，而不是像西欧来源于"新兴资产阶级"保护私人财产权利的要求。[88]所以商人短暂参加政府，只是为了维持秩序，保护财产，等到有稳定的政府可以承担此类任务，而不需要商人自己来为此支付成本，他们当然要退出政府，去务本业了。

商人参加政府后，亦确实达到了他们的一些目的。辛亥革命后，江苏省大多数新建立的军政分府，所办第一件事，即是"维持秩序"和"保卫治安"。[89]

商人"参加"革命的动机

秩序维持无疑是商人"参加"革命的主要动机，辛亥革命中江浙各地商人的表现均与此有关。[90]时报记者曾劝独立各省绅富，与其"流离失所"，四处避难，不如慷慨捐输，帮助民军，稳定局面。否则像汉口等地方"一经兵燹，身家性命俱不保,而家产亦已荡然"。[91]此种顾虑对商人而论,不是没有道理。之所以愿意捐输,形势所迫乃关键。所以1911年12月5日,温宗尧在旅沪广帮筹助军费大会上亦称"现在之接济民军,即与保卫己身无异","若不设法筹济,非独民军流血无益,且我国民之生命财产,势必不保"。[92]

为促成苏州宣布独立,地方绅商对程德全的劝告便以避免"生灵涂炭"为说辞。[93]实际上,江浙两省多数地方由地方绅商主动的独立皆属此种模式。甚至地方上没有"革军",如常熟,地方人士为免他人借"光复"之名入城攫夺,自己先宣布"革命",以占主动地位。[94]在一些旗营驻扎的城市,地方绅商多要求其统领顺应舆情,不要与革命党人和新军对抗,主动投降。其动机无疑是为了避免地方发生战事,以致秩序紊乱、市面败坏、财产受损。我们从辛亥时的镇江、杭州等地均可以看到相似的情景。[95]张謇曾称"苏人迫程德全为都督,杭人迫汤寿潜为都督,以安狱市"。[96]一个"迫"字,点出了地方绅商主要欲通过此举来确保"和平过渡"的用意。浙江省都督人选的确定,旅沪的浙籍商人曾参与讨论,最后以汤寿潜为都督,主要也是为了挽救杭州的秩序。[97]

宁波的光复虽是学界中人运动的结果,但与商会"请官场切勿抗拒此事"的举措可能有关。[98]发现形势不利于地方,秩序告危,商人可能会请兵"光复"。"光复"只是借兵保护地方秩序之一策。否则,被其他势力窃得光复名义,地方绅商可能便会被动。辛亥革命中,扬州八县几乎都是请徐宝山来帮他们宣布"光复",[99]而其中担任联络及负责者,又主要都是商人。[100]动荡之际如果有人能维持秩序,便可能受到商人们的拥护,即使是带队路过的败兵头目。[101]

维持地方秩序的进一步的目的则在于保护生命财产。上海皮毛业商人曾在事后表示:"生命财产,人人自有保护之权。……光复之初,吾商界输财助饷,不遗余力,无非欲保全治安,维持大局。"[102]革命之际,旧政府的官产往往被劫夺,但是官办企业中常夹有商股,或者商人有债权关系。所以商人参加革命有借此保护自己财产的目的。

李达嘉曾指出,上海商人在辛亥之际支持革命,实际上乃是支持能保障生命财产的政府。[103]不过,当动荡发生时,旧政府被否认,新政府尚未确立,商人于此刻的附义举动,可能还不能说是支持某一个政府,而只能说是欲通过自己的努力来避免革命可能带来的剧烈破坏。因此张桓忠认为商人参加辛亥革命主要是为缩短"社会脱序"的时间,尤其当革命派无力控制局面时,此种参与更凸显出其重要性。[104]

辛亥革命时期,山西、陕西、河南、四川等地的秩序似乎比江浙地区要混乱得多。英国驻华公使朱尔典(J. Jordan)曾认为,由于这些地方秩序无人维持,法纪荡然,故几成无政府状态。他强调:"革命本身驱使许多持有武器的人们,利用目前无法无天的情况,在国内实行恐怖统治,并抢劫和掠夺整个农村地区。"[105]孙师郑曾比较江浙与山西、陕西等地的情形,感慨道:"山陕情形极为野蛮,掳掠富绅不可理喻,恐非武汉所能操纵。下走窃谓江浙之文明与彼野蛮,虽似处于两极端,而轨道适合。"[106]这从反面说明了江浙地区的商人在关键时刻"参加"革命,对于其自身而言,实有重要的意义。相似地,1927年3月27日,蒋介石到达上海。虞洽卿同王晓籁、吴蕴斋等人便往谒蒋介石,表示希望原有经济制度不破坏过甚,[107]对秩序与财产的关注心同16年前并无二样。

革命的"背离"

不少学者都注意到1913年全国商人一致反对"二次革命",但多将此解释成"资产阶级"对"革命"的背离。更多学者则以"资产阶级的软弱性"或者"资本家阶级在政治上的不够成熟"来解释。[108]但是如前文所揭示,中国近世的商人对革命本来就反对,辛亥革命中所以有部分商人参加,其原因却多缘于形势所迫及维持秩序与财产的需要,他们只是在应付此一变局。但应付是需要成本的,革命更给商人带来了巨大的损失。革命党人自身的表现亦难以让人满意。在此情形下,商人对革命的恶感必然浮上表面,而"二次革命"中商人的政治选择便在情理之中了。所谓"背离"革命只是一种误解,因为绝大多数商人从来便没有真正参加过革命。

革命中商人的损失

辛亥革命之后,商人似乎均感觉痛苦[109],这点连孙中山亦曾承认[110]。江浙各地自1911年11月先后光复后,商人遭受了种种损失,其主要表现如下:

兵变

革命后江浙两省的军队均有扩充,"或因防务而增设,或缘北伐而组织"。浙江新军由一个混成协扩充至两个镇。[111]各路巡防营亦扩充至40余营。浙军援宁支队,在光复南京后,曾派人回浙招募新兵,将支队(约3 200余人)扩编为一个镇,包括四个步兵团,一个炮兵团,骑兵、工兵、辎重兵各一个营共近1万人,开赴江苏、临淮等地。绍兴军政分府都督王金发在嵊县招募兵士编为第6标。军政府又派俞丹屏与钱伯坚到严州、绍兴设局征兵,就地训练,编为第7标。这样,浙江各府县"莫不拥兵自卫",尽力扩充,一时间"戎装之士,触目皆是"。[112] 江苏亦在原有的新军基础上,尽量补充足额。如林述庆在镇江、秦毓鎏在无锡、徐宝山在扬州,均努力征兵购械,以厚植实力。[113] 据说,到1912年1月,南京已招募军队10余万人。[114]

但是军饷却是个大难题。据英国驻南京领事伟晋颂(F.E. Wilkinson)报告,1912年3月,驻宁的部队除粤军外,其他浙军、苏军等都欠有2至4个月的军饷。到1912年8月,驻浦口军队已有5个月没有领到饷银。[115] 同时,由于各地在竞招兵士,兵源质量良莠不齐。许多会党分子,甚至匪盗之辈皆被招进军队。杭州在光复后曾将监狱囚犯释放,且"一律投效""入伍差遣"。[116] 此举在革命军方面,或因当时为着兵额不足的原因,但士兵素质却不能保证。

在上述情形下,江浙两省光复后,大大小小的兵变发生了多起,而零星的抢劫行动更无日无之。如果兵士被遣散,那么临走时的抢劫在辛亥革命后成为常事。[117] 到1912年4月,兵变主要有以下三起。

南京:1911年12月2日,江浙联军攻下南京。"民军一入城,即大肆抢掠,城外尤甚,凡三四日渐平息。"之后,浙军与苏军的抢劫仍非常普遍。[118] 当政府将浙军和苏军调出城外时,新到的粤军准备效仿前面的驻军继续抢劫。士兵随意开枪,民众不得安宁。[119] 1912年4月11日,南京发生兵变,被抢商家数百,商民要求赔偿损失额达20余万元。[120]

苏州:1911年12月底,当程德全离苏赴宁时,苏州"抢劫之风日甚，争斗之祸日烈，其甚者至于开枪对敌"。[121] 3月27日夜，驻苏46标士兵发生兵变，变兵在阊门外彻夜焚掠，抢劫典当、商店、旅馆等。事后统计，受灾者有320余户，核计损失总数约银73万余元。仅晋丰典当一家损失即达22万余元。[122] 5月，驻苏先锋三营又生兵变，商号、民户皆受损失。[123]

清江：清江本驻有第七镇十三协、工程辎重两营。10月31日，城外新军两营攻城，驻城满人官吏逃，地方绅商商议后开城欢迎，居民悬白旗，不料新军进城后大行劫掠，裕宁、裕苏官钱局，履祥、公济、艺永等典当均被洗掠一空。[124]

除兵变外，武装军人零星的抢劫行为则更为普遍。杭州自光复后，巡警不上岗，坐视匪势蔓延。城中抢掠之事，不曾间断。"尤以甚者，莫如劫米店，抢典当，明目张胆，白昼横行"，军人亦有擅入民宅、掠取财物者。[125] 象山光复后，军队一入城，即扣押富户勒索饷银，并向各商店摊派。[126] 1911年12月，驻泗安刘姓统领的兵士在路过时强买强当，使城中秩序发生紊乱。[127] 到1912年年底，散兵游勇仍在镇江"断断续续地"进行抢劫。[128] 其他军人强当在杭州、苏州、盛泽、东台等地均有发生。[129]

兵变亦加重了地方秩序的混乱。正如辛亥革命发生时柏来乐（G. Pereira）在中国西北地区所观察到的，社会动乱正在给土匪带来巨大的机会。[130] 江浙各地土匪乘机窃发，"匪迹蔓延几于遍地皆是"，[131] 商人财产因此受损严重。米店与典当是"劫匪"的主要目标，[132] 1911年12月16日，吴县横泾镇永丰典等30余商家被匪200余人武装抢劫，舆论哄然。[133] 清江兵变的同时，"四乡乱民亦揭竿而起，相率抢劫，全县骚然，至有邻里亲戚互为攘夺者，恬不为怪者"。[134]

勒款

除去非常的兵变及劫掠外,常规性的勒款在革命后亦非常普遍。

浙省各府县新成立的军政府,由于财政问题难以凭正常途径解决,便往往从地方绅富与大商人身上想办法。宁波军政分府财政部长张世圴在财政困难时,以"措辞强硬的信件"向各富户募款。[135]湖州军政分府先是劝令富有绅商主动捐助军饷,对于不配合者,则以武力包围其住宅强行夺取,或者诱捕拘押再由其家人认缴军饷方得释放。[136]王金发任绍兴军政分府都督期间,以暴力胁迫"奸商大户"捐资助饷。[137]王曾导演"捉放章介眉"一幕活剧,最后章氏过半家产(地3 000亩,银洋5万元)被迫捐给军政府。[138]处州军政分府亦以所属松阳县富绅黄秋光在光复后"拒不剪辫"为由,派兵上门将黄氏抓到府城丽水,最后经人说情黄以5.5万元才换得自由。[139]革命党人在起义时,因缺钱亦可能以武力向商人"借款"。[140]清江革命后驻军马玉仁部"抬架勒赎,习惯成风"。[141]

浙军与苏军在攻打南京时表现最为勇敢,但进城后却成为纪律最差的部队。[142]由于欠饷,驻宁浙军一面在该地推行强迫剪辫运动,一面向商人硬性征税与借款,以筹集军饷,引起民众不满与忿恨。[143]军人在城中不但需要供给军饷,而且发行没有任何信用保证的军用票。[144]为了能让驻城客军出发,1911年12月,南京商会筹款20万元送给政府。[145] 1912年1月1日,南京临时政府成立,黄兴还是首先督责商会捐助50万元。[146]

沪军都督府强迫商人认捐的方式更招来商人的怨恨。为筹款，沪军都督府专门设立军饷协济会，总会设上海，江浙各地设分会。其筹款对象为居留上海的前清官吏与富有绅商，不愿认捐者即予以逮捕。[147]后来因有"王某、徐某"等借军政府筹饷为名，设立拼死团名目，向殷实绅商量人财产多寡勒捐巨款，并以炸弹、手枪多方恫吓，陈其美也曾颁发通告禁止勒捐。但在当时的环境中，此种恐吓手段似乎正是革命党人所采取的。为了勒款，都督府更以"侵蚀国款，妨害饷项"等名目拘捕前大清银行经理宋汉章、[148]上海钱业会商处总董朱五楼等人。[149]有人署名"忧时子"投书《民立报》，控诉勒捐暴行，以致该报亦称"读之为之发指"。[150]

对私有产权的破坏

革命后，江浙各地因财政问题对私人产权的冲击甚为厉害。具有讽刺意味的是，1789年的法国革命与稍后的美国革命均把"所有权"条款赫然摆列于宪法之中，作为革命最重要的成果之一。[151]而中国革命一爆发，则往往先剥夺"反革命"的财产所有权。当时革命党人认为"满奴汉贼，势不两立"。[152]各地一经光复，往往便先将圈定一些"反革命"分子的财产查封。[153]

苏州独立后，盛宣怀家族在苏州的留园义庄及苏省各处典当房产均被民军看守，[154]浙省盛产的遭遇亦相似。[155]没收财产的目的除了可能有人欲借机攫夺外，[156]从政府角度来看，主要还是军饷问题。江苏省都督府曾以捐饷为条件发还盛氏产业。[157]1911年12月，沈缦云也劝盛捐银百万保卫上海。[158]常熟军政当局似以没收盛氏典当救济军饷。[159]上海陈其美对盛氏产业则主先查封，待确定罪名后再行处分，担心立即"收没私人财产"，会引起盛氏家属不服。但可能内中原因，还是因盛氏在沪产业多位于租界管辖范围，陈其美无法动手。[160]当时上海方面为了争取盛氏主动捐献，陈其美曾颁发"严禁追查盛宣怀罪状"的通告，又释放被浙江军政府在沪逮捕的盛宣怀长孙盛毓常。[161]

江浙各地光复后，多数官办或者官商合资产业遭到冲击。如镇江大清银行，被民军取去现洋数万，上海各商股股东表示严重抗议，认为民军本应极力保护人民之权利，"讵容丝毫剥夺"。[162]甚至杭州胡庆余堂亦因其中有股东系前清官吏而被没收。[163]军人对私人财产的侵害亦常发生。南京光复后，进城各军立即封存私人房屋，以作为办公驻军之用。[164]后来南京临时政府虽然因此宣布"凡人民财产房屋，除经正式裁判宣告充公者外，勿得擅行查封"。内务部则表示，在当时各处审判厅多未成立之时，"正式裁判宣告，一时尚难举行"。1912年1月，内务部终于有"保护人民财产令"5条的公布，咨请各地都督通饬所属，"以安民心，而维大局"，[165]但"反革命"似仍不在保护之列。只是对"反革命"的界定可能便因人因地而宜了。

对产权的侵害，不独政府，有时乡民亦然。一般乡民的心理，"革命"的重要意义常在于旧有的压在头上的政权消失了，可以顺势"解放自己"，解放的方法，则常常表现在对既有产权的不承认。"皇帝没有了，租米可以不交了。"[166]烧毁义庄，捣毁仓房，聚众抗租，砍伐山林，其破坏对象，皆是公共产业或者在城地主的财产。[167]江苏吴江县同里镇则有人向地主索还"方单"，称"朝代已换，此田非复故主所有"。[168]海州农民则"打官劫富"，烧毁典当。[169]有些地方的乡民借口新政府改历，不归还欠账，引起商人的不安和申诉。[170]

对商业的间接损害

辛亥革命时期,江浙地区的商业遭受的打击甚重。革命期间的战事既阻碍商业的正常进行,而各地光复后因时局不靖,市面更饱受惊扰和破坏。

光复前后,江苏省内各典商因"钱价、满货、捐税、挪当、抢劫"等各种亏耗损失惨重,典家纷纷歇业。[171]江苏全省辛亥革命前有典当600余家,此后,其数锐减,到1914年,只剩400家左右。"以资本论,则去其五分之二;以典数而论,则去其三分之一。"[172]苏州典商潘济之对此曾有沉痛的表示。[173]杭州各属的典商亦痛感"革命时军人强当之蹂躏,典商受创独巨",遂发起组织旧杭属典业公所,后来又在此基础上成立全浙典业公会。[174]

苏州光复后,金融业仍动荡不定,周转欠灵,豫康、晋源等钱庄随之倒闭。[175]嘉兴附近地区所产丝绸大受打击,如濮院镇绸缎及王店镇绢布的销售一落千丈。[176]其他如交通中断、工厂因时势动荡停工以至于易服风潮等均影响到相关行业商人的利益。[177]

秩序混乱之际,稍有积蓄者一方面便想尽量将存在钱庄、银行中的钱款兑现取出,从而加剧了金融的紧张情势;另一方面对投资咸持谨慎态度,不敢轻易将钱款出手,亦会造成市面的萧条。这点从民初江苏省股份公司的成立方面可略见一斑。

兴办公司的热潮自1905年后到1911年左右跌到谷底。因辛亥革命及随之后起的"二次革命",不少企业持观望态度一年多,1913年夏秋后方开始新的投资。[178]

1915年全国商会联合会曾将辛亥革命及"二次革命"后商人的遭遇归纳为"六劫",对革命中商人的损失有所反映:

> 兵争连年，烽烟遍地，资产荡失，烬余仅存，此一
> 劫也；党派如林，自署官吏，诛求巨万，其欲无厌，此
> 二劫也；善恶防弛，盗贼充斥，公肆索勒，无敢枝梧，
> 此三劫也；宵小椎埋，武断闾里，择肥而噬，有如豺狼，
> 此四劫也；诉讼之事，莫判曲直，控告羁押，仰而呼天，
> 此五劫也；人无固心，旦夕是谋，货贿积滞，莫我肯售，
> 此六劫也。[179]

"六劫"中，最后一点"人无固心，旦夕是谋，货贿积滞，莫我肯售"，便揭明革命时期，商人在秩序不宁、产权不能保障时，对投资预期收益没有把握，只能争取资金的快速回笼，于商业方面影响颇为不佳。

"革命"形象的蜕变

商人对革命的感觉趋坏，亦与商人心目中"革命"形象的蜕变有关。

革命发生之前，关于革命军是文明之师的宣传，到处都可以听到。清内阁中书许荣臣曾感叹道："无如报纸腾说，佥谓革军之雄，鸡犬不惊，人心归附。"[180]张謇于年谱中亦谓，"江宁自鄂来者，盛称革命军人之文明，谣言大起"。[181]程德全在1911年10月23日给内阁的奏稿中称，"窃谓今日之大患，不患革党之猖獗，而患人心之涣散；不患武昌之失陷，而患各处之响应"。[182]革命前后市面安危往往牵动着政治的稳定与否，所以革命党人实际上需要凭借商人来为他们维持人心镇静，其宣传中亦多称"以保全市面流通金融为要义"。[183]卢成章"单骑克宁波"时，手中高擎的大旗亦是

"保商安民",盖此种口号最为地方民众所欢迎。[184]

但是如上节所述,革命后江浙各地商人实遭受多方面的盘剥。如果他们对革命一度有"热情"的话,那么此种"热情"在革命后已渐渐减退。1912年3月4日,驻北京的英国公使朱尔典在给其国内报告中说:"南京人民对浙军的暴行感到非常愤恨。他们开始认识到,豁免一切捐税及关于新太平盛世将带来繁荣昌盛的其他一些普遍幻想的前景,事实上是没有根据的。在许多场合下,他们开始对其所给予革命运动的同情和支持感到后悔。"[185]英国驻南京领事伟晋颂在更早的一封报告中也表示:"最近,我曾经与好几位南京的商人与绅士谈话,没有从他们任何人中间听到对目前的制度说一句好话。他们对于已经给予革命运动的同情和支持一致表示后悔。"[186]

相似地,1912年2月,英国驻沪总领事法磊斯(E.H. Fraser)在给朱尔典的函件中亦提及上海租界内经常发生卓有声望的华人被绑架勒取赎金之事。而由于南京政府未及规定具体税收办法,因此,政府收入多靠强迫认捐的办法来募集。因此,"商人阶级中对共和的热情正在消逝"。[187]

商人对南京临时政府的期望亦在变成失望。孙中山迫于财政压力,提出抵押轮船招商局、转让汉冶萍的主权、以全国赋税抵借俄国道胜银行款项等,无不侵害到商人的实际财产利益,[188]也让商人感觉到革命党人为了自保其政权而不惜"引狼入室""辱国丧权",反感日益加深。[189]临时政府成立后,更未有切实的保护私人财产的政策出台。即如1912年实业部制订的"商业注册章程",更多的是规范企业管理、振兴实业等方面的行政考虑,注册后给予债权保护的承诺并没有有效的实施手段。[190]正如诺斯所指出,政府虽然经常是财产权的保护者和执行者,但也常造成不安和制造交易成本。[191]当这种不安与交易成本的上升让商人无法承受时,他们与政府间的"离异"便会出现。

革命者之间党争不已,亦是党人自坏形象的一个表现。其实,革命后党人自身即没有一致意见,陷于分裂状态之中。对所谓议会民主的支持与否,只是基于自身利益的考虑。广东都督胡汉民、江西都督李烈钧主张大总统有议会解散权,而国会中的国民党议员则坚决反对。[192]胡甚至致电袁世凯提议:"请谕知各省,现在国本已定,如有倡言革命者,政府定予严办,俾奸人知所敛迹。"[193]但宋案一起,亦是他们先揭反对的旗帜。

不少革命党人自身素质更有问题。如绍兴军政府都督王金发即是一个极有争议的人物。王出身于会党,后来将会党中人一一引进军政府,担任要职。经常有人指责军政府官吏搜刮民财、徇私舞弊;士兵在外"藉端勒索、调戏妇女、强取财物"。[194]以致后来发生以浙省国民党人沈定一为首的检控"三黄祸绍"案。[195]1912年7月,王金发取消军政分府,离开绍兴赴沪时,据说竟带走军政府余款40余万元。[196]而上海都督陈其美更是动辄以暗杀手段对待其政敌,其生活放荡不羁,屡招谤议,与正常民主政体中的官吏行为相距甚远。[197]

各省国民党人在办理民元国会议员选举中,舞弊成风,肆意破坏选举法,甚至以武力为恐吓手段,[198]更是对民主共和政治的极大嘲讽。有论者认为:"从国民党方面说,它不遗余力地争取选举胜利,主要还是藉以实现其政治主张,进而打破袁世凯与反对党的实际联盟,创造一个好的政治局面。"[199]但是这种事后的论断有什么根据呢?更重要的是,如果为了目的可以不择手段,不遵循一点合法程序,那么即使国民党组阁成功,又会是一种什么样的结局呢?这些革命后的政治腐败表现无疑大大有损于革命党人的形象。

革命后各级政府取消免除税厘的承诺亦是引起商人不满的另一个重要原因。类似C·布尔顿所分析的那样:"在政府被推翻后,通常有一个乐观的理想主义时期。革命者忙于发出许多至善至美的论调。"[200]江浙两省在革命之初,均有免除税厘的举措,以取得民众的支持。[201]对于商人来说,他们对新成立的革命政权,虽然谈不上"极大的憧憬",[202]但冀望新政府能够裁撤厘金制度、减免税额而获得实际利益,似乎是应有的心理。

曾在浙省军政府任职的马叙伦于回忆中曾认为自己提议"豁免厘金漕粮"是缺乏政治经验之故。[203]其实革命党人此举在当时是为了争取民心的一大策略,在政治上来讲,当时党人最需要的是民众的支持,尤其是财政方面。由于旧政府的官吏多将所存库银转移,政治动荡之中刚建立的政府征收厘捐既困难重重,亦缓不济急,所以暂时宣布豁免,对于塑造其"革命"形象、争取民心大有好处,亦有利于军政府向绅商筹借款项。所以这一着棋,并不是哪一个革命政府的"幼稚"行为,相反是多数革命者在大局未定或政府创建时的救急良方。不过政府舍制度化的财政来源不用,而取之于不稳定的捐输,如此办法肯定难以维持。

当胜负之势已分,政权稍稳,财政上既不可能总是依靠民众捐输,亦不可能光凭筹借外债,所以恢复征收糟粮及旧有税捐则成为新政府的第一工作。江苏各地取消厘金不到两个月,即由江苏省议会议决,在各地征收货物税以抵补之。[204]浙省取消税捐同样不到两个月,军政府宣布重新征收地丁与统捐。[205]浙省重新开征统捐后,表面上似乎比前清要稍轻,但是由于未规定起征点,征收官吏又动辄使用强迫手段,引起商民的反抗。而且在不久后,一些货物的税率便又增加,超过前清许多。[206]甚至有些地方军政分府因为缺乏财政基础,需款孔殷,而加倍征收捐厘,引起民怨沸腾。[207]无锡军政分府与江苏省都督府财政司争设货物税公所,与无锡县议会争征收粮税权,亦主要是因为担心其属下军队的饷项无着,"恐发生溃决之祸"。[208]取消或减轻税捐应是普通商人对革命最重要的期望。但是革命后捐税既已恢复,甚至还有所加重,对他们而言,"革命"便已无实际的意义了。

"政治转向":对强权的企盼

洛克曾再三强调,人们加入政治社会的目的往往是为了保护他们的财产。[209]如果说中国近世的商人有"政治参与"的行为,那么其动机似与洛克的判断一致。但是当一个新立的政权不能保证商人们的财产权利时,商人便会转而反对它。

商人对秩序与产权的关注是决定其政治选择的根本。当革命引起地方秩序混乱时,对商人而言,治标之策可能是以自己的力量或借既有武力来保卫地方。但维持一支常备武装不但要花费许多成本,而且会带来额外的风险。[210]相对于维持常备武装的经费,"请兵"有时更为省钱。从现有史料上来看,徐宝山应扬州数县之请率军莅境光复,并没有向各地商人索要多少军饷。既然徐的军事经费有丰厚的盐税来源,他便满足于对这些地区的政治控制。[211]

相应地,商人也会挽留强有力的长官驻在本地以保证秩序安宁。苏州兵变后,全城商界发起"请江苏都督永驻苏州"运动。苏州钱业公会、苏州总商会为此召开多次会议,并致函各方再三呼吁。[212] 相似地,1927年,当蒋介石要离开上海时,商人极力挽留,担心蒋离沪后商界遭受挤压。[213]

在商人眼里,欲长期保持秩序的维持,治本之策无疑是依靠一个强有力的政府。所以,当辛亥革命后江浙商人对革命党人的不满日增之时,对袁世凯的期望则上升。多数商人希望袁氏能成为强势国家领袖而为工商业的发展提供一个稳定秩序的保证。[214] 诺斯曾指出,在欧洲,产权主要有三种强制性权力保护手段,即个人、贵族、民族国家。[215] 对于民初的中国商人而言,当"国家"甚至"地方军人"可以成为产权保护的有效凭借时,个人的成本支出自然会减少。

白吉尔曾经把辛亥革命称作是"资产阶级"的首次政治尝试,并认为其以失败告终是由于"资产阶级"不能成功地建立一种对于其充分发展所必不可少的政治构架,"单枪匹马的上海实业家是难以支撑一个民国政府的"。[216] 其实,商人在参加政府之初,即是一种临时的客串,从来就鲜见真正的中国商人想在国家政治蓝图的构建上一展雄志。后来,商人转而支持袁世凯政府,其根本动机则是企图减轻商人自身维持秩序的成本,由此来看,商人的"政治转向"乃在情理之中。

但是,当商人发现政府的存在是不可避免时,亦会支持一个强大的政府,以图维持一个稳定的社会秩序,减轻自身的成本支出。基于此,我们既可以理解1913年商人举国一致地反对"二次革命",[217] 也可以明了1915年一些商人加入反袁的动机。[218]

* * *

国内学者分析辛亥革命时,常认为商人参加革命是"资产阶级"经济力量增长的结果。但是为什么"资产阶级"经济力量增长后一定会走向"革命"?所谓"穷则思变",在中国,从根本上来说,经济力量增长后的商人其实是反对革命的力量。关键是我们不能将江浙商人在辛亥革命时期的一些应付变局的举措视作近世历史长期演化的结果。

亦有不少学者强调辛亥革命前商人的"政治意识提高"或者"政治觉悟"。如傅士卓即以上海商人加入光复会、资助《神州日报》《民立报》,尤其是信成银行的活动来作为商人政治意识觉悟的显例。[219]白吉尔认为"现代社会精英"受到西方思潮的影响,在当时经济和社会条件尚不成熟的情况下,开始了政治上的觉醒。[220]丁日初亦认为上层资本家先是希望通过发展自治,对外国势力的进逼主张抵抗,但是后来却连连碰壁,最后无法,只得走上了革命的道路。[221]这种思路是对一些更早的观点的反思,即认为资本家亦曾"革命",从而挑战"上层改良、下层革命"论,但是这种推论却难以普遍化,除了上海以外,很难见到相似的历史现象。

1911年商人"加入"革命运动,主要是对社会秩序危机的恐惧和对新政府的理想促成的。其中当然还有排满主义的宣传、对政府镇压力量的估计、晚清以来自治力量的基础等复杂的因素在起作用。这里,既有成本的核算,亦有收益的估量,还有冒险的刺激,所有这些因素凑在一起,商人们便作出了个体行动的抉择,并合成了若干的集体行动。商人们欲通过这种途径既摆脱兵变的噩运，又获得革命后的新利益。于是，在一些地方商人介入新立的政权，并充任要职；要求新政府颁布恤商法令、免捐免税。然而在新利益无望，旧利益却因为秩序的混乱而不可再得的情形下，商人们便多有后悔之意。这在"二次革命"中商人的态度和民初连年不息的战乱发生时商人的叹息声中都可窥见。如果按照一些学者的观点，商人参加辛亥革命是表现了政治参与热情的提高，那么，又如何解释一年后商人的"冷漠"呢？同一群人，为什么前后不过一年，而态度迥然相异呢？

从江浙两省多数地区来看，与其说是商人主动参加辛亥革命，不如说是被动的应变。所谓资产阶级想构建一种确保其已获得的经济基础的"政治结构"的企图，[222]如果有的话，也是在秩序崩溃后，而不是以此作为动力去推翻既有的秩序。

然而，辛亥革命正因为地方绅商的参与而在江浙地区保持一种有序的水平，而没有发生历代"改朝换代"时巨大的混乱。把"革命"尽量约束于有序的范围内，是动荡发生时江浙绅商最为关心之事。通过这种有秩序的"革命"，商人得以维持市面，没有出现大的问题，其既有的财产也没受太大的损失。由于这些地区的绅商自觉挽救秩序的努力，"革命"的破坏力无形中被化解了不少。

但革命对产权造成的冲击甚大，社会动荡的周期性发作是造成产业不能代代相传、承继发展的原因之一。另一方面的问题则是商人在私有财产无法得到确实的保护时，便有许多奢侈性的消费，以满足产权拥有的感觉。革命后江浙一些地方出现的奢侈风俗似乎隐约证实了这一点。[223]这大概是"无恒产即无恒心"时代社会心理的一种流露。

在欧洲，个人与政府的财产关系，是一个政治问题，个人财产在政府面前的安全与完整，要以个人在政府面前的强有力的政治地位为前提。经济自由与政治民主密不可分。马克思认为，17、18世纪，财产问题就是资产阶级的切身问题。[224]论者指出：以政治革命的方式解决财产关系问题，用一种"欧洲新社会的政治制度"来体现资本主义私有财产神圣不可侵犯原则，这应该是我们理解英国革命的实践和洛克对这一实践的理论总结的前提之一。[225]

但是在中国，既不存在一个类似于欧洲的王权专制，也不存在一个有迫切要求的"资产阶级"。革命虽然发生，却没有真正的商人基础。商人虽然因恐造成极大的破坏，亦想通过参与而取得有利的地位和机会，但他们始终都不是革命的主动者。1923年10月，以蒋介石、沈定一、王登云、张太雷等人组成的国民党代表团，向共产国际提交关于中国国民运动和党内状况的书面报告，即认为："1911年的革命是少数学生和军人的共同事业，而群众只是赞同推翻满清王朝，并未参加革命。"共产国际的人问蒋："为什么群众未参加革命？"他的回答是："他们不理解革命的必要性，没有政治觉悟。"蒋并承认："实际上，在现有的经济结构和政治条件下要启发他们的觉悟是非常困难的。"[226]

注释：

[1] 国内以往对辛亥革命中资产阶级的角色及地位的讨论，主要可参见复旦大学历史系《历史研究》编辑部、《复旦学报》编辑部编《近

代中国资产阶级研究》,复旦大学出版社,1984年。尤其被收录其中的章开沅:《辛亥革命与江浙资产阶级》;丁日初:《辛亥革命前上海资本家阶级的政治活动》;沈渭滨、杨立强:《上海商团与辛亥革命》,《历史研究》,1980年第3期;国外如Marie-Claire Bergère, "The Role of Bourgeoisie, 1911~1913", in John King Fairbank, ed., *The Cambridge History of China*, *Vol.12: Republican China 1912~1949*, Part Ⅰ, New York: Cambridge University Press, 1983。

〔2〕张亦工、徐思彦:《20世纪初期资本家阶级的政治文化与政治行为初探》,《近代史研究》,1992年第2期;李达嘉:《从"革命"到"反革命"——上海商人的政治关怀与抉择,1911~1914》,《"中央研究院"近代史研究所集刊》,1994年第23期。

〔3〕张玉法:《辛亥革命史论》,三民书局,1993年,第5页。

〔4〕参见陈建华:《"革命"的现代性:中国革命话语考论》,上海古籍出版社,2000年,第5~19页。20世纪初,上述有关革命的论说曾在东京、上海等地的留日学生所办刊物上广为流行。可参见张枬、王忍之编《辛亥革命前十年间时论选集》第2卷,下册,生活·读书·新知三联书店,1963年,第791~806、905~906、976~977、978~982、1015~1048页等。

〔5〕《大不列颠百科全书》第14册,第240页。

〔6〕陈独秀:《独秀文存》,安徽人民出版社,1987年,第620页。

〔7〕[美]柯文:《在中国发现历史——中国中心观在美国的兴起》,林同奇译,中华书局,1997年,第67页。

〔8〕参见 Edward Friedman, *Backward Toward Revolution: The Chinese Revolutionary Party*, Berkeley: University of California Press, 1974, pp.4, 120~121,转引自柯文:《在中国发现历史——中国中心观在美国的兴起》,第67页。

〔9〕沧江:《粤乱感言》,《国风报》第二年第11期,1911年。张枬、王忍之编《辛亥革命前十年间时论选集》第3卷,第797页。

〔10〕曾有人将革命后兵燹给中国民生所带来的惨状归为三点:生计败、盗贼多、杀戮流离惨。《革命后中国民生惨状说》,经世文社编《民国经世文编》(政治),文海出版社,1970年,第528~529页。

〔11〕祁龙威:《千人会起义调查记》,扬州师范学院历史系编《辛亥革命江苏地区史料》,第312~313页。

〔12〕《革命由动于感情而无通识说》,《民国经世文编》(政治),第529页。

〔13〕芸香草堂经义斋：《革命驳议》，上海时中书局，1904年，第1～2、21页。
〔14〕芸香草堂经义斋：《革命驳议》，第48页。
〔15〕黄诏平：《中国国民党商民运动的经过》，三民公司印行，1927年，第7～8页。
〔16〕李侃：《从江苏、湖北两省若干州县的光复看辛亥革命的胜利和失败——兼论资产阶级革命党人与农民的关系》，《社会科学战线》（长春），1981年第4期，第33页。
〔17〕[美]道格拉斯·C.诺斯、罗伯特·保尔·托马斯：《西方世界的兴起》，第77页。
〔18〕[美]道格拉斯·C.诺斯：《制度、制度变迁与经济成就》，第10页。
〔19〕徐鼎新、钱小明：《上海总商会史》，上海社会科学院出版社，1991年，第138～154页；朱英：《中国早期资产阶级概论》，河南大学出版社，1992年，第120～122页。
〔20〕寄生（汪东）：《正明夷"法国革命论"》，《民报》，1907年第11期。张枬、王忍之编《辛亥革命前十年间时论选集》第2卷，下册，第644页。
〔21〕1911年11月，同盟会党人庞檗子回到其家乡常熟策划"光复"，但显然他无法控制局势，便极力原来的知县翁有成"宣告光复，以弭纷扰"，等吴淞光复军至，政权便归其掌握。后来庞成为众矢之的，差点被人烧死。扬州师范学院历史系编《辛亥革命江苏地区史料》，第142～143页。
〔22〕《民立报》，1911年10月17日第1页"短论"，上海社会科学院历史研究所编《辛亥革命在上海史料选辑》，上海人民出版社，1981年，第32页。辛亥革命前夕，上海的许多大报均有关于革命军不害地方的报道。如《安靖地方说》，《申报》，1911年10月26日，第1张，第2版；《敬告居民》，《民立报》，1911年10月24日，第5页，转引自《辛亥革命在上海史料选辑》，第66页。
〔23〕无名：《上海市面谈》，《申报》，1911年10月25日，第2版。《辛亥革命在上海史料选辑》，第116～117页。
〔24〕张德胜认为自战国以后，中国人的思考中便有了很深的秩序情结，由于"失范状态"（anomy）成了中国人的"创伤"（trauma），人们对于秩序与动乱的问题变得相当敏感。儒家思想的基本命题亦是如何建立秩序，秩序问题乃变成中国人思想中最基本的问题。

第三章 有秩序的"革命"：辛亥革命前后江浙商人政治行动的重新考察

引自岸本美绪（Kishimoto Mio）:《"秩序问题"与明清江南社会》,《近代中国史研究通讯》,2001年第32期,第53～54页。张德胜之论点可参见其专著《儒家伦理与秩序情结——中国思想的社会学诠释》,巨流图书公司,1989年,第157～189页。

〔25〕李达嘉:《上海商人的政治意识与政治参与（1905～1911）》,第174～175页。

〔26〕苏云峰:《民初之商人,1912～1928》,第64～65页。

〔27〕《辛亥革命在上海史料选辑》,第113页。

〔28〕《临时大总统令》,1913年9月17日,《中华全国商会联合会会报》,第1年第2号,法令,第18页。

〔29〕《总商会谢绝虚奖》,《申报》,1913年9月30日,第10版;《鄂垣近事纪要——武汉商会请定保护政策》,《申报》,1913年10月9日,第6版。转引自李达嘉:《袁世凯政府与商人（1914～1916）》,《"中央研究院"近代史研究所集刊》,1997年第27期,第99页。

〔30〕章开沅:《辛亥革命与江浙资产阶级》,第32页。

〔31〕徐鼎新编《上海总商会史事纪要》(1921年～1929年5月),《上海研究论丛》第2辑,上海社会科学院出版社,1989年,第311页。冯少山认为商人欲求解除自身痛苦,即应出全力扶助革命之工作。商人望治情殷,商业之于政治息相关,不能误认本会会员为不觉悟之商人、不革命之商人。

〔32〕《商人讨论商会存废问题》,《工商半月刊》,1929年第1卷,第8期,第8页。

〔33〕有关商会存废问题的讨论及相关的历史背景、商界反应及结局请参考拙著《北伐前后的商民运动（1924～1930）》,台湾商务印书馆,2004年,第213～229页。

〔34〕此种提法出自"中国国民党第二次全国代表大会商民运动决议案",参见黄诏平:《中国国民党商民运动的经过》,第38页。

〔35〕从上海革命前《民立报》的许多社论,可以看出该报有意在夸大"满汉之争",一些言论含有明显的仇视满人的意思。参见《辛亥革命在上海史料选辑》,第46～47、51～53、56～58页。更早亦有汪东在《革命今势论》一文中指出"种族倾轧不可以不革命"。张枬、王忍之编《辛亥革命前十年间时论选集》第2卷,下册,第791页。

〔36〕如前引胡二梅之语:"我中国政体向称专制,吾等商人有何能力可与相抗",无疑说明他对此种政体的不满。北京大学历史系近代史

教研室整理《盛宣怀未刊信稿》，第109页。

[37]参见上海市档案馆编《一九二七年的上海商业联合会》，第46页；浙江省政府秘书处印《浙江省政府会议汇刊》，1928年，第1页。

[38]《辛亥革命江苏地区史料》，第44页。《苏州史志资料选辑》第13～14辑，第156页。《苏州商会档案丛编》，第1辑，第1291页。

[39]《宁波光复前后·宁波文史资料》第11辑，第141～142、146页

[40]《辛亥革命江苏地区史料》，第327页；徐兆玮：《棣秋馆日记》，《辛亥革命江苏地区史料》，第79～80页。

[41]《辛亥革命在上海史料选辑》，第60、67、71、130页。

[42]《英国蓝皮书有关辛亥革命资料选译》，胡滨译，中华书局，1984年，第123页；朱瑞：《劝旅居外埠诸父老遄回故里文》，《民国经世文编》（政治），第2493页。

[43]《英国蓝皮书有关辛亥革命资料选译》，第386～387页。

[44]《辛亥革命江苏地区史料》，第177～178页。

[45]程德全致两江总督电，8月26日，《辛亥革命江苏地区史料》，第45页；《苏州商会档案丛编》第1辑，第1296页。

[46]《苏州商会档案丛编》第1辑，第1296页。

[47]《苏州商会档案丛编》第1辑，第1300～1302页。

[48]关于1910年橡胶股票风潮及随之而来的钱庄倒闭风潮，可参考陈明光：《钱庄史》，上海文艺出版社，1997年，第183～189页。此次风潮中，上海钱庄倒闭了一半以上。而宁波、杭州、苏州等地的金融业亦大受牵连。

[49]1911年10月19日程德全转上海商董来苏面禀，《辛亥革命江苏地区史料》，第45页；又1911年10月21日程德全致苏商总会函。《苏州商会档案丛编》第1辑，第1301～1302页。

[50]徐兆玮：《棣秋馆日记》，《辛亥革命江苏地区史料》，第79页。又叶昌炽在《缘督庐日记钞》中记曰："十四日，……絜若又来，言中丞将宣告独立，平愉、鼎孚同进见，有成说，大旨谓欲免生灵涂炭，不得不出此权宜之策。"（同上书，第117页）亦可参见沈云龙：《张季直先生与辛亥苏州独立》，李通甫编《南通张季直先生逝世四十周年纪念集》，文海出版社，1979年，第36页。孙师郑在给徐兆玮的信中则提及苏州光复之发动者实有破产之患，故激而出此（孙师郑致徐兆玮函，1911年12月12日。徐兆玮：《棣秋馆日记》，《辛亥革命江苏地区史料》，第82页）。

第三章　有秩序的"革命"：辛亥革命前后江浙商人政治行动的重新考察

〔51〕沈云龙:《张季直先生与辛亥苏州独立》,《南通张季直先生逝世四十周年纪念集》,第40页。当时盛宣怀之管家钦其宝在给盛氏的信中亦称苏州众绅商在劝左孝同附和独立时,曾称"程都督实非真心投革,出于不得已耳。俟清兵南下,仍可复旧"。王尔敏、吴伦霓霞编《盛宣怀实业朋僚函稿》上册,"中央研究院"近代史研究所,1997年,第242页。

〔52〕《民军占领杭州大事记》,《时报》,1911年9月16日,第3版;《辛亥革命江苏地区史料》,第100、218页。"白旗"在革命时至关重要,如果没有,则可能遭到攻击(《辛亥革命江苏地区史料》,第218页);《宁波光复前后·宁波文史资料》第11辑,第84~85页;《辛亥革命江苏地区史料》,第105~106页。

〔53〕前者主要见沈渭滨、杨立强:《上海商团与辛亥革命》,第69页;后者见于朱英:《转型时期的社会与国家》,第407~408页。

〔54〕上海商团组织的情形可参考沈渭滨、杨立强:《上海商团与辛亥革命》,第69页。

〔55〕李达嘉:《上海商人的政治意识与政治参与(1905~1911)》,第198页;沈渭滨、杨立强:《上海商团与辛亥革命》,第68页。

〔56〕参见程德全1911年10月26日致军谘府海军部陆军部电,《辛亥革命江苏地区史料》,第49~50页。

〔57〕《苏抚允各属士绅筹办团防》,《时报》,1911年9月12日,第5版。程德全在电文中称:"自鄂事猝起,各处士绅条陈均以筹办团防为当务之急。查历届举办冬防,即取守望相助之意。今宜稍事变通,提早筹办。各属团体林立,正可因地制宜。如有工厂地方,则宜工团;有农团地方,则宜农团;有中学同等学堂之处,则宜学团。既振尚武之精神,并弭无穷之隐患。仍由各地方长官为之监督,将筹办章程随时禀报。如果办理得力,事定以后,禀报酌加奖励。此为谋公共治安起见,希即分行各属及各绅耆并各团体知照,切实施行。"

〔58〕参见蔡容编《无锡商团章程规则汇刊》,无锡商团公会,1920年,"序言""附言";苏州体育会正式改名苏州商团公会,是在1912年1月15日,参见《苏州商会档案丛编》第1辑,第1355页。

〔59〕参考《上海商团小史》,中国史学会编《辛亥革命》(七),上海人民出版社,1981年,第86~89页;又沈渭滨、杨立强:《上海商团与辛亥革命》。

〔60〕有些地方商团维持秩序的活动在一定程度上与革命党人的革命行动有沟通，个别地方的商团负责人甚至可能参与革命发动，此点则是事实。如武昌起事后，无锡商团教练许嘉澍、团员宝鲁沂、察容等人曾参与秦毓鎏等人的光复无锡计划，并率队攻打县署（钱基博：《无锡光复志》，第2～3页）又无锡钱业商团光复队一周纪念会编《光复队纪事》，《辛亥革命江苏地区史料》，第166～167页）。据说，杭州举事前夕，硖石商团团长吴清因褚辅成的关系借给革命党人子弹2 000发，并率团协助光复嘉兴与海宁县城（吴欣木：《辛亥革命时期的硖石商团与工兵铁道大队》，《辛亥革命回忆录》第4集，第170～173页），但这种例子并不多见。

〔61〕清翰林院编修常熟人徐兆玮在武昌起事后对友人称："南中如有警，宜自办团练，以上中社会中人组织之，决可自保。"（《辛亥革命江苏地区史料》，第72页）。胡戴亦劝徐回乡后，首先要办的事即是："筹办民商团以治其标，再提倡赈贫以治其本，庶几可弭患于无形，否则虽无革党，恐亦有劫掠抢夺之患也。"（同上，第73页）。辛亥革命光复上海商团同志会亦称上海各业商团"名曰商团，实兼工商土界"。《上海商团小史》，中国史学会编《辛亥革命》（七），第87页。

〔62〕《上海南北市商务公所广告》，《时报》，1911年11月14日，第1版。

〔63〕《李仲珏启事》，《时报》，1912年9月1日，第1版；《申明光复后取消商务总会另组商会通函》，天津市档案馆、天津社会科学院历史研究所、天津市工商业联合会编《天津商会档案汇编（1912～1928）》第2册，天津人民出版社，1992年，第730～731页。

〔64〕李达嘉认为商务总会系由清廷商部设立的组织，故在革命展开后，其合法性遭到质疑。但问题关键恐怕还在盛宣怀等人。因为其他各地的商务总会并未因革命发生组织变更，"商务总会"的名称仍为绝大多数国内商会沿用。参见李达嘉：《从"革命"到"反革命"——上海商人的政治关怀与抉择，1911～1914》，第259页。

〔65〕据上海总商会通告，其创立时之办公场所系陈其美拨给，故该会成立无疑得到陈之赞同。《申明光复后取消商务总会另组总商会通函》，《天津商会档案汇编（1912～1928）》第2册，第730～731页。

〔66〕原来的上海总商会因为与孙传芳关系密切，尤其当时会长傅筱庵更是为国民党人所不容。为避免遭受重大损失，上海商界必须有

代言机关出面与国民革命军方面周旋，协商一切，所以上海商业联合会应运而生。参见《一九二七年的商业联合会》，第23～24、27、29页。

〔67〕上海南北市商务公所在1912年7月即与上海商务总会合并成上海总商会，并以周晋镳为总理，贝仁元、王一亭为协理。《总商会职员选举并就职莅事通函》，《天津商会档案汇编（1912～1928）》第2册，第731页。

〔68〕《辛亥革命江苏地区史料》，第177页。祁龙威认为吴听胪掌握了实权。祁龙威：《千人会起义调查记》，《辛亥革命江苏地区史料》，第199页。

〔69〕《保安会大事记》，《时报》，1911年11月28日，第5版。宁波保安会20余名职员中，商界只有两席。冯延昭：《宁波光复记》，《宁波光复前后·宁波文史资料》第11辑，第139页。

〔70〕《辛亥革命江苏地区史料》，第346页。

〔71〕吴康福：《建德光复略况》，中国人民政治协商会议建德县委员会文史资料委员会编《建德文史资料》第8辑，1991年，第25页。但这些军政分府往往不被革命党人所承认，故待新军或者党人抵境后，又要重新宣布光复，地方政府亦要重新组织。

〔72〕昆山知县在上海光复后即逃走，驻昆防军一排因与上级失去联系，饷款无着，哗变在即。因此，商会决定出钱维持其饷款，以稳定军心。该排排长则表示，只要地方供给军饷，他们就负责维持昆山治安（《辛亥革命江苏地区史料》，第131页）。相似的情形亦可见于江阴、盐城等地（参见《辛亥革命江苏地区史料》，第178～179、365页）。他省的例子如湖北宜昌。商会在武昌起事后，获悉驻宜新军有变，即主动前往新军驻地，要求不扰地方，起义饷糈全部由商会担任。[《陈述辛亥革命中该会与军方协力维持商务光复该地情形文》，《会员曹漱珊演说中国商会始末文》，《天津商会档案汇编（1912～1928）》第2册，第774～778页]。

〔73〕1911年11月，江苏东台商会总理丁立棠在驻军刘凤朝部企图发动变乱时，联络右哨队官吴登甲，厚给军饷，以图抵制。后刘知势不可为，乃率兵遁去，沿途劫掠民众财物无算。丁遂与各哨联合，于23日宣布独立。《辛亥革命江苏地区史料》，第320页。

〔74〕《辛亥革命江苏史料》，第298～299、315页。

〔75〕《苏州商会档案丛编》第1辑，第1288页。但据商会档案，自1911

年11月21日至1912年1月6日,经由商会登记的捐款仅钱业、西烟业与典业5笔,合计款项不过12 156元。而绸缎业15家所捐500元,事后绸缎业长生会宣称该款系出自各号伙友积存善款,引起纠葛。《苏州商会档案丛编》第1辑,第1283～1291、1349页;苏州市档案馆编《苏州丝绸档案汇编》下册,江苏古籍出版社,1995年,第997～998页。

[76] 李达嘉:《从"革命"到"反革命"——上海商人的政治关怀与抉择,1911～1914》,第276页。

[77] 汤寿潜致吴锦堂函,1911年11月27日,嵊县档案馆编《汤寿潜信函选辑》(油印本),1992年,第15页。

[78] 陶水木:《论辛亥革命时期的浙江军政府》,杭州大学硕士学位论文,1995年,第19页。

[79] 李达嘉:《从"革命"到"反革命"——上海商人的政治关怀与抉择,1911～1914》,第263页。

[80] 上海南北市商团公会,在陈其美任都督时,每月由中华银行拨一千元作为二会津贴。后陈转任工商总长,苏督程德全不愿意支付此笔款项。《南北市商团公会希冀津贴之继续》,《时报》,1912年8月30日,第5版。

[81] 吴康福:《建德光复略况》,《建德文史资料》第8辑,第26页。据作者所述,建德二处民团每月耗费便达300余元。

[82]《辛亥革命江苏地区史料》,第320～321、365页。

[83] 参见李达嘉:《上海商人的政治意识与政治参与(1905～1911)》,第209页。王、穆、顾三人分别任农工商务总长、警察厅长、市政厅副厅长。

[84]《宁波光复记一》,《申报》,1911年11月8日;《宁波光复前后·宁波文史资料》第11辑,第148页。

[85] 参见李达嘉:《从"革命"到"反革命"——上海商人的政治关怀与抉择,1911～1914》,第240～243页。

[86] 王孝通:《中国商业史》,上海书店,1984年,第234页。

[87] 如章开沅:《辛亥革命与江浙资产阶级》,第14页。

[88] 参见赵文洪:《私人财产权利体系的发展》,第58页。

[89] 李侃:《从江苏、湖北两省若干州县的光复看辛亥革命的胜利和失败——兼论资产阶级革命党人与农民的关系》,《社会科学战线》(长春),1981年第4期,第34页;扬州师范学院历史系编《辛亥

革命江苏地区史料》，第174页。
〔90〕参见Zhongping Chen, *Business and Politics*, p.318.
〔91〕《旅沪广帮筹助军饷之大会议》，《申报》，1911年12月5日，第2张，第3版。
〔92〕《辛亥革命江苏地区史料》，第117页。亦可参见沈云龙：《张季直先生与辛亥苏州独立》，《南通张季直先生逝世四十周年纪念集》，第36页。
〔93〕《辛亥革命江苏地区史料》，第117页；亦可参见沈云龙：《张季直先生与辛亥苏州独立》，《南通张季直先生逝世四十周年纪念集》，第36页。
〔94〕徐兆玮：《棣秋馆日记》，《辛亥革命江苏地区史料》，第79页。
〔95〕镇江（京口）副都统载穆应自治公所及商会之请，下令属下旗营放弃抵制民军，由商会及自治公所订立担保旗民生命财产安全之文约。民军入城后，载穆殉清自杀，并留下一函给商会。地方绅商在事后以载"殉节保民"，上书政府要求为其立专祠纪念。《辛亥革命江苏地区史料》，第199、291～292页。
〔96〕张謇：《啬翁自订年谱》，1925年。转引自《辛亥革命江苏地区史料》，第65页。
〔97〕应梦卿：《奉化渔民参加光复杭州敢死队》，《浙江辛亥革命回忆录》，第186～192页。当时杭州旗营声明除非由汤来调停，否则力抗民军。
〔98〕《宁波光复记》，《申报》，1911年11月8日，第3版。
〔99〕《辛亥革命江苏地区史料》，第328页。
〔100〕如兴化邹逸如、泰州沈惕斋、扬州周树年等人。《辛亥革命江苏地区史料》，第309～310页。
〔101〕余姚光复后，当地绅商曾因时局动荡，请一队败逃路过的新兵入城维持秩序。《辛亥轶事》，《宁波光复前后·宁波文史资料》第11辑，第86页。
〔102〕《商界急谋自保》，《申报》，1913年5月2日，第7版。
〔103〕李达嘉：《商人与政治》，第225页。
〔104〕张桓忠：《上海总商会研究》，第264～265页。
〔105〕参见《英国蓝皮书有关辛亥革命资料选译》，第161页。
〔106〕《辛亥革命江苏地区史料》，第82页。
〔107〕徐鼎新编《上海总商会史事纪要》（1921年～1929年5月），第309页。

〔108〕张亦工、徐思彦:《20世纪初期资本家阶级的政治文化与政治行为方式初探》,《近代史研究》,1992年第2期。

〔109〕傅志斌:《改进中国商业私议》,《中华年鉴》,中华高级商业学校年鉴社发行,1929年,第23页。

〔110〕广东省社会科学院历史研究所编《孙中山全集》第9卷,(1924.1~1924.3),中华书局,1986年,第59页。

〔111〕李国祈:《辛亥革命的浙江民主政治的推行及转变》,《辛亥革命研讨会论文集》,"中央研究院"近代史研究所,1983年,第35页。

〔112〕陶水木:《论辛亥革命时期的浙江军政府》,第13、15页。

〔113〕《英国蓝皮书有关辛亥革命资料选译》下册,第385、552页;钱基博:《无锡光复记》,第45~46页。

〔114〕1912年1月26日钦其宝致盛宣怀函,《辛亥革命前后——盛宣怀档案资料选辑之一》,第324页。

〔115〕《英国蓝皮书有关辛亥革命资料选译》下册,第536、617页。

〔116〕《杭州民军占领浙江记》,《时报》,1911年11月8日,第4版。

〔117〕《辛亥革命前后苏州海关书简选译》,周德华选译,苏州市地方志编纂委员会办公室、苏州档案局编《苏州史志资料选辑》第17辑,1991年,第112、116页。

〔118〕《英国蓝皮书有关辛亥革命资料选译》下册,第449页。

〔119〕《英国蓝皮书有关辛亥革命资料选译》下册,第455、461页。

〔120〕《英国蓝皮书有关辛亥革命资料选译》下册,第590页。

〔121〕郭孝成:《江苏光复纪事》,《辛亥革命》(七),第9页。

〔122〕《辛亥革命史丛刊》编辑组编《辛亥革命史丛刊》第6辑,中华书局,1986年,第134、164页。

〔123〕中国第二历史档案馆编《北洋军阀统治时期的兵变》,江苏人民出版社,1982年,第270页。

〔124〕《辛亥革命江苏地区史料》,第332、334页。

〔125〕陶水木:《论辛亥革命时期的浙江军政府》,第15页。

〔126〕戴士清:《辛亥宁波光复大事记》,《宁波光复前后·宁波文史资料》第11辑,第23页。

〔127〕邱寿铭:《辛亥湖州光复回忆》,《湖州文史》第9辑,第156页。

〔128〕《英国蓝皮书有关辛亥革命资料选译》下册,第640页。

〔129〕《杭州通信》,《时报》,1911年11月29日,第4版;《杭州兵士骚扰典商之真相》,《时报》,1911年11月29日,第3版;《苏州商会档案丛

编》第1辑,第1339、1340页;《辛亥革命江苏地区史料》,第320页。
〔130〕《英国蓝皮书有关辛亥革命资料选译》下册,第573页。
〔131〕《论江浙之匪患》《枭匪蔓延江浙》《太湖枭匪猖獗》,《申报》,1912年1月3日、1月28日、4月21日。转引自陶水木:《论辛亥革命时期的浙江军政府》,第14页。
〔132〕《杭州匪徒抢劫米店汇志》,《时报》,1911年11月25日,第3版;《杭州光复之种种》,《时报》,1911年11月24日,第4版。《江湾镇典当被抢》,《时报》,1911年12月27日,第5版。苏州市工商业联合会:《辛亥革命时期苏州金融业的动荡》,中国人民政治协商会议江苏省苏州市委员会文史资料研究委员会编《文史资料选辑》第7辑,第153页。
〔133〕《苏州商会档案丛编》第1辑,第1342页。
〔134〕《辛亥革命江苏地区史料》,第337页。
〔135〕《张世杓》,《宁波光复前后·宁波文史资料》第11辑,第118页。
〔136〕邱寿铭:《辛亥湖州光复回忆》,《湖州文史》第9辑,第158页。
〔137〕周儒良:《试析形成王金发"祸绍"冤案的原因》,政协嵊县委员会文史资料委员会编《嵊县文史资料》第2辑,1985年,第278页;裘孟涵述、汪振国记:《王金发其人其事》,《浙江辛亥革命回忆录》,第71页。
〔138〕林东唐:《王金发捉放章介眉前后及教训》,《嵊县文史资料》第2辑,第288页。章介眉曾出面组织绍兴光复,任治安科长。后王金发率部到绍,重组军政分府,章氏被逮捕,经疏通捐钱后获释,据说后来曾任袁世凯时期总统府财政咨议。
〔139〕阙良庆:《阙麟书传略》,《浙江辛亥革命回忆录》,浙江人民出版社,1981年,第37页。
〔140〕据当事人回忆,镇江同盟会员李竟成曾在策划镇江光复时,"身藏手枪炸弹,乘轿先后闯进裕苏、裕宁二银行,直接找经理借钱"。经恐吓,李借到了10万元。扬州师范学院历史系编《辛亥革命江苏地区史料》,第284页。
〔141〕《辛亥革命江苏地区史料》,第334页。
〔142〕《英国蓝皮书有关辛亥革命资料选译》上册,第301页;又可参见葛敬恩《辛亥革命在浙江》,《辛亥革命回忆录》第4集,文史资料出版社,1962年,第121~122页。
〔143〕《英国蓝皮书有关辛亥革命资料选译》下册,第444页。

[144] 中国第二历史档案馆编《中华民国史档案资料汇编》第2辑，江苏人民出版社，1981年，第389～390页。
[145]《辛亥革命江苏地区史料》，第66页；《英国蓝皮书有关辛亥革命资料选译》下册，第448页。
[146] 最后张謇以"劝勿扰商，自任为筹"了事。张謇：《啬翁自订年谱》，《辛亥革命江苏地区史料》，第66页。
[147] 邱寿铭：《沪军都督府筹饷一、二事》，中国人民政治协商会议全国委员会文史资料研究委员会编《辛亥革命回忆录》第7集，文史资料出版社，1982年，第567～568页；周儒良：《试析形成王金发"祸绍"冤案的原因》，《嵊县文史资料》第2辑，第278页。又参见李达嘉《从"革命"到"反革命"——上海商人的政治关怀与抉择，1911～1914》，第263～265页。
[148]《辛亥革命在上海史料选辑》，第429～432页。
[149] 李达嘉：《商人与政治》，第254～255页；李达嘉：《从"革命"到"反革命"——上海商人的政治关怀与抉择，1911～1914》，第264页。
[150]《辛亥革命在上海史料选辑》，第423页。
[151] 赵文洪：《私人财产权利体系的发展》，第35页。
[152]《全国学界公鉴》，《时报》，1911年11月14日，第1版。
[153] 如盛宣怀、施省之、董元亮等人。关于盛宣怀私产在辛亥革命后的遭遇，可参见盛氏在此时的一些信函。北京大学历史系近代史教研室整理《盛宣怀未刊信稿》，中华书局，1960年，第212～244页；又可参考《辛亥革命前后——盛宣怀档案资料选辑之一》，第319～371页。施省之曾任沪杭甬铁路总办、京汉铁路南段全办。《宣布汉奸施省之四大罪状》，《时报》，1911年11月18日，第1版。A.R.Burt, J.B.Powell and Carl Crow eds., *Biographies of Prominent Chinese*, Shanghai Biographical Publishing Company Inc.1925, p.75. 董元亮为浙江银行董事，其私产10万余元在杭州光复后似亦被充公（《民军占领杭城大事记》，《时报》，1911年11月9日，第3版）。
[154]《盛宣怀未刊信稿》，第214、221页；《苏州商会档案选编》，第1348页。
[155]《辛亥革命前后——盛宣怀档案资料选辑之一》，第363～364页。
[156] 据说，无锡军政分府都督秦毓鎏等人便从该地盛氏承办典当提取8万余元，"捏报充作图书馆、公园工程之用，其实皆系侵吞入己"。

《辛亥革命前后——盛宣怀档案资料选辑之一》，第366页。
[157]《盛宣怀未刊信稿》，第221页。
[158]《盛宣怀未刊信稿》，第233页。
[159]《辛亥革命江苏地区史料》，第78页。
[160]《关于没收盛宣怀财产复常州军政分府电》，《时报》，1911年11月24日，第5版；《辛亥革命在上海史料选辑》，第418页。
[161]《辛亥革命在上海史料选辑》，第438页；《辛亥革命前后——盛宣怀档案资料选辑之一》，第329页。
[162]《镇江大清银行往来各钱庄鉴》，《时报》，1911年9月24日，第1版。
[163]《辛亥革命前后——盛宣怀档案资料选辑之一》，第286页。
[164]《内务部通饬保护人民财产文电》，《中华民国史档案资料汇编》第2辑，第14～15页。
[165]《内务部通饬保护人民财产文电》，《中华民国史档案资料汇编》第2辑，第13～15页。公布的5条保护人民财产令如下：一、凡在民国势力范围之人民，所有一切私产，均应归人民享有；二、前为清政府官产，现入民国势力范围者，应归民国政府享有；三、前为清政府官吏所得私产，现无确实反对民国证据，已在民国保护之下者，应归该私人享有；四、现虽为清政府官吏，其本人确无反对民国之实据，而其财产在民国势力范围下者，应归民国政府保护，俟该本人投归民国时，将其财产交该本人享有；五、现为清政府官吏，而又为清政府出力反对民国政府，虐杀民国人民，其财产在民国势力范围内者，应一律查抄，归民国政府享有。
[166]《辛亥革命江苏地区史料》，第201页。
[167]《辛亥革命江苏地区史料》，第201页。
[168]《时报》，1912年1月12日。转引自廖志豪、李茂高：《辛亥革命期间资产阶级对苏南地区工农斗争的态度》，《江苏师院学报》，1981年第3期，第91页。
[169]《辛亥革命江苏地区史料》，第337页。
[170]《辛亥革命江苏地区史料》，第109页。
[171]江苏省长公署统计处编《江苏省政治年鉴》，1924年，第431～435页；《江苏全省典业公会第一年纪事录》，江苏全省典业公会，1914年，序，第2页。
[172]《江苏全省典业公会记要》，江苏全省典业公会，1914年，第5～6页。
[173]潘济之曾在典业公会成立大会上称："吾业自光复以来，被创至巨，

兵扰匪掠，响应洛钟，甚至一炬咸阳，崇朝焦土，事后疮痍，不恤哗噪，责偿胆瞗，危机怵心曷极，即幸保全，而砧肉一脔，群思染指，偶一承诺，靡然从风。"《江苏全省典业公会第一年纪事录》，第12页。

[174]《旧杭属典业公所第一年纪事录》，出版机关不详，1916年，第11、21页。

[175]《苏州商会档案丛编》第1辑，第1324～1327页。

[176] 董巽观：《辛亥嘉兴光复记》，《浙江辛亥革命回忆录》，第229页。

[177] 辛亥革命时，上海工厂停工者过半。《总商会大会纪事》，《时报》，1912年11月22日，第5版；《苏州商会档案选编》第1辑，第1286页。

[178] 汪敬虞：《中国近代工业史资料》第2辑，第851、859页。

[179] 筹安会编《君宪问题文电汇编》，文海出版社，1976年，第258～259页。

[180] 许棨臣：《清江浦失陷始末》，《辛亥革命江苏地区史料》，第331页。

[181]《辛亥革命江苏地区史料》，第65页。

[182]《辛亥革命江苏地区史料》，第48页。

[183]《辛亥革命在上海史料选辑》，第66页。

[184] 林端辅口述、何雨馨整理《宁波光复亲历记》，《宁波光复前后·宁波文史资料》第11辑，第51页。

[185]《英国蓝皮书有关辛亥革命资料选译》下册，第444页。

[186]《英国蓝皮书有关辛亥革命资料选译》下册，第448页。

[187]《英国蓝皮书有关辛亥革命资料选译》下册，第482页。

[188] 李新主编《中华民国史》第1编，下册，中华书局，1982年，第454～460页。

[189] 李达嘉：《从"革命"到"反革命"——上海商人的政治关怀与抉择，1911～1914》，第265页；李达嘉：《商人与政治》，第256～357页。

[190] 参见陈秀珠：《近代中国商业法规制度之研究》，硕士学位论文，台湾师范大学历史研究所，1997年，第76页。

[191] [美] 道格拉斯·C.诺斯：《制度、制度变迁与经济成就》，第45页。

[192] 李新、李宗一主编《中华民国史》第2编，第1卷，上册，中华书局，1987年，第161页。

[193] 李新、李宗一主编《中华民国史》第2编，第1卷，上册，第168页。

[194] 裴孟涵述、汪振国记：《王金发其人其事》，第71页；郑云山：《王

金发评议》,《嵊县文史资料》第2辑,第161页。
〔195〕程翌康:《试论绍兴军政分府的性质》,《上海师范大学学报》,1986年第2期。
〔196〕裘孟涵述、汪振国记:《王金发其人其事》,第76页。
〔197〕李达嘉:《从"革命"到"反革命"——上海商人的政治关怀与抉择,1911~1914》,第267页。
〔198〕李新、李宗一主编《中华民国史》第2编,第1卷,上册,第177~187页;张任天:《辛亥革命前后的浙江选举轶闻》,《浙江文史资料选辑》第12辑,1979年,第58~61页。陈炳翰记事诗中谈及此事曰"国会组织二议院,热心诸君竞当选;此事全仗魔术成,胜负临时决一战。党人冲突蛮横极,驰电省垣诉曲直"等语(《宁波光复前后·宁波文史资料》第11辑,第142页);亦可参考外人的观察(《英国蓝皮书有关辛亥革命资料选译》下册,第640页)。
〔199〕李新、李宗一主编《中华民国史》第2编,第1卷,上册,第1187页。
〔200〕《大不列颠百科全书》第14册,第240页。
〔201〕顾生霖:《辛亥革命宁波光复概述》,《宁波光复前后·宁波文史资料》第11辑,第14页。《辛亥革命在上海史料选辑》,第139页;钱基博:《无锡光复志》,第43页;陶水木:《论辛亥革命时期的浙江军政府》,第16页。
〔202〕李达嘉:《从"革命"到"反革命"——上海商人的政治关怀与抉择,1911~1914》,第260页。
〔203〕参见马叙伦回忆《关于辛亥革命浙江省城光复纪事的补充资料》,《近代史资料》,1957年第1期。
〔204〕钱基博:《无锡光复志》,第43页。
〔205〕陶水木:《论辛亥革命时期的浙江军政府》,第21页。
〔206〕1913年,浙省国税厅筹备处即因百货捐等减少后收数锐减,后来仍予修正,比清季还要加重许多。魏颂唐:《浙江赋税源流》,浙江财政人员养成所,1925年,第48页。
〔207〕《宁波士民反对浙省统捐议案呈都督书》,《时报》,1911年11月27日,第4版;程翌康:《试论绍兴军政分府的性质》,第86页;李达嘉:《从"革命"到"反革命"——上海商人的政治关怀与抉择,1911~1914》,第266页。
〔208〕钱基博:《无锡光复志》,第45页。

〔209〕洛克:《政府论》下篇,第77、85、183页。

〔210〕辛亥革命中,一些地方的商团除维持秩序外,亦常常引起纠纷(《再志参药商团强占莲花庵事》,《时报》,1911年12月27日,第5版;《商团与公学争夺海运局旧址》,《时报》,1911年12月19日,第5版;《商团会友行为恶劣》,《时报》,1912年10月16日,第5版)。如果商人创建的武装不能被控制住,则可能成为另一个乱源。1912年天津兵变时,参加抢劫的不仅是军队,地方警察与消防队、团练武装均有加入(《英国蓝皮书有关辛亥革命资料选译》下册,第503页)。辛亥革命时的广西北海商会便很难控制住由其组织的1500人自卫武装,他们无法禁止持枪者的抢劫行动(《英国蓝皮书有关辛亥革命资料选译》下册,第403～407页)。

〔211〕当然如果他的军饷来源被截断,其军队亦随时可能哗变。有报告说徐的军队在1912年3月12日左右发生哗变,其原因可能与政府新的盐税政策有关。《英国蓝皮书有关辛亥革命资料选译》下册,第552页。

〔212〕《辛亥革命江苏地区史料》,第100页;《苏州商会档案丛编》第1辑,第1353页。类似的情形我们亦可以从广西看到。陈瑞芳、王会娟编辑《北洋军阀史料·袁世凯时期》第1辑,天津古籍出版社,1996年,第995页。

〔213〕上海市档案馆编《一九二七年的上海商业联合会》,第52页。

〔214〕李达嘉:《从"革命"到"反革命"——上海商人的政治关怀与抉择,1911～1914》,第282页。

〔215〕[美]道格拉斯·C.诺斯、罗伯特·保尔·托马斯:《西方世界的兴起》,第122页。

〔216〕白吉尔:《中国资产阶级的黄金时代》,第222页。

〔217〕参见虞和平:《商会与中国早期现代化》,第301～306页;李达嘉:《从"革命"到"反革命"——上海商人的政治关怀与抉择,1911～1914》,第268～283页。

〔218〕李达嘉曾认为:与其说商人加入反袁的行列,是基于民主共和的理念,不如说商人是因为生活安定和经济秩序受到危害起而反袁来得真确。李达嘉:《从"革命"到"反革命"——上海商人的政治关怀与抉择,1911～1914》,第132页。

〔219〕Joseph Fewsmith, *Party, State, and Local Elites in Republican China: Merchant Organizations and Politics in Shanghai, 1890～1930*, pp.43～44.

〔220〕白吉尔:《中国资产阶级的黄金时代》,第211页。
〔221〕丁日初:《近代中国的现代化与资本家阶级》,云南人民出版社,1994年,第192～216页。
〔222〕白吉尔:《中国资产阶级的黄金时代》,第222页。
〔223〕《苏杭概况·苏州》,日本驻苏事和代理大和名义郎1919年12月14日报告。《苏州史志资料选辑》第17辑,第123页;又参见黄苇、夏林根编《近代上海地区方志经济史料选辑》,上海人民出版社,1984年,第346～347页。陈炳翰在《洁庵吟稿》中亦感慨:"人贫世富是速祸。"(引自《辛亥革命纪事诗》,《宁波光复前后·宁波文史资料》第11辑,第145页)。
〔224〕中共中央马克思恩格斯列宁斯大林著作编译局编:《马克思恩格斯全集》第4卷,人民出版社,1961年,第335页。
〔225〕赵文洪:《私人财产权利体系的发展》,第276页。
〔226〕《联共(布)、共产国际与中国国民革命运动(1920～1925)》,北京图书馆出版社,1997年,第297页。

第四章　江浙商人与地区社会变乱：
以"齐卢之战"为中心

从辛亥革命前后江浙商人的表现中可以看出，中国近世的商人实际上是没有多少政治意识的。其行为观念均以秩序为本位，一般均不愿意介入政治漩涡。"在商言商"为中国商人的古训，亦为他们现实中坚持不渝的圭臬。在中国，商人首先是生意人，[1]但身处民国初年混沌的政治环境之中，时势的推演却往往把商人驱至前台。这种角色的客串并非他们的本意。此点既可以从革命爆发时商人的应变行动中发现，更可以从商人与战乱的关系中清楚地看出。

辛亥革命之后，特别是1916年后中国社会进入一个政治上比较混乱的时期。但对江浙商人而言，却似乎正是一个事业发展的"黄金时期"。[2]然而1924年的江浙战争却打破了该地区的和平局面。战争面前，商人们如何应对？战争又对商人造成了何种影响？这些问题也许可以作为探讨民初商人与政治关系的另一个有用的方向。本章拟以1924年发生在江浙地区的江浙战争为例，依战争的进展顺序来剖析商人维护秩序的行动及其效果，并通过考察他们应付危机的方法、与地方军绅关系的互动等，借以说明1919年后秩序仍为商人的最终关怀，其有效努力亦为地方社会秩序得以局部保持的主因。

关于江浙战争与商人关系，除一些著述偶有提及，[3]专门的研究文献很少。笠原十九司曾撰文探讨过这场战争对1920年代上海市民自治运动的推动作用。作者的基本观点应无问题，但文中似过分强调商人的阶级倾向及政治追求，高估了有国民党背景的国民革命运动对商人的影响，对战争中商人自身所感受的痛苦讨论不够，进而忽视了他们很多的动作实际上多为消除此种痛苦而作的救急式努力。[4]

当然，此役并非商人试图挽救社会秩序唯一的例子。民国肇元后，每遇威胁性的政治或军事事件时，江浙商人常常承担起化解危机的责任。即使在和平时期，商人亦是地方治安和慈善公益事业的主导者。选择江浙战争为例，是因为此次大规模的战事对社会的破坏甚烈，商人的反应亦较明显。而且自此至1927年，江浙地区便一直陷于动荡之中，商人表现出更多不同于以前的特点，故可将江浙战争作为考察民初江浙商人行为和心理的一个分水岭。[5]

江浙商人与东南和平运动：1920～1924年

民国初年，尤其是洪宪帝制失败后，国内政局便一直陷于各派势力纷争之中。全国各地战乱频仍，兵戈纷起。据统计，自1912年到1928年，总共有超过1 300个敌对的军事集团进行了约140次内战。[6]全国大多数省份都被卷入其中，尤其是鲁、豫、川、皖、粤、湘、鄂等省，战祸尤烈。[7]战端一开，交通梗阻，百业停滞；官方勒索在前，兵匪劫掠在后。民众流离失所，国家和地方的发展亦受到相当大的阻碍。全国的和平自然无从谈起，如何在一定的区域内确保经营环境的稳定乃成为各地商人的首务。举凡这一时期商人的政治活动，实际上无一不反映了他们对安定秩序的渴求。商业发展与政治的治乱息息相关，故厌乱趋平乃是一般商人的普遍心理。[8]危机到来之时，商人往往卷入政治最深。但此时他们的行为更多的只是体现了其挽救秩序的努力。战争的爆发及其带来的灾难更强化了商人这种秩序本位的考虑。对民初中国商人的考察不能脱离这一重要的心理背景。

然而，1924年前发生的国内战争却基本上没有波及江浙两省。为什么当大半个中国都卷入了军阀战争的旋涡时，江浙一带却能大体保持稳定，社会经济仍有持续发展？这其中固然有两方战略策划、后援的联络等内在原因，[9]亦与列强在该地区大量的利益存在有关，[10]甚至地理民风、地方长官的性格等亦有联系。[11]但是以绅商为主的地方精英的和平努力是不可忽视的重要一环。明清以来，随着江浙地区的绅商势力日益壮大，他们愈来愈对地方政治变迁产生着至关重要的影响力，甚至在一定程度上左右地方官宦的政策取向。许多次战争的危机正是凭借他们的努力才得以安然度过，社会秩序没有被完全颠覆。如1900年，清政府对列强宣战，但江浙却借"东南互保"无事；辛亥光复，虽然不少地方发生战事，但因江浙绅商的积极介入，并未酿成严重的社会混乱；1913年因宋教仁案，国民党讨袁起事，因招致绅商反对而转瞬即败。[12]

1916年袁世凯逝后，军阀混战愈演愈烈，期间商人感受痛苦最多，盼望和平亦最切。齐燮元、卢永祥争雄，无论谁胜谁败，两省民众唯有受害，如一份全国商联会江苏省事务所向本省各商会转发的文电表示：

战而胜则必加重军需，战而败则必平添匪额。一败则报复相循，成吴越代兴之局；两败则鹬蚌俱毙，遂渔翁得利之谋。此非一隅之灾，实为两省之患。[13]

正因为此，每当齐、卢之间关系骤紧，两省负责商绅便奔走呼吁，发起和平运动。

1920年7月14日，直皖战争爆发，苏督李纯发表声讨安福系宣言，积极筹饷调兵。而浙督卢永祥与何丰林本来即对李纯不满，更因派系利益的关系，故亦置重兵防守。一时，江浙沪三地战云密布，南京、杭州、上海三地商会乃积极进行六省联防，以仿效庚子年间的"东南互保"，卢永祥大表赞同，而李纯亦因生性谨慎，表示不主动出兵。江浙得以暂保平安。[14]

1922年4月，张作霖以扫除统一和平障碍为名，入关讨伐直系，并拟联合卢永祥威胁苏齐，[15]是为第一次直奉战争，当时上海市面"洋厘飞涨，公债大跌，叫货庄停拍，棉纱市见疲"，[16]人心顿起恐慌。江浙绅商纷纷以个人或团体名义上书当局，请表明对时局态度。[17]上海总商会并有致电齐燮元与卢永祥，力陈保持苏浙和平的利害，期望他们商同皖闽两省互订约束，勿入漩涡。[18]齐燮元、卢永祥因自身利益攸关，双方矛盾此时亦未激化，故均复电表示以保境安民为宗旨，担负治安秩序的全责。[19]虽然此时二人态度均有所保留，[20]但不管如何，4月29日到5月4日直奉交火期间，齐、卢都保持静观，江浙两省遂暂获一时的安靖。

1923年6月13日，直系军人在北京发动政变，总统黎元洪被逼出走天津，引起政潮。23日，上海总商会在广肇公所等会员的要求下,特召开临时会员大会,有否认北京政局变动及组织民治委员会等决议通过,[21]但此种决议是否得国内多数商人赞同,诚属疑问。[22]根据目前所看到的史料,笔者宁愿认为民治委员会只是总商会在时势推动下一时的应变举措,并非出自众会董成熟的考虑。这从该会产生后的表现及后果完全可以看出。[23]

到8月初,直系似欲对浙省有所动作,如关于王承斌率部南下、保定会议确定对浙用兵计划等消息充斥坊间,市面顿呈波动。[24]两地商绅为挽救秩序,乃积极进行新一轮的和平运动。杭州、上海总商会先后派代表赴宁、杭两地向负责长官请愿和平。[25]8月4日,由上海总商会发起的江浙商会联席会议在沪举行。会议发表致全国军事长官电,表示:

> 此后无论何方,以何种名义,致有军事行动,将牵涉两省人于漩涡之内者,应请切实制止,以符合两省人民之公意。[26]

南京总商会副会长苏民生还提出两省商会应保持共同结合,不论何方,以后如有侵害江浙两省商业安全者,商民应一致共筹对付之策。[27]江浙商人突破畛域之见,主动作大规模的民间联合争取和平,似以此次会议为肇始。

然而,战谣仍是日甚一日,商人则加紧呼吁,其言辞多表达对国内政治混乱的不满,陈明国际共管的危险、江浙地区的重要及保持和平的必需。[28]

4日,英法美日四国公使向北京政府提出警告,其照会略云:

> 迭接江浙发生战事之讯，上海及附近地方，外人有巨大利益，如区内发生战事，利益受损，中国政府不能诿卸责任，将来中（国）政府或该省长官如保护不周，对于损失，应担负全责，且将于保护不周时，以适当手段自卫。[29]

外人的警告无疑增加了和平运动的力量，更促使江浙商绅采取实际行动来阻止战事，以避免外来干涉。督促双方订立一和平条约便成为他们努力的目标。8月16日，苏浙和平协会成立，在当选干事24人中，除张一麐、黄炎培、袁观澜、陶拙存、徐申如等人外，多数为江浙著名商人，如张一鹏、史量才、穆抒斋、穆藕初、姚紫若、华蘅卿（以上为苏籍）、袁履登、邬志豪、方椒伯、盛竹书、徐建侯、虞洽卿、王晓籁（以上为浙籍）等。[30]

和平协会先通过了江浙和平公约五条，由张一麐携带奔走于南京与杭州之间，请求两省首脑签字。20日，和平公约经两省当局签字后公诸报端。此为和平运动所得重要成果之一，其内容如下：

> 一、江浙两省人民因时局漂摇，谣言四起，两省军民长官同有保境安民之表示，但尚无具体之公约共同宣言，仍不足以镇定人心。迭经两省绅商驰电呼吁，仿前清东南互保成案，请求两省军民长官双方订约签字，以尊重地方公意，脱离军事漩涡为目的。
> 二、江浙两省军民长官徇地方人民之公意，对于两省境内保持和平，凡足以引起军事行动之政治运动，双

方须避免之。

三、在两省辖境毗连之处，如有军队换防之事，足以致人民之惊疑者，两省军事长官须避免之。其两省以外客军如有侵入两省或通过等情，由当事之省负防止之责任，于各保其境、各安其民之中仍为精神上之互助。

四、两省内各通商口岸为中外人民生命财产所托。上海尤为亚东最大市场，应由两省军民长官饬由各交涉员将此约通告各领事，对于外侨力任保护，凡租界内足以引起军事行动之政治问题及为保境安民之障碍者，均一律避免之。

五、此项草约经江浙两省军民长官之同意签字后由两省绅商宣布之。[31]

继江浙和平公约公布后，经杭州总商会金润泉与皖绅余诚格，赣绅吴绮、吴钫等人努力运动，皖浙和平公约及赣浙和平公约亦分别于10月8日、12月6日签订。[32]三种和平公约虽然均无切实办法来制裁违约行为，但将官方承诺以条文通告天下，在一定程度上约束了军人的行动。由绅商签字公证，监督军人军事政治行动，此前似无同例，可视为江浙绅商为确保地区秩序所参与的一次成功的集体行动。

江浙和平公约的成立并非和平运动的终结。9月中旬，全国政治焦点因部分国会议员及黎元洪先后南下而转移到江浙，江浙绅商虽对直系政变多持反感，但却不想因黎氏在沪组织政府引起军事行动，遂以公约为辞力阻之。11日，南京总商会电请上海总商会就近忠告黎元洪，切勿从事破坏和平之政治运动，并劝告江苏当局，不得借口有所行动。同时致电杭州总商会，请就近劝告浙江当局。杭州总商会复电：浙省军事当局对于黎莅沪视为个人行动，对地方抱定保境安民之宗旨。[33]在两省主要绅商的反对下，虽然卢永祥曾通电支持迁地制宪，但待黎元洪到沪后，浙沪当局的态度却异常冷淡。[34]13日，淞沪护军使何丰林发公告表示为"用慰中外商民之隅望"，"倘有破坏秩序，扰乱治安之行为，无论何人，概予拿办"，拥黎派议员的企图失败。[35]

为维护地方安靖，此时凡可能加剧江浙间紧张气氛的政治事件，江浙商人似乎在有意保持低调。10月5日，曹锟以贿选而成总统，举国哗然，上海、浙江等地反对浪潮尤甚。卢永祥宣布中断与北京的公文往来。但江浙商人由于担心引起动荡，表现甚为谨慎，曾有激烈表示的上海总商会此时的态度与几月前判然不同。[36]

11月因淞沪警察厅长徐国樑被刺，齐燮元与卢永祥围绕凶手及继任问题再起冲突。苏浙和平协会诸代表只得出来竭力调停，阻止战事发生，并欲邀请齐、卢二人来沪当面晤谈，以期消除隔阂。[37]

此时因年关将近，江浙商人深恐市面不稳。吴兴县商会电请上海总商会召集苏松常杭嘉湖各商会联席会议，共商维持办法。上海总商会分电江浙闽三省当局，要求将已调动军队撤回原防，又电商联会苏浙两事务所请转告本省各商会作一致主张。[38]由于吴佩孚此时态度倾向"尊段联卢"，故无形为一和平助力。[39]到次年2月，经两省商绅疏通劝说，卢永祥允将新增边防军先后退数十里，密布的战云暂时得以消散。[40]

江浙战争的直接导火线是臧、杨入浙问题。[41]1924年6月14日，卢永祥收容由赣入浙之臧致平、杨化昭所部，并将其改编为浙江边防军。齐燮元以违反和平公约相诘，并借此联络闽赣皖三省以武力威胁。吴佩孚亦认为浙卢收容臧、杨，含有将来窥伺苏赣闽三省的意味，决以全力应付臧、杨入浙问题。吴、齐等人先劝浙卢自动解散臧、杨军队，遭拒绝后，决定实施四省伐浙。到8月初，江浙已是烽烟四起，人心极度不稳，公债暴跌、银拆飞涨，上海市面岌岌可危。

8月18日，齐燮元在南京召开军事会议，部署对浙用兵计划。[42]次日，上海永春、永昶两大钱庄突然倒闭，接着，又有裕丰、庆丰、隆裕三家钱庄因轧现而倒闭。为纾解危机，上海总商会再邀南京、杭州两总商会共派代表到沪协商，盛竹书、沈田莘、史量才、黄伯雨等人受托赴宁沪杭接洽各方以资缓冲。担负主要调停任务的苏浙和平协会并发表严厉通电表示：

> 谁破坏公约即谁为戎首，为江浙战争之戎首者，即为江浙人民之公敌也，将来中外人民生命财产损失应责其赔偿。[43]

上海县商会、上海总商会、上海银行公会及钱业公会等商人公团亦连电苏浙闽赣各当局，告以金融崩溃、市面殆危的现状，请严守公约，维持和平。卢、齐二人一面复电表示"人不犯我，我不犯人""浙不犯人，人孰犯浙"，一面仍然备战不懈，对商绅们的警告充耳不闻。[44]

8月24日，鉴于江浙两军前线已相当接近，江浙绅商建议在边境划出缓冲区，驻军各离边境若干里。[45]双方口头均表赞成，并承诺分派代表来沪，两省绅商即聘请代表四人作为军事专家陪同齐、卢代表赴长兴、宜兴等处勘查划界。[46]

可是，齐的代表高维岳还未到沪，9月3日黄渡前线便已开火，江浙绅商苦心经营的和平运动至此画上句号。

民初政治的特点之一是拥有地盘的军人往往只会用战争来扩大其权力，尤其当巨大经济利益矛盾存在时。然而，正由于其统治多停留在军事层面，从未达到有效的政治制度的水平，故无法进行真正的社会动员，许多时候绅商便是他们需要依靠的力量；一些绅商出于自身利益及社会责任感，亦会与军人周旋以尽量减低其危害。这种军人和绅商之间互动关系折射到政治层面时，可能多少会影响军人的考虑。江浙绅商的和平运动能有一定成效，此点亦是根本。自然，当军人们估计通过战争所获得的利益大于牺牲成本时，他们可能会不顾绅商的愿望，发动战事。因此所谓和平运动，其成败有时系于军人一时一事的衡量，商人能主动运作的空间有限。[47]

战乱中江浙商人的损失

在和平运动中，商人明显表现出对秩序的偏爱。政治是非在他们眼里并不重要，关键是不能因为某些事件而引起军事冲突，以致干扰正常的社会秩序。因为他们很清楚战乱会带来何种严重后果。

战谣一起，江浙民众便陷于不安之中。待军队开拔，交通受阻，拉夫、勒款、兵劫等事频频发生，市面即告停滞。战事爆发后，商人所遭遇的各种损失更为惊人。但是江浙两省各地损失并不一致。这既与两军军纪有关，也有战区分布的原因。苏省，特别是嘉定、太仓、宝山、青浦、昆山、松江、宜兴、上海、金山等九县一直是双方交战地带，故损失尤为惨重。而浙省之长兴、吴兴（湖州）、嘉兴、嘉善及苏省之苏州、吴江等地由于为双方驻兵防守之地，损失亦不赀。南京、扬州、镇江、常州、无锡及浙江省城杭州、衢州、桐庐、兰溪、宁波、绍兴等地则因双方军队动员或行军而饱受骚扰惊吓之苦。军费勒索、交通阻碍、金融呆滞等则是对两省普遍性的损害。以下笔者将分别论之。

拉夫

1924年8月，战争还未正式打响，各方军队为补充兵源，输送军用物资，即已开始四处拉夫，引起民众恐慌，而商业亦直接受到影响。根据报刊所载，拉夫风潮似主要发生在江苏各地。从8月24日南京开始，然后扬州、常州、镇江、苏州，甚至上海闸北、南市等地皆有。[48]影响较严重者如下：

在南京，人心恐慌为前所未有，一切人力车夫甚至普通行人均被强迫服役。战争既起，竟由拉夫变为搜夫。水西门一带沿门搜寻。凡年轻者概拖往江东门，代为输送军实。兵士以无人可拉，遂拉及妇女，司烹饪缝细等事，且凌辱不堪。民间每家咸用铁栅栏之，以防兵士侵入。[49]

在扬州，驻扬黄振魁旅奉令开赴苏州，因兵不足额，肆意拉走乡农小工甚至商铺店伙补充。又命县知事代募，警察上街强掳平民，扬州被拉者上千人，引起公愤。由于许多商店伙计被拉，8月27日，商界罢市以示抗议，又有万余名群众聚集于公园预备开会。但因会议发起者临时退场，以致局势失控，最后引起骚乱。激动的民众以商会会长未能负责，捣毁其私宅，并殴伤数名护卫警察。事变在军队弹压下平息，经官方劝导，商家亦于次日复市。被拉民夫最后有300余名放回，但已有数十名在逃脱时溺毙。[50]

在常州，大队苏军由宁开到，店家皆闭门休业，无形罢市。各军拉夫封船，强令服役，一般劳动者宁忍饥苦，避居不出。黄部到城，令知事立办妇女五百名，备军前缝纫之用，以至警察罢岗。而兵士则上街亲拉数十位妇女以去。[51]

在苏州，齐军初拉江北人，次而至于城内的本地人，又次而本地的体面人。拉体面人为吓诈性质，至28日，免于服役之代价已飞涨至28元。受命兵士或借辞敲诈或闯进店堂及私家勒索。又有拉女烧饭，为公妻者。8月28日全体罢市。[52]

拉夫发生后，一般民众皆惧不出门，商店休业，交通阻碍，城市各种服务业亦停滞，直接影响到市面安危与商民生活。各地商会急向有关官署请求禁止，但效果不一，如南京总商会的吁请无甚作用，[53]而苏州、上海、杭州等商绅力量较强的地方则颇成功。[54]

勒款

江浙战争，两省军费开支据外人估计高达6 000～7 000万元，[55]依靠正常的财政手段肯定是无法解决。据《时报》消息，仅预备作战费江苏即为300万元，浙江为200万元。齐燮元似乎得到北京政府200万元的援助，卢亦从张作霖处获得100万元，[56]其余便靠特别方式去筹措了。不过，两省财政都不容乐观，浙江1923年财政积欠高达310万元，[57]江苏财政亦极支绌，平时政费、教育费皆无着落。[58]到两军开火，军用浩繁，各级军人还要借机牟私，勒索商人便是最快捷的方法了。江浙战争期间，究竟有多少商款被勒索，似乎很难有一准确统计。笔者根据几份报刊资料，爬梳整理，找到23次事例（详见表4），其中包括齐、卢所发行的兑换券及淞沪公债。[59]

表4 1924年江浙战争期间商人被勒索事例

时间	发生地	名目	勒索者	被勒索对象	数额（元）	备注
8.22	苏州	开拔费	朱熙（苏军第二路前敌司令）	苏州绅商富户	30万	最后得5万元
9.2	苏州		朱熙	苏州总商会	3万	由义仓、善堂等凑足
9.3	江阴		齐燮元		6万	当地商绅表示只能筹2万元
9.4	苏州		苏州警察厅	贝润生	50万	
9.5	杭州	金库兑换券	卢永祥		50万	发行颇为阻滞，后似由商会收回销毁
9.16	南京		齐燮元	南京总商会	20万	此为总商会承诺之数
9.18	杭州	第四师及第十师军费	卢永祥	杭州各业商，财政厅盐税及烟酒税担保	37万	由总商会代筹齐，后偿清
9.20	上海		卢永祥	上海总商会	40万	
9.23	扬州		马联甲	扬州四岸运商事务所	30万	交10万元
9.23	江苏平望		苏军	绸商	"万金"	
9.25	青浦重固镇		齐军	当地商董	2 000	如数交齐

(续表)

时间	发生地	名目	勒索者	被勒索对象	数额（元）	备注
10.1	杭州	军费	孙传芳	总商会	100万	
10.2	上海	淞沪公债	卢永祥、何丰林	上海商界	200万	
10.4	宁波	第一师军饷		宁波总商会	14万	交齐
10.4	宁波	军饷	潘国纲（浙军第一师师长）	镇海县商会	3.5万	由商会董事及各富户分摊
10.7	南京	江苏银行兑换券	齐燮元		100万	
10.16	衢州		赣军（与闽军一起入浙）		40万	
10.19	镇江		齐燮元		10万	
10.20	上海	善后费	孙传芳	上海商界	100万	付20万元
	苏州		"军事当局"	潘济之	50万	据称潘受惊而死
	苏州	苏军军饷摊派	齐燮元		12万	
	扬州	军饷	齐惠庵（扬属守备司令）	商家	13万	
	扬州	军饷	齐惠庵	商会	10万	凑交4700元

资料来源：《民国日报》1924年9～10月，《申报》1924年9～10月、1925年1月29日，《时报》1924年8～9月，《银行周报》，1924年10月7日；南翔劫余生：《东南烽火》，宏文图书馆，1924年。

勒款行动往往由地方行政官员或警署来执行，亦有过往军人自己上门胁迫。一般先以商会为对象，商会则召集商绅讨论，和勒款者讨价还价以求减至最低数额，再分头筹集。

有时因异常情况，商会亦直接表示拒绝。[60]由于军人们只有通过地方商绅才能榨取到所需军饷，所以他们通常不会把关系弄得太僵，有时也会给商绅们一些面子，例如在数额、时限上作点退让。[61]较为罕见的是苏省军人居然采用软禁恐吓办法强迫有名商绅分摊巨额军饷。[62]

银行、钱庄经常是勒款的最后承担者。苏州银行公会成员因不堪盘剥，成立不到几个月即宣布暂停会务。杭州银行公会则因"于同业方面并无何种利益，反受意外之苦痛"，干脆解散，以避免成为勒索目标。[63]上海南市一些银行、钱庄纷纷迁进租界寻求庇护。[64]金融界的恐慌心理可见一斑。

值得注意的是商人在交出勒款时，亦尽量使之吻合暂时垫借手续，希望将来能得到偿还。如银行、钱庄在付款前，必须要妥实保人签字画押，并且找好担保品，通常是一地之忙漕等。[65]战后苏州商绅向当局要求将垫付军费按约定以公产、公款筹还，坚决反对将公债代抵。[66]卢永祥离开杭州时，曾以财政厅名义向杭州各业商借款37万元，商人们仅在4个月后便把这项垫款从政府税收项下要了回来。[67]可见，有时商人遇到军人的勒派时，也不是完全没有办法。

兵劫

勒款是以"合法"的形式对商民进行敲诈，其手段相对比较程序化，商民在垫交饷银后或许有的尚能通过交涉得到部分弥补。但如果是遭遇兵劫，那么损失再巨可能也无法收回了。民初十余年间，军人混战的一个后果是士兵素质每况愈下，军纪荡然，兵匪合流。战争对地方的破坏很大程度是以兵灾的形式发生。到1920年代中期，兵匪骚扰成为商人的主要心头之

忧。[68]齐卢开战后绅商被劫案例数不胜数,以下列举一二:

> (南翔)全镇三千三百户以上,人口二万以上。全镇共焚毁房屋五百四十余幢,计一百三十户。内店铺七十七户,在市镇中心,为全镇商业精华所在,商店及住宅迭被劫掠者在三千一百户以上。据地方绅商调查损失,计焚毁房屋货物及劫掠三项,全镇有五百数十万之巨云。[69]
>
> (青浦县安亭镇)恒泰当典每年营业十六万左右,亦被劫无遗。该典朱某自被劫后因无以交代,居恒郁郁,厥后投河自尽。兵士闻之,乃破其棺而割其首。[70]
>
> (常州)城内蒋懋大银楼运送值价二万元之金叶来沪,到常车站时被官长搜出,即命兵士拿去。云借充军饷,候战胜时偿还。又某绅来沪,随带现洋三千元,亦被扣留没收。[71]
>
> 常州巨室某姓出资二千金,雇宁专车一辆,携眷28人,贵重物品四十箱,由常运沪避难。车至昆山,忽被苏军扣留,……于车中所有贵重物品四十箱均被苏军劫去……损失计三十余万。[72]
>
> 沈氏(云龙)以经营木材贩运为主,药铺为副。在1924年齐卢之战时,木材在浙江途中被劫,损失巨大……[73]

兵劫有时是在长官命令下白昼集体行动,动用车辆船只装运;有时则是二三人乘隙单独作案。典当是兵匪的一个重要目标,最易遭受损失。战前即屡有兵士以败絮或破衣向典铺强当之事发生。[74]战争开始后,一些乱兵干脆肆意劫掠。

如在青浦县，除上文列出安亭恒泰当案外，其他如重固镇源泰当损失5万元以上；黄渡镇裕丰当除金银首饰运出外其余均被劫掠一空，典屋被焚；嘉定西门乡济平典当被焚；松江市典业除3家保全，余全被劫；宝山罗店市本有3家典铺，悉被掠空。[75]据说苏沪一带有近百家典商因此战而歇业。扬州典业公会会长金某因家室俱毁，避难沪上。[76]由于典当是乡镇贫民告贷的主要渠道，其停业直接影响到贫民生计，市面更趋枯竭。另外如米铺、钱庄、杂货店等亦不可幸免。甚至红十字会租来运送伤兵的汽车也被军人当作胜利品夺走。

劫掠案一般多发生在战区以内的乡镇。一个特别的例子是9月20日湖州的中国银行和交通银行被卢永祥的第十师三十八团士兵抢劫8万余元，为此役中所罕见。[77]

兵劫在整个战争期间都有发生。尤其是10月13日卢永祥宣布下野后，齐军乘胜而劫，卢军溃兵作恶。[78]不过，相对而论，浙沪联军军纪优于苏军，经常有卢军驻扎40日地方安谧，齐军一到即肆意抢掠的报道，[79]甚至齐燮元驻节的总司令部所在地昆山市肆亦被其兵士洗劫一空。[80]可见军人之间亦有区别，长官的个人品质及治军能力与兵灾的关系值得我们注意。[81]

商市之破坏

战争对商市的破坏主要表现在金融动荡、交通阻隔、工矿业停产、农产减收等方面。

江浙战争发动后，作为国内金融枢纽的上海即受到冲击。自8月14日起，上海公债市场受战讯影响，跌风大起，沪市"整理公债六厘债票"自100元跌去16元，其他各种亦大幅下落（参见表5）。永春等5家钱庄先后倒闭，共亏欠近220余万元。金融顿呈恐慌，挤兑之风骤趋旺盛。银根紧缩，洋厘银拆开始高涨。经钱业公会及银业公会通力合作，同业互相援助，危机虽得以迅速缓解，人心稍定。但各业交易仍大受影响，客帮停止办理货物装运，现货买卖极罕，纱花、呢绒、五金、煤斤等业皆大受打击，丝市、茶市等因金融关系均告停滞，秋季销售一蹶不振。[82]同时，汉口、天津、济南、北京等地金融亦随之动摇。[83]国内商业既因此饱受摧残，上海商人因流通日少，资本呆滞，亦无法正常获利。[84]

表5　江浙战争期间公债变动情形　　　　　　　（单位：元）

时间	金融公债（9月期）		整理六厘（9月期）		九六公债（现货）		附注
	最高	最低	最高	最低	最高	最低	
8月14日	91.70	90.65	80.80	80.05	34.50	33.30	
8月15日	91.00	90.55	80.90	80.05	33.80	32.60	
8月16日	89.65	87.40	78.85	76.60	32.00	29.00	
8月18日	88.70	87.60	76.50	74.50	29.50	28.00	
8月19日	86.50	82.00	72.70	69.20	30.40	29.10	
8月20日	79.60	77.50	65.00	64.60	28.50	27.90	
8月25日	82.40	79.60	69.10	65.80	28.00	26.00	
8月26日	81.50	79.20	67.50	65.80	26.60	24.20	
8月27日	75.50	74.50	61.50	60.50			谣传开火
9月2日	76.20	74.30	62.50	60.60	18.00	17.70	
9月3日	73.50	70.80	58.80	56.70	17.50	16.80	开火证实
9月4日	72.00	71.40	58.70	58.50	18.80	18.50	

（续表）

时间	金融公债（9月期）		整理六厘（9月期）		九六公债（现货）		附注
	最高	最低	最高	最低	最高	最低	
9月5日	73.70		60.60		21.80	21.40	
9月18日	72.00	71.30	60.80	60.70	21.50		
9月19日	75.00				24.00	22.50	卢氏移沪
9月20日	77.20	77.00	64.60	63.60	24.60	23.90	
9月22日	76.80	76.10	63.50	62.30	23.40	22.60	
9月23日	78.40	77.60	63.90	63.50	24.20	23.40	
9月24日	79.00	78.60	68.00	66.60	25.00	24.80	
10月11日	74.70	73.50	66.60	65.30	23.00	22.20	
10月13日	76.60	75.80	68.40	67.80	23.80	22.80	卢何下野
10月14日	78.95	77.50	70.80	69.60	25.00	24.30	

资料来源：子明：《公债涨落与时局变动之关系》，《银行周报》，第372期，1924年，第3页。

江浙其他各埠金融受战事影响亦甚巨。杭州钱市紧张，钱庄只许少数提款，虽由上海中国银行运现洋20万元救市，但杯水车薪无补大局。[85]镇江自战事开始，钱业首先罢市，各业因金融阻滞均呈僵木之象。[86]战争的来临更干扰了正常的商业秩序，据称杭州市丝绸两业由于战事爆发而未收回的省外欠款即不下500万元，致业商多家倒闭。[87]孙传芳入浙后，其兵士携带的烂板闽洋横行于市，商家叫苦不迭。[88]兵士需索或骚乱更经常激成商人的罢市。[89]

两军开火，沪宁路、沪杭路交通先后被切断，内河航线多数停驶。[90]交通梗阻使货物流通受阻，运输风险及费用激增，于江浙商业颇有影响。南京商货运输本以铁路为主，8月底，齐燮元扣留货车180余辆，客货运输遂告中断。[91]所有土产只得通过水运才能输出，而像疋头、棉纱等各项进口均大为减少。苏州因水陆交通皆断，商务告停，总贸易值比上年减少680万两（1054万元）。杭州由于交通梗阻，货物经嘉兴又须交专捐，故菜籽及棉花出口量较往年骤降。[92]不仅重要商埠受到牵涉，即使像德清之类浙西内地市镇，因货源告罄，商民生计为艰。[93]同时一些地方的邮路亦受阻，给民众带来很大不便。[94]

工矿业因战争影响损失亦不赀，如号称"南方唯一之实业"的商办浙江长兴煤矿公司注册资本为220万元，规模浩大，每日出煤600余吨，筑有直通矿区的铁路。自战事开始，矿区正当冲要，职员逃散，材料遗失殆尽，矿内工程悉数损毁。公司事后统计，共损失银洋高达588万元。[95]其他各类工厂因市面不靖而停工者亦甚多，如上海及无锡荣氏所办申新纱厂、福新面粉厂即是一例。[96]

江浙本为棉米出产之地，战事发生正值新棉成熟、稻禾长成之时，齐、卢开战四十日，农民四散逃难，棉花稻禾多烂在田间或被兵士践踏。以江苏战区太仓、昆山、嘉定、青浦四县为例，棉花平均损失率在60%以上，稻谷则在40%左右。[97]除棉稻外，其他如蚕桑、豆麦等农作物损失亦颇巨。农产减收，商人既无从购销，农民收入亦告断绝。农村衰败、农民购买力的下降使商业难以独善。

综上所述，这场战争对商人的戕害程度实在无法估量，直接如兵劫、勒饷，间接如商市动荡、农村凋敝等都于商人利益有极大损害。舆论一般认为战争中民众有形无形的损失约在4～5亿元，[98]非十年不可恢复。[99]以江苏兵灾调查委员会的统计，包括商人损失在内，仅江苏战区九县的直接损失即高达62 324 820元。[100]经此一役，江浙商人算是对"军阀战争"有切肤痛感了。秩序破坏所带来的巨大代价亦驱使商人们更加努力地去寻求种种能确保社会稳定的方法，这应是分析他们此后行为心理的一个重要背景。[101]

江浙战争的爆发与商人的应对

东南和平运动进行之时，江浙商绅即在酝酿应变的举措了。[102]江浙战争最终发生，商人可谓失望至极。他们一方面通电谴责战争、呼吁停战，[103]一方面即着手于战时社会秩序的拯救。其主要工作包括：武装自卫、救济难民、调节民食、与军人交涉等。

武装自卫

兵匪遍地，军官既无力约束，商民的对策只有自卫一途。与辛亥革命爆发时相似，江浙战争期间，江浙两省商民又纷纷组织武装进行自卫。据笔者统计，江浙两省当时的商民武装自卫组织不少于75个（详见表6），其名称则商团、商界自卫团、保卫团、自卫团、民团等各异。其中不乏战前即已存在、战时大力扩充者，所谓商团多如是。像苏州商团、镇江商团、扬州商团、无锡商团、淮阴商团等均在江浙战争期间或添设分团，或增加枪械，昼夜出巡，担任临时防务。[104]以自卫团、保卫团为名者大多为战事爆发前后临时组织，如其中规模较大，组织系统较完备的闸北保卫团、南市保卫团等。[105]

表6 江浙战争期间江浙地区商民武装自卫团体一览

名称	创办时间	地点	发起人或负责人	规模	经费来源	备注
苏州商团公会	1912年	苏州	季小松等	城乡支部共45个,团员2 000余人,枪支1 400余条	以商会补助、商民捐助为主,亦有其他公团赞助或县政府地方附征项下酌量拨给部分	商团昼夜出勤,站岗,维持城内外秩序。另饬令各市民公社迅速组织保卫团,辅助警察及商团不足
无锡商团公会		无锡	杨翰西、华绎之	城区9支队并2个巡游队,乡11支队		会员住宿会中,担任临时防务、组乡区商团联合会
扬州商团	1912年	扬州	吴霭先等发起,团总张杨芳	会员自愿服务者200余人	各业分摊	招毕业旧团员服务
淮阴商团	1911年9月5日	淮阴	朱中孚、魏小孚、胡健春、时某	80名		添120名,前亦设10多人,不力。城外另办民团
闸北保卫团（上宝两县闸北地方保卫团）	9月4日	上海	王彬彦、沈联芳等	初定120人,后增至200人,最后扩大为6支团、附第1队及马队共500余人	由各业认定4 000元,又商务印书馆认2 000元,陈辅臣认2 000元、沈联芳认1 000元	初自购手枪60支,又9月11日时报称自淞沪警察厅领到60支手枪,后又经王彬彦努力从护军使署借得100支

（续表）

名　称	创办时间	地点	发起人或负责人	规　模	经费来源	备　注
南市保卫团	9月11日	上海	姚慕莲	初定300人，后扩至350人，分6队		
萧山自卫团	9月7日	萧山	韩云荪、汤叔雍	各业推定2人为团员，招40名团丁	由商号共同担任	
宁波民团	9月13日	宁波	陈如馨等	招团丁500名		
平湖商界保卫团	9月13日	平湖	杨文候	30名	富绅及商号捐认，开办费各业分摊	枪械向私家借用
高邮保卫团联合会		高邮	卢安祖			
华舍保卫团	8月27日前	绍兴	何振华			
宋家溇保卫团	9月1日	绍兴	宋庚初	20余人	独资支持	请水警队拨巡船一艘
嘉兴王店镇保卫团	9月1日	嘉兴	绅商	团员40名、团丁20名		
嘉兴北大街商团支部	9月1日	嘉兴	高叔荃、陆志棠			主要发起机构为城漕商联会
嘉兴中街城湾商团支部	9月1日	嘉兴	陆端臣、倪楚南			

第四章　江浙商人与地区社会变乱：以"齐卢之战"为中心

(续表)

名　称	创办时间	地点	发起人或负责人	规　模	经费来源	备　注
镇江市内孩儿巷保卫团	9月1日	镇江	茅君	团丁10人	本地商号出资	枪械由县署领得
东北城商界自卫团*	9月4日前	上海	东北城商会联合会	每家商户派1～2人		
苏城公社保卫团	9月5日	苏州		50名		
金门公社保卫团	9月5日	苏州		60名		
乌青两镇保卫团	9月5日	嘉兴	王秉初			
双林保卫团	9月7日	湖州	王英甫	30名		
豫园自卫团	9月9日	上海	邑庙豫园商业联合会	拟招200名	商人中劝募	
堰头街自卫团	9月9日	镇江		40名	各绸商店担任	
广西路商界自卫团	9月9日	上海	程桂初	10人		
沪南东区保卫团*	9月15日	上海	陈良玉等		商界自筹	
董家渡保卫团（董家渡天主堂保卫团）	9月16日	上海	朱志尧、陆伯鸿	征义务团员50名		向法国领事馆借50支长枪、20支手枪

(续表)

名　称	创办时间	地点	发起人或负责人	规　模	经费来源	备　注
城中市民公社保卫团	9月	苏州	城中市民公社		自筹	1925年2月结束
马桥商团	10月1日	上海	钮静庵		各商号捐资	
宜兴保安队	11月1日	宜兴		保安员20名		枪械自战地获得
王江泾保卫团	11月	嘉兴	顾宗况	100名		
新塍镇保卫团	9月	嘉兴	江廷沩	征足团员120名，团丁30名		
杨林乡保卫团		太仓	顾履衡	有分团21、团员上千		
龙华镇保卫团	11月	上海	吴绍基	40名		
唐闸保卫团		南通				
南阳桥自卫团		上海	南阳桥商联会			
安亭乡保卫队	12月	嘉定	蔡望之	分3支队		
北沙乡保卫团		台州	吕建标			

资料来源：《申报》1924年8～11月、《民国日报》1924年8～11月、《时报》1924年9～10月、《越铎日报》1924年8～10月、《宁波周报》第1年第6号、《江苏兵灾调查纪实》（1925年1月印）、苏州档案馆相关藏档。

注：① 带"*"者仅见筹备消息，后续情况未知。② 未标明年份者均为1924年。

此时江浙地方武装自卫团体的发起，与1911年武昌起义后的办团高潮稍有不同。即后者有地方官吏提倡的背景，地方士绅在其中扮演的角色亦暗含意识形态的成分。[106]但此时的办团多系商人在紧急情况下的临时举措。程序大致先由有名绅商聚议，具体办法拟出后，一面以商会或其他商业公团名义向官厅呈请核准，一面开始筹资招募团员；待获得当局批准后，正式开成立会，挂旗出巡。由于民众自卫属地方自治范围内的事项，故自治机构在其中有时也扮演倡导者角色。[107]

自卫团体办理经费主要从各业中筹措，或由该地受益商号捐助。[108]商团多能从商会获得一定补助。苏州一些市民公社垫付了由它发起的保卫团的日常费用，[109]但事后则要求官署拨还。在一些偏远小镇，亦有富有绅商独资筹办保卫团。[110]军械或自购，如闸北保卫团；或领自官署，如镇江孩儿巷保卫团；或借自他处，如上海董家渡天主堂保卫团自法国领事馆借枪70支。[111]

团员招募制度各地不尽相同。如上海商人组织保卫团，其团员一般出自各业商家。上海东北城商业联合会在发起商界自卫团时则规定"凡本会商店最好每家派一二人担任团员"。[112]闸北及南市保卫团之团员从商号厂家职员中招考。[113]镇江商团、扬州商团等采取团员定期服务制，服务期满毕业，续招考下期团员，团员上岗前似需培训。[114]而更多的是由商人出资雇请团丁担任防务。[115]

商民创办武装自卫团体的主要目的在于保护地方治安，实际也取得一定效果。如闸北保卫团以"协助地方警察保卫闾里安宁"为宗旨，开办后，华界人心大定，不少迁进租界者亦迁回。[116]无锡、苏州等地商团则因多数警力被抽走，实际担任全城的主要防卫重任。[117]规模较大的自卫团体还印发布告，知照民众应注意事项。[118]凭借保卫团、商团的护卫，于此非常时期不少地方才得以维持一定的社会秩序。如不幸遇兵匪骚扰，有时亦能得到一定保护。[119]江苏遭受严重兵灾的九县中，各地市镇受灾程度不一，其中一些便因为办有保卫团而减轻了损失。[120]报纸上也时常可见对保卫团、商团的褒扬之辞。[121]

当然，对战乱期间的民众自卫能力我们不可作过高估计。设立自卫团体既要征得官方的同意，其出防执行任务亦需警察及驻军的配合。尤其是规模不大的地方保卫团，如遇大股兵匪则根本无力抵抗。[122]有些自卫团体临事仓皇建立，召集异乡无业者以充团丁，其能否负起保护重责，当时即有人提出怀疑。[123]不过，创设自卫团体，总使商民安全得以有所依靠，不至于任由兵匪蹂躏。特别像苏州、无锡、上海、扬州、镇江等地，商人素有武装自卫之传统，其各项管理亦相当制度化，办理成效就比较明显。然而靠这种方式来保卫秩序毕竟是一种非常的办法，尤其当他们面对的主要是纪律恶劣的武装官兵，而不是什么土匪时，更是如此，这又是和晚清团练不同的一个方面。但多数商人被迫为此支付不菲的成本，却是因为危险在眼前。所以当混乱过去，他们可能便会将这种临时武装自行解散。[124]那种欲建立大规模的自卫团体的计划却总是乏人支持。[125]这也表现出商人自卫行动的被动性和临时性，亦说明他们的目的多在保护秩序，而非政治企图。

救济难民

战争总是会带来大批的难民。所谓兵凶战危，不仅无辜的生命会被战火吞噬,缺乏有效军纪约束的兵士更是平民的大敌,每次战事都会迫使成千上万的民众四散逃亡。安全地带总是难民逃亡的目的地,近世上海由于租界的存在,无形中扮演了一个安全岛的角色。江浙地区每逢战乱,上海便会形成一个巨大的难民城。[126]而那些无力远逃的民众多涌入较为安全的都市或者非战区。突然膨胀的人口既需要消耗大量基本生存资料,亦会给这些地区治安带来很多问题,此时,如何妥善安顿难民便不仅是有关人道的公益善举,也是直接与商人自身利益相连的大事。

江浙战争还在密云不雨之际,难民潮即已开始。8月中旬,松江、苏州、昆山、嘉兴等地稍有资产者即开始来沪避难,上海近郊居民亦争相迁往租界。由杭州开上海的特别快车日日均有大批难民到沪,每次行李有上万件。[127]宁波居民亦因闽省海军有军舰开到沥港,大起恐慌,富室多携眷赴沪。[128]9月3日开战后,不仅有资产者,各地无产者亦蜂拥而至。到9日,《时报》消息称租界难民已超过50万人,[129]是月底,每天仍有几千难民涌入租界。[130]后来战局拖延,估计杭甬等地有部分难民返回,但据《北华捷报》保守的估计,10月中旬上海难民仍不少于20万人。[131]

战事开始之初,许多战区商民抱着侥幸心理,没有迁移。到弹雨袭来,凶兵如匪,方扶老携幼,仓皇出走。如太仓难民分头逃往常熟、上海、崇明等地;嘉定难民则逃往苏州、无锡。一路饥渴疲惫,流离颠沛。[132]不及逃难的平民只能留在战区,饱受战火和兵匪的摧残。

为救济身陷战区及滞留沪苏锡常等地的难民,各地商绅纷纷成立机构,实施紧急援助。中国红十字会为主要难民救济组织之一，其总会主要负责人沈敦和、庄得之等人即是有名的江浙商人，江浙战争期间，总会曾派员协同地方办理各项救济。[133]此外，江浙绅商又发起成立多家红十字会分会，救死扶伤、施舍衣粮，成效颇著。[134]

如中国红十字会吴县分会由张一麐、宋铭勋等发起，商会季小松等人担任理事。据称该会成立难民收容所有数十处之多，仅齐门外的收容所一天即收容难民500余人；[135]昆山商绅王沂仲等组织昆山分会，设立收容所5处，收养妇孺数千人；嘉定红十字分会安亭办事处李仲廉等会同美国慈善人士冒险从战火中救出4000余人，成功送往各埠收容所。[136]青浦、宝山等地红十字会亦有同样卓越贡献。[137]上海县闵行商会会长乔念椿及嘉定县南翔商会朱庚石在举办红十字会分会后，为保护在乡平民安全作了相当努力。[138]红十字会以外，另有其他各种慈善及宗教团体在战时救济中亦发挥了程度不等的作用，如上海济生会、传道联合会、义善会、白十字会等。

为有秩序地救济被难灾民，难民收容所开始一批批地被设立（见表7，笔者列出了能找到零星资料的25家收容所）。上海广西路商联会发起"商界救济难民委员会"，敦劝各路从速设立难民收容所。[139]战区各县旅沪绅商亦以同乡会名义设所救济。如李平书创办的昆山妇孺避难所、南翔旅沪同乡会所办妇孺收容所、太仓旅沪同乡会创办的"太仓兵灾救济会"。嘉定旅沪商人朱吟江等则组织起嘉定旅沪临时维持会等，办理各项嘉邑难民救济事宜，成效甚佳。同乡网络在这时又发挥了重要的社会功能。而其他私人收容难民工作亦起到一些作用，如当时上海一般居民的家里都收留了8～10位难民，甚至有一位商人供养了250位难民，他只得租一座大房子以容纳他们。[140]当然，这些难民可能大多数是他的亲戚或同乡。

表7 江浙战争期间江浙商民举办难民收容所一览

名　称	地点	创办时间	创办人或机关	收容人数
避难妇孺收容所	上海	9月	各路商界联合会	401名
昆山妇孺收容所	昆山	9月10日	李平书等	
上海红会难民收容所	上海	9月9日	中国红十字会	
妇孺收容所	上海	9月10日	南翔旅沪商人朱庚石等	
白十字会第五收容所	上海	9月18日	甬帮酱园商张宝康、宋星松等	指定收容100名
闸北妇孺救济会收容所	上海	9月	闸北慈善团体	9月19日一日收容80余名
妇孺收容所	嘉定南翔		陆子庄	
妇孺收容所	嘉定南翔		绅商金蔚霞、李仲濂、钱郁文等	
宝山妇孺收容所	上海		蔡香孙	
同济收容所	常熟		孙氏	
辅济收容所	常熟		李氏	
钱业难民收容所	常熟		邹氏	
杨氏妇孺收容所	常熟		杨氏	
燕园妇孺收容所	常熟			
逸睡收容所	常熟		张氏	
城外南区难民收容所	常熟		丁、王二氏	

(续表)

名　称	地点	创办时间	创办人或机关	收容人数
太仓兵灾救济会收容所	上海、崇明		项惠卿（太仓旅沪同乡会）	
兵灾维持会	太仓		钱涌之	
（名称不详）	青浦		章汉秋、李澄心	数百人
（名称不详）	上海		丁昌勋、翁寅初等	382人
（名称不详）	青浦畲山		丁昌勋、翁寅初等	256人
妇孺收容所	昆山		陶公亮、邵可羡	
临时妇孺收容所	苏州		张一麐等人以红十字会名义举办，设所50余处	
临时救济妇孺收容所	杭州		杭州红十字会举办	

资料来源：《民国日报》1924年9月10、11日；《申报》1924年9月10、20日，11月3日；《时报》1924年9月19日；《江苏兵灾调查纪实》，江苏兵灾各县联合会1925年1月刊行；《浙江政报》，第4435期，1924年。

经江浙商绅的努力，部分难民暂时避免了冻馁之苦，社会秩序尚不至于进一步糜烂，于战后灾区的复兴颇为有利。此种救济工作既体现了负责商绅们深切的社会关怀意识，亦可窥见渗透在商绅们言行中的一种理性的互助互利的公益观念。这一点在上海商人调节民食的工作上表现得更为明显。

调节民食

民以食为天，在战时环境下，交通阻滞、人口剧增，使一些重要地方的食粮问题突然严峻，其中最著者为难民聚集中心的上海。[141]

8月中下旬,金融动荡的同时,沪市米价大涨。[142]人心顿生恐慌,而抢购之风愈炽,米价愈加昂贵,以致一般市民与滞沪难民的口粮发生危机,直接影响到秩序安宁。常熟、无锡、宜兴等地本为沪米重要来源,因军队封船拉夫,米商皆不敢出行,情势更加紧张。

为"消弭食米之恐慌,免地方因乏食而骚动",[143]上海商人主要采取了如下措施:

限价。8月29日上海总商会召集银行公会、钱业公会等5公团开联席会议,议决限定白粳米售价不得超过15元,籼米不得至12元,次货按市递减。并由县署及总商会发布布告,以镇人心。此种决议得到各米业公会及米行的配合。[144]限价政策在华界推行后,人心稍定,但租界米价仍居高不下。[145]为此,公共租界纳税华人会曾召开临时紧急会议,讨论救济民食案,致函仁谷堂米业公所及南北杂粮公会董事张乐君、叶惠钧,请他们转饬租界各米业按限价出售。义德堂面粉公所主动通告同业遵守向例,不许涨价,以维持民食和行规。

办理平粜。总商会联席会议及8月30日上海县商会会董会议还决定开办平粜。决定先向银钱两公会借10万元,购办籼米1万石,分别于南市、杨树浦、闸北、西门、虹口设立上海食米平价局5处,定价每石10元,购买以一斗为限。所有借款本息及卖米亏耗由两商会及地方公团筹募偿还。平价局由顾馨一(面粉公会会长)为主任,叶惠钧(杂粮公会会长)为协办。随即,银行公会会长盛竹书通函各会员银行,从各行原存库公共准备金内提取10万元以充购米垫款。[146]除食米平价局外,另有粤侨商业联合会、沪北五区商联会、淞沪粮食维持会等亦单独举办平粜。[147]各路商联会亦议决采办籼米实行平价公卖。[148]

疏通米源。限价为治标之策,根本解决则是增加米粮来源。上海米源素有南、北两路之分。齐、卢开战后,北路苏常锡等地因军人封船拉夫,以致米商不敢启步。同时南路即松江米源亦受到威胁。沪埠各米业公会函请总商会转商双方军事当局勿封米船,发给米船运照。经商会与当局交涉,何丰林同意由米业自备旗帜,加盖总商会关防,交各船户悬挂,并通令南路松属各军警予以保护。但商人向江苏军政当局的请求似未成功。[149]

另外,如调查存粮数目,公诸报端;[150]请当局颁令停止长江客籼转口,以充裕沪埠米源,[151]又请改新开米捐为运米执照费等,[152]均是商人为解决米粮危机所作的一些努力。

如何解决粮食危机,可能直接影响到战时社会秩序的存无。从上面诸多对策,我们可以看出在解决此种危机时,上海商人确实表现了其较强的应付事变能力。各商业团体的合作意识及负责精神则是共同渡过难关的有力保证。此外,苏州亦曾出现过粮食匮乏,但由于留城人口减半,加之苏城商绅应对得法,并未酿成动荡。[153]

与驻军交涉

战时商绅最重要的工作是如何减轻损失,而直接的办法便是与驻军尽力交涉。当时虽处军人混战时期,但将官品质并不一律穷凶极恶。上文曾比较苏浙两军军纪,卢军治军相对较严,亦多会顾及商绅劝告。但即使是军纪恶劣的苏军,战局的不可预测性有时逼得他们亦会考虑一点后路。这就为商绅的周旋带来一点余地。

军队路过或驻扎某地，往往需要当地提供食物和其他军需用品。这时，如果商绅负责担任，尽力招待，似有可能避免严重的损失。如台州曾有败军经过，他们威胁地方绅董，如果不予以招待，将自己动手。后商绅为之筹措部分粮饷，才得以安全地送出境。[154]上海县漕河泾镇本为行军要道，两军过往者达数万人，总董扬心正创办军人招待所，供其食住，并嘱商家照常营业，表示欢迎，故得以幸免于难。又如青浦县朱家角镇曾有卢军败退经过，镇绅蔡一隅出而维持，兵士即离镇而去。而周围村庄则十室九空。[155]他如松江县莘庄镇、嘉定县娄塘镇等皆因绅商之力而保全不少。[156]昆山绅商蔡望之，"武装军服，周旋军旅，出生入死"，据调查者言，"齐军十余万往来昆邑地方，未全糜烂者，蔡氏之功居多"。[157]亦有商会主动备酒肉去慰劳驻军兵士者，[158]这可能有助于军官对军纪的约束。

商绅的努力斡旋有时可使一地避免卷入战火。上海本埠在战争期间始终未遭炮火，除去外国公使的警告，[159]商人的屡次呼吁和交涉亦发挥了一定影响力。这既可从战前和平运动及作战双方对他们的态度中看出，[160]更能从下文商人在停战谈判中所扮演的重要角色中观察到。苏州商绅在江浙战争中为保全城郭与军人的交涉似更成功。[161]苏州总商会与该城守备司令赵金城之间有畅通的对话渠道，赵并指示商会筹划地方秩序维护办法。[162]9月17日，浙军潘国纲部放弃衢州后，欲退守兰溪。据说该城商绅群起请愿，要求保存全城人民一线生机，潘部只得退往桐庐。[163]

值得注意的是宁波商人对本邑安全的防护。早在8月底，因闽舰四艘移甬，引起民众惊慌，宁波旅沪同乡会即开会商议办法，决定一面电海军总司令杜锡珪恳求撤回该舰，一面致函福建旅沪同乡会请其协助，并倡办民团以图自卫。[164] 9月24日，潘国纲部将所部移至宁波绍兴一带。而此时孙传芳军已占据浙省大部，颇有武力逼潘就范的态势。[165]商民既惧驻军骚扰，又怕孙军攻击惹起战事，相率他避。宁波总商会为安宁地方秩序，迅速替潘军筹措到军饷14万元，并承诺每月供给6～7万元。该会又另推派陈南琴、田时霖二人晋省接洽，以求免除战祸。[166]镇海县商会亦召集商董开会，分摊军饷35 000元。各商铺机关又集资犒劳驻军，冀望维持纪律。[167]宁波旅沪商绅更表示严重关切。[168]经商绅努力，潘师驻甬时基本未对地方有大的破坏。虽然因浙省自治问题，10月18日，浙军第二师周凤岐部曾攻入宁波，但在各公团调停下，自治立即取消，事端旋平。因此，宁波在战争期间，虽也饱受风鹤之惊，但损失甚微，反而因他埠混乱，坐收渔翁之利，商业有"兴盛之象"。[169]

举办地方武装、救济难民、调剂民食、战时为政府筹饷等，均是以前士绅的职责范围。[170]他们多在政府倡导下办理此种事务，并可能因此得到政府的嘉奖。但在民国初年，由于中央权威的衰微，地方商绅虽然亦担当起类似的社会责任，但此时却多自发主动。动机中荣誉的成分较少，更多的是为避免或减轻可能危害到其自身利益的危机，其中也许亦有道德的感召因素。自卫防范的主要目标不仅有土匪，而且包括政府士兵。筹饷则多在军人的武力逼迫下进行，自愿捐输既不可能，讨价还价则成为常有的步骤，因筹饷而导致的冲突亦日益增多。商人成为救济活动的中坚，在一些地方，商会成了唯一能负责，亦为军人所承认的团体。不过在一些地方，绅、商在护卫地方秩序中的合作仍非常重要。[171]

然而，利之所在，众皆趋之。战时的特殊环境给一些商人带来牟利的良机。有时商人的投机可能会加剧战时局势的紧张。如杭州在开战后，由于米源不畅，出现粮食紧张。省署曾有采购6万石浙南大米的护照颁发，但被米业公会业董韩雨文垄断。韩仅给别的米商发出2万石的护照，其他留下自用，致使米价居高不下，引起公愤，被诉诸省署及总商会，后韩为摆脱责任，主动将米价降低。[172]而上海市面外汇、标金、公债、棉纱及大米的价格的涨落与投机商人的操作亦密不可分，[173]影响战时民众心理甚巨。有人认为上海的粮食限价政策因为各店主暗中掺劣，[174]这说明在维持秩序的行动中集体的约束可能会遇到个人私利的侵蚀。

商人与战事结束及善后

为维护秩序，商人有时会介入各种势力之间，担任重要的角色，甚至影响政治军事形势的发展。上海商人由于其地位的特殊，这方面表现尤为突出。江浙战争的结束及善后便与他们密不可分。

9月18日，卢永祥放弃浙江，欲收缩战线，全力确保淞沪，以待变化。22日，孙传芳军队进入杭州，继而向松江前进。同时，齐燮元部在黄渡、青浦等前线发动总攻。13日，卢永祥召开军事会议，几位高级军官均表示兵乏将疲，不愿再战。卢氏知大势已去，通电宣布下野，携何丰林等人东渡日本。持续了40日的战事遂渐次中止。

然而浙沪联军尚存第四师、第十师及第六混成旅及臧杨军队等各部合计不下3万人，闻后方发生巨变，联军纷纷退至上海北站、麦根路及闸北一带，虽逼处一隅，但大都枪械整齐，弹药充实。14日，皖系要员徐树铮及陈乐山、杨化昭等联军将领复思聚兵再战，下令在闸北附近挖掘战壕，层层布防。华界散兵游勇日益增多，民众争相避入租界，情形危急万分。论者谓："上海自通商以来未有如此之混乱。"[175]实际此事亦为江浙战争以来上海本埠所受到的最直接威胁。

上海商人迅速采取应急措施。13日晨，总商会会长虞洽卿在获知消息后，即赶往军署与卢何遗留部下军官接洽，"竭力请求各驻原防，万勿移动，以保地方秩序"，获得对方同意。总商会与县商会又联名致电齐燮元、孙传芳，请其迅饬前线停止进行，一面商办善后，免增人民浩劫。[176]

由于各官署原主事多出走，而退驻闸北的联军食粮短缺，极易激成变乱。商绅为保持原有秩序不致糜烂，自动派人填补遗缺。如13日沪北工巡捐局局长许人俊离沪后，董事会议公推沈联芳为董事长，主持局务。沪南工巡捐局则推李平书、顾馨一等人维持，[177]同时将原有的上海保安会加以改组，专人负责各方交涉及军粮采办与运输。[178]保安会连日紧急购办大量食粮，分给联军各部。救火会等公团为防止游兵骚扰地方，亦成立散兵招待所，以便缴械给资遣散。[179]

15日，主战派首领徐树铮被公共租界当局拘捕。[180]联军主战派受到重大打击，形势趋缓，但数万士兵之编遣亟须妥善解决。而银钱业不愿作无保证垫款。因此总商会连电齐燮元、韩国钧、孙传芳等人，请速派员来沪商讨对策。17日，孙传芳以闽浙巡阅使的名义到沪，虞洽卿及上海各公团代表即谒孙紧急磋商办法。孙提出需商界代为筹备善后经费。[181]韩国钧也致急电虞洽卿等人,恳请他们"顾念地方速行筹借巨额现金,俾得着手办理(遣散)",[182]由是全市安危系在巨额经费的筹措上了。

由于善后需款孔殷,保安会请银行、钱业公会及各公团分别设法。上海各马路商界总联会19日晚为此召开紧急会议,会长袁履登报告近日接洽情形,讨论协助办法,结果认为此事关系全埠治安,自应尽力协助,以期早日结束。[183]危机迫在眼前,各商业公团领袖的态度似乎表现出更多的一致。

在有关联军收束的数次谈判中,上海商人担当了两重角色,既是双方公证人,也是编遣费的负责人,对整个局势的转化起着关键作用。10月20日,苏军第一师师长、苏浙全权代表白宝山偕上海总商会代表,与淞沪联军代表朱声广在北浙江路华安坊就联军收束问题作最后谈判,总商会代表承诺所有善后费用都由其向银行公会等筹垫,协议最终签字生效。至该日下午,上海军事完全结束,滞留上海北站及闸北一带的淞沪联军全部退至新龙华、江湾等地,等候改编或遣散。孙传芳亦离沪返杭。[184]另外,据事后统计,为应付闸北的数万军队,上海总商会及县商会等公团筹济军饷现银8万余元、军米五百余担、面粉五千余包。另筹垫9、10月上海警察饷银9万余元。到11月17日,仅闸北保卫团及闸北商绅组织的蓝十字会维持费耗银10万余元。[185]

由于江浙战争的祸源为淞沪护军使的职位、上海制造厂的军火,故商绅在办理善后的同时,即向各方运动撤使移厂。14日,总商会、县商会、银业公会、钱业公会等六公团发表致北京国务院及齐燮元电,表明此二事实为一切善后事宜之主要者,务须办成。17日,商人又向孙传芳当面提出,要求支持撤使移厂的倡议。齐孙二人均先后表示赞同。[186]但直到次年此目的才有所实现。[187]

战事结束后,江浙商绅将注意力转移到对灾区的调查及赈济。江苏遭受兵灾各县均有兵灾善后会之类组织,主其事者多为本邑商绅。后又有成立江苏兵灾各县善后联合会,以谋共同进行。[188]苏州亦设立吴县地方善后会,由苏州总商会、吴县议事会、参事会、教育会等24家公团组成,[189]处理战时垫款之清偿及秩序恢复工作。救济经费除靠各界捐款,亦向省政府要求拨款。但"大兵以后,省款奇绌,种种筹划多归失败",结果江苏赈款仍多出自商界借贷。至12月,江苏各银钱业及私人已为此筹款40万余元。[190]

* * *

江浙战争是1920年代江浙地区持续动荡的起始。为避免战事的发生,负责商绅多次发起和平运动。他们通过请愿、游说、制造舆论、组织协调机构等手段力图阻止两省军事长官的战争计划。为避免引起军事冲突,凡可能影响秩序稳定的政治事件,他们常持反对态度。而在政治势力相互抗衡之际,他们一般保持沉默。有时即使因民众运动的推动,或少数商人的激进,而使商人团体有偏向性的政治介入行动。但由于可能带来无妄之灾,所以并不得多数商人的赞同。这是1923年"民治委员会"夭折的主因,亦是曹锟贿选事件后上海总商会保持缄默的根源。江浙商绅的和平运动在当时曾获得积极的成果,和平公约的签订可看出地方商绅所拥有的活动能量，亦反映出军人与商绅间复杂的互动关系。

但最后，战争还是爆发了，负责商绅可谓失望至极。战事给两省带来严重的灾难。商人亦遭受了各种损失，直接如兵劫、勒款，间接如市面破坏、农村凋敝等都让商人付出了不菲的代价。战乱更驱使商人们去努力寻求种种确保社会稳定的方法。

为挽救已被破坏的社会秩序，商人作出很多的努力，如创办自卫团体、救济难民、调节民食。他们亦会尽力去与军人交涉以求降低损失。在紧急时他们甚至会派出代表充任临时官职，以保证秩序的延续。救人实则救己，其努力使本地区在遭受兵燹后，基本经济制度及信用尚未破灭，市面不至于完全绝望。商人行为的动机固然先是利己，但无疑亦产生了积极的外部经济效果。其工作挽救了不少贫民的生命，相对缩短了战争进程。

商人挽救秩序的行动有时亦会对政治造成重大影响。如上海总商会便在江浙战争的结束中扮演了重要的角色，停战协议的达成，数万兵士的遣送均依赖于他们的工作。而作为中间人，他们的存在亦使敌对势力间的谈判得以顺利进行。江浙商人的这些工作既是承继了中国士绅的职责传统，亦是环境逼迫下自救救人的适时办法。但却不能认为是商人政治意识的普遍觉醒或他们主观上有积极干预政治的企图。江浙战争前后，商人应变行动的被动性、中立性、临时性均非常明显。应付危机过程中江浙商人所表现出来的合作精神、公益意识等，可能意味着商人的观念正在缓慢的变迁之中。但是这种观念的改变绝非易事，尤其是普遍政治意识的培育更是需要一个较长的时间方能做到。

另外值得一提的是江浙地区与上海独特的关系。江浙战乱可能会给上海带来巨额的资本流入，或者于城市化方面有一个急速的前进，但于商业发展肯定是弊多于利。这种畸形膨胀究竟对一个有序健康的商业环境有什么影响应该作认真研究，否则很容易得出愈乱愈兴盛这种违背正常逻辑的结论。所以，讨论江浙社会变迁与经济发展，不能光从上海着眼，而应将江浙地区尤其是与上海有紧密联系的苏锡常杭嘉湖甬等地作为一个经济区域来整体思考。财富流动、企业迁徙、人口流动等既要观察上海一地的流进，亦要看以上各地的流出。实际上，上海真正有序的发展亦是在江浙社会相对稳定、交通畅通、长线资本收益率高、商业惯例均能执行时才有的。要不然上海只能是一个短期投机与消费的乐土，而不可成为中国的商业制造中心。这点我们从上海商人每逢战乱时的心理便可看出。如此次江浙战争，他们无疑是反战运动最大的推动力量，虽然，某些人可能经由金融炒作或战时囤积居奇大获其利，但这只是个人投机的成功，实与地区经济良性发展相违。相应地，判断江浙商人的政治意识或参与，亦需把一个区域作为考察对象，进行认真的比较辨别，不能仅以上海为举证的范围，否则可能出现观点上的偏颇。

注释：

［1］ R. Keith Schoppa（萧邦齐）, *Chinese Elites and Political Change: Zhejiang Province in the Early Twentieth Century*, Cambridge, Mass.: Harvard University Press, 1982, p.66. 萧氏所称"Merchants were businessmen first"正能表达此意。

〔2〕白吉尔:《中国资产阶级的黄金时代》,第77页;黄逸平、虞宝棠主编《北洋政府时期经济》,上海社会科学院出版社,1995年,第95～100页。

〔3〕萧邦齐曾在他的著作中以极简短的语言提到这场战事对浙江省宪运动的影响,以及战时杭州总商会有保卫地方、呼吁和平的举动(参见R. Keith Schoppa, "Province and Nation: The Chekiang Provincial Autonomy Movement, 1917～1927", *The Journal of Asian Studies* 36: 4 August 1977, p.671; R. Keith Schoppa, *Chinese Elites and Political Change: Zhejiang Province in the Early Twentieth Century*, p. 66)。又Clifford曾提及战时的一些情形及西人在战争前后的反应(Nicholas R. Clifford, *Spoilt Children of Empire: Westerns in Shanghai and the Chinese Revolution of the 1920s*, Hanoven, London: Middlebury college press, 1991, pp.83～85)。林霁(Arthur Waldron)在其著作中注意到江浙战争与战后地区政治秩序失控以及五卅运动间的关联性(Arthur Waldron, *From War to Nationalism: China's Turning Point, 1924～1925*, Cambridge: Cambridge University Press, 1995, pp.241～262)。

〔4〕笠原十九司:《江浙战争与上海自治运动》,野泽丰:《中国革命史の研究》,东京青木书店,1974年,第78～138页。Joseph Fewsmith的论述中似亦有相同的问题。Joseph Fewsmith, *Party, State, and Local Elites in Republican China: Merchant Organizations and Politics in Shanghai, 1890～1930*, p.83.

〔5〕张一麐曾有记事诗点明此役的重要性:"吴中烽火肇甲子,劳心焦思冀兵弭,曲突徙薪等敝屣,天发杀机从此始。"张一麐:《心太平室集》,文海出版社,1966年,第177页。

〔6〕贝思飞(Phil Billingsley):《民国时期的土匪》,徐有威、李俊杰等译,上海人民出版社,1996年,第30页。又可参考章有义编《中国近代农业史资料》第2辑,生活·读书·新知三联书店,1957年,第609页。

〔7〕据统计,从1916～1924年间,平均每年有7省卷入战争。邓云特:《中国救荒史》,上海书店,1984年,第105页。

〔8〕这一点当时不少中国学者便有共识,如魏声和提出,"商界秩序赖政治秩序而始立"(见氏著:《最近中国实业界进化史》,图书集成局,1906年,第120页);王孝通亦认为,"商业以政治之治乱为

盛衰，国势随商业之盈虚而隆替"（氏著：《中国商业史》，上海书店，1984年重版，序。亦可参考郑行巽：《中国商业史》，世界书局，1932年，第240页）。当然，有时战争亦能给商人带来意外的牟利机会，或带来人口或经济结构上的变迁。即使像太平天国之大乱，刘石吉亦认为如从近代化的意义来衡量，其对江南东半部沿海地区的成长和繁荣有促进作用（刘石吉：《明清时代江南市镇研究》，中国社会科学出版社，1987年，第108页）。但这只能说明战争后果的相对性，并不能否认战争对社会的破坏本质。

〔9〕 参见吴首天：《浅谈"江浙战争"的爆发》，《江海学刊》，1983年第5期，第87～88页。

〔10〕 1920年代中期，仅几个重要国家在两块租界的地产价值即近4亿元。而外人投资中，上海一埠占其总数的三分之一，直接投资更占有二分之一。参见〔美〕雷麦（C. F. Remer）：《外人在华投资》，蒋学楷、赵康节译，商务印书馆，1959年修订版，第82页。另外像苏州、杭州、南京、宁波、镇江、无锡等地自1840年后亦为外人投资和传教事业的重心所在。长江水道则是外人商业势力伸向中国内地的脖颈，一旦因战事阻扼，后果不堪想象。正因为此，每当江浙两省形势趋危时，外人即以种种形式对当局施以警告。

〔11〕 陈训慈认为民初20余年中，浙江省境内能保持继续的和平而少战事，主要是因为浙江地势不宜用兵与浙人和平的素性（陈训慈：《浙江省史略》，浙江青年月刊单印本，1935年，第39页）；徐敏蕙的研究则显示江浙的和平可能与地方军事长官的统治特质亦有关（徐敏蕙：《卢永祥研究》，硕士学位论文，台湾政治大学历史研究所，1998年，第180～181页）。

〔12〕 参阅丁日初：《二次革命中的上海资本家》，《近代史研究》，1985年第6期；唐振常：《辛亥上海光复再认识》，氏著：《近代上海探索录》，上海书店，1994年，第104～123页；李达嘉：《从"革命"到"反革命"——上海商人的政治关怀和抉择》，第237～282页。

〔13〕 全国商联会江苏省事务所公函，1924年8月22日。苏州档案馆馆藏档案乙2-1-700-73。

〔14〕 徐敏蕙：《卢永祥研究》，第58～60页。

〔15〕 贾逸君：《中华民国政治史》上册，文化学社，1929年，第251页；李剑农：《最近三十年中国政治史》，上海太平洋书店，1933

，第484页。
〔16〕《政象险恶中之上海商情一斑》，《申报》，1922年4月20日，第14版；《政局险恶之影响全市》，《申报》，1922年4月22日，第14版。
〔17〕《江浙人请当局对时局表白电》，《申报》，1922年4月18日，第13版；《国货维持会求免兵祸电》，《申报》，1922年4月22日，第13版。
〔18〕《总商会请苏浙当道宣布政策》，《申报》，1922年4月19日，第13版。
〔19〕《苏督军省长复江浙人士电》，《申报》，1922年4月20日，第13版；《卢齐再表对于时局之态度》，《申报》，1922年4月25日，第13版。
〔20〕卢表示暂时不愿谈订和平公约之事，而齐燮元态度更微妙，一方面迫于直系联盟的团结，他不得不列名以吴佩孚为首的谴责张作霖的电报；一方面他又赞同卢永祥关于曹（锟）张（作霖）和平会议的提议，并邀卢永祥宣布态度，"以期保障东南大局，维系中外商民之心"。《卢齐再表对于时局之态度》，《申报》，1922年4月25日，第13版；陶菊隐：《北洋军阀统治时期史话》下册，生活·读书·新知三联书店，1983年修订版，第1141～1142页；《苏浙当局互商保境安民电》，《申报》，1924年4月22日，第13版。
〔21〕《沪人士对于北京政变之表示》，《申报》，1923年6月18日，第13版；《上海总商会召集临时会员大会通告》，《申报》，1923年6月19日，第1版。
〔22〕笔者发现，在上海总商会作出此种决议的同时，江浙两省其他各埠商人对北京政变并无相似表示，即使上海商人对民治委员会似亦多持异议。如钱业公会便称此举为"好高骛远，别有所图"（《总商会致钱业公会函》，《申报》，1923年8月25日，第13版）。银行公会会长盛竹书（字炳纬）甚至和总商会中"少年锐进者"发生争执，以至愤然辞去委员一职（《盛竹书函辞民治委员》，《申报》，1923年8月13日，第13版；《挽留盛竹书君辞民治委员函》，《总商会月报》，第4卷，1924年，"会务记载"，第3页）。
〔23〕民治委员会产生后，几乎从未正式成会。实际上因此事件，总商会中几乎引起一场地震，所谓"当然委员"（即总商会会董）联袂辞职，甚至有连会董一并辞去者。最后，总商会以无法着手，乃计划先整理全国财政入手，并先征求全国商人意见，但"各埠各业咸怀观望"，并无响应。可见此举实不得多数商人之支持。《为征集整理

财政意见事致各业函》,《总商会月报》,第4卷,第3号,"会务记载",第3页;徐鼎新、钱小明:《上海总商会史(1902~1929)》,第322~323页。

[24]《因报载王承斌欲派兵驻苏事致齐督军及王承斌电》,《总商会月报》,第4卷,第3号,"会务记载",第2页。上海宏文图书馆:《江浙战史》第1册,1924年,第4页;毛羽满:《记苏垣爱国耆绅张仲仁先生》(下),中国人民政治协商会议江苏省苏州市委员会文史资料研究委员会编《苏州文史资料选辑》第11辑,1983年,第75页。

[25] 上海宏文图书馆:《江浙战史》第1册,第4页;《江浙弭兵运动之要讯》,《申报》,1923年8月3日,第13版;庄禹梅:《齐卢之战与上海弭兵会议》,中国人民政治协商会议浙江省委员会文史资料研究委员会编《浙江文史资料》第1辑,1962年,第27~29页。

[26] 出席者包括南京、杭州、上海三地总商会及上海、嘉兴两县商会代表共29人。参见《申报》,1923年8月3日、4日、5日各相关报道。

[27]《江浙弭兵之商会联席会议》,《申报》,1923年8月5日,第13版。

[28] 如《吴淞路商联合会之和平运动》《江浙公民劝告息争》,《申报》,1923年8月11日,第13版;《苏浙耆老呼吁和平之通电》,《申报》,1923年8月12日,第13版。所谓国际共管,指当时一些外人针对中国战乱无已,秩序不宁,主张由各关系国共同管理中国内政。此种主张尤其在1923年临城劫车案发生后为外人具体化,如《大陆报》提出由中外商人各10名组织委员会,处理中国政务(《美报竟提出共管方案》,《申报》,1923年6月2日,第7版)。此种担心常见于上海商人的言论,如《上海总商会召集临时会员大会通告》,《申报》,1923年6月19日,第1版。

[29] 上海宏文图书馆:《江浙战史》第1册,第6页。

[30] 苏浙和平协会8月9日即开始筹备,其主要发起者初为江浙两省名绅,苏方为姚文枬、袁希涛、沈信卿、黄炎培、穆湘瑶等,浙方为褚辅成、杭辛斋、袁荣兴、沈钧儒、金兆梓等,协会宗旨为主持和平、发抒民意、力图保全两省治安,筹备会后由苏浙两方人士分别发动旅沪商人加入。《苏浙和平协会之筹备会议》,《申报》,1923年8月10日,第13版;《昨日旅沪浙人之宴叙》,《申报》,1923年8月13日,第13版;《苏浙平和协会第一次干事会》,

《申报》，1923年8月20日，第13版;《江浙和平公约成立之经过》，《申报》，1923年8月20日，第13版。

〔31〕上海宏文图书馆:《江浙战史》第1册，第7~8页。江浙和平公约据称为张一麐所拟定。江浙战争前后，他是最主要的江浙和平调停人之一，据说张在面见齐燮元及卢永祥时，曾跪地为两省民众请命。参考"CHANG I-LIN（张一麐）"，H.G.W.Woodhead, *The China Year Book 1924*, Tientsin: The Tientsin Press，1924, p.976；毛羽满:《记苏垣爱国耆绅张仲仁先生》，《苏州文史资料选辑》第10辑，第11页;《张一麐》，包华德（Howard L. Boorman）主编《民国名人传记辞典》第1分册（中华民国史资料丛稿-译稿），中华书局，1979年，第78~80页。

〔32〕上海宏文图书馆:《江浙战史》第1册，第9~13页。

〔33〕中国社会科学院近代史研究所中华民国史研究室编《中华民国史资料丛稿-大事记》第9辑，中华书局，1986年，第118页。

〔34〕刘楚湘:《癸亥政变纪略》，荣孟源、章伯锋主编《近代稗海》第7辑，四川人民出版社，1987年，第340~342页。"张一麐致韩国钧函"，1923年8月30日，《近代史资料》，1983年第4期，第144~147页。上海宏文图书馆:《江浙战史》第1册，第3~4页；李剑农:《最近三十年中国政治史》，第581页。

〔35〕刘楚湘:《癸亥政变纪略》，第335页。

〔36〕笔者据当时《申报》及《民国日报》，统计1923年10月5~12日，上海各界公开发表反对文电有30余件，署名者多为工界、学生界、国民党等团体或个人，属于商人组织的仅沪南六路商联会、闸北商联会、民国路商联会等数家。总商会、县商会及银钱两公会均没有公开表态，8日，周佩箴曾以会员名义致函总商会，表示其不满，16日，总商会复函认为6月23日已就此事作严重声明，没有再表示态度的必要，但准备征求入会各行业团体之意见。参见《申报》，1923年10月1~20日;《民国日报》，1923年10月1~28日各相关消息。

〔37〕淞沪警察厅长最终由何丰林委陆荣箴接任，苏方委任的申振刚则改派吴县警察厅长。齐卢会谈亦因而流产。上海宏文图书馆:《江浙战史》第1册，第13~14页；"1923年8月24日张一麐致韩国钧函"，《韩国钧朋僚函札选编》，见荣梦源、章伯锋主编《近代稗海》第7辑，四川人民出版社，1987年，第536~537页；毛

羽满:《记苏垣爱国耆绅张仲仁先生》(下),《苏州文史资料选辑》第11辑,第75～77页。

〔38〕《会务记载》,《总商会月报》第4卷,1924年第1期,第4～5页。

〔39〕当时即有人在《东方杂志》撰文认为:"事机的转缓固由于各省绅商想安度阴历年关,竭力阻遏战事的发生。而主要原因实在于直系内部中一部分人对浙政策的改变。"参阅该刊第21卷第3期《时事述评》文章《东南诸省将长期处于状态中么》。

〔40〕上海宏文图书馆:《江浙战史》第1册,第39～40页。

〔41〕臧致平、杨化昭所部本为福建驻军。1923年3月孙传芳任福建军务督理后,积极排挤军务帮办王永泉之势力。次年3月,助周荫人驱王。王遂以所部交杨化昭代统,杨拟与臧致平联合反攻。失败后被逐出闽南,由赣边转入浙江,引起风潮。贾逸君:《中华民国政治史》上册,第366～367页;李剑农:《最近三十年中国政治史》,第582页。

〔42〕李文直、李菊庐编《江浙战纪》,泰东书局,1924年,第77页;《江浙战史》第1册,第39～40页。

〔43〕《和平协会通电》,《江浙战史》第1册,第19～20页。

〔44〕李文直、李菊庐编《江浙战纪》,第74～79页;上海宏文图书馆:《江浙战史》第1册,第18,21-36页。

〔45〕《苏绅请划边境为缓冲电》,1924年8月24日,上海宏文图书馆:《江浙战史》第1册,第29页。

〔46〕李文直、李菊庐编《江浙战纪》,第81页;《盛竹书通告父老书》,上海宏文图书馆:《江浙战史》第1册,第35～36页。

〔47〕正如时人之感慨:"吾人运动消弭兵祸,行虽无聊,情实可怜,聊尽人事,冀希万一。"上海宏文图书馆:《江浙战史》第1册,第18页。

〔48〕李文直、李菊庐编《江浙战纪》第1册,第82～86页;上海宏文图书馆:《江浙战史》第1册,第45～46页;《民国日报》,1924年8月31日、9月2日、9月8日。

〔49〕李文直、李菊庐编《江浙战纪》第1册,第82页。

〔50〕李文直、李菊庐编《江浙战纪》第1册,第83～84页;南翔劫余生:《东南烽火》,上海宏文图书馆,1924年,第52页;《扬州拉夫风潮》,《申报》,1924年8月29日,第11版;《地方新闻-扬州》,《民国日报》,1924年8月30日,第7版;《扬州商会长私宅被毁风

潮》,《申报》,1924年8月30日,第10版。
〔51〕李文直、李菊庐《江浙战纪》第1册,第85～86页。
〔52〕《避难者言》,《民国日报》,1924年9月1日、9月2日,第8版;《苏垣拉夫激成罢市》,《民国日报》,1924年8月31日,第3版。
〔53〕李文直、李菊庐编《江浙战纪》第1册,第82页。
〔54〕苏州提议由县署协助警厅招募临时输送队,并负责垫款事宜,最后获得实现。罢市在30日平息(苏州总商会8月29日联席会议记录。苏州档案馆藏档案乙2-1-698-18-20;《苏州拉夫罢市平息》,《民国日报》,1924年8月31日,第7版)。上海县政当局在商会及士绅的呼吁下,亦声明以薪代募夫役(李文直、李菊庐编《江浙战纪》第1册,第86页)。杭州总商会阻止拉夫的成功,甚至让外人佩服 ("Shanghai and The War Cloud", *The North China Herald*, September 6, 1924, p. 367)。
〔55〕《敬劝全国明达速筹救人自救之策》,《申报》,1924年11月2日,第1版。
〔56〕《苏浙两军军费问题》,《时报》,1924年9月2日,转引自笠原十九司前揭文。陶菊隐著《北洋军阀统治时期史话》一书称张作霖曾"先汇来三百万元接济浙沪联军的军饷",见该书下册,第1346页。
〔57〕《浙省军事善后谈》,《申报》,1924年10月13日,第8版;中国人民政治协商会议浙江省委员会文史资料委员会编《浙江百年大事记》(1840～1945),浙江人民出版社,1986年,第172页。
〔58〕上海宏文图书馆,《江浙战史》第1册,第65页。"黄以霖致韩国钧函",1924年12月26日,《韩国钧朋僚函札选编》,第559～560页。
〔59〕严格地说,兑换券、公债并不能算作是勒款,因为发行者往往会请相应银行代理,并有担保,而且一般会为后来者所承认。之所以把它们列在内是因为在战时,它们经常会通过强制的办法认派,甚至以武力为恐吓。
〔60〕扬州商会即因军队肆意拉夫,致使民众砸毁会长宅邸,而决定"以无从筹集,覆电省署"。《扬州商会拒绝军饷》,《民国日报》,1924年9月9日,第7版;《筹募警饷与征收公债》,《申报》,1924年10月2日,第10版;《甬埠市民渐定》,《申报》,1924年10月4日,第5版;《地方通讯-江阴》,《民国日报》,1924年9月3日,第8版。

[61] 史量才、黄炎培及总商会会董等通过努力，曾将孙传芳索款100万元降至20万元交付。"黄炎培致韩国钧函"，1924年10月22日，《韩国钧朋僚函札选编》，第564页；"史量才致韩国钧函"，1924年10月22日，《韩国钧朋僚函札选编》，第515～516页。

[62] 《贝润生留苏筹饷》，《时报》，1924年9月4日，第3版；南翔劫余生：《东南烽火》，第40页。

[63] 苏州市工商银行史志编写组：《解放前苏州的银行》，政协苏州市委员会文史编辑室、苏州地方志编纂委员会办公室、苏州市档案局编《苏州史志资料选辑》第10辑，1988年，第60页；《杭州银行公会之解散》，《银行周报》，第8卷，第49期（1924年12月），第23页。

[64] 《南市钱庄纷迁租界》，《民国日报》，1924年9月8日，第11版。

[65] 娄东、傅焕光编《江苏兵灾调查纪实》，江苏兵灾各县善后联合会，1924年，"孟莼荪先生序"，第10页。

[66] 《地方新闻-苏州》，《民国日报》，1924年11月25日，第6版。

[67] 《杭州快信》，《申报》，1925年1月29日，第7版。关于此款又可参考《政局骤变中的省垣近讯》，《越铎日报》，1924年9月21日，第3版。但据该报，除了商人的这笔垫款（38万元，有1万元的误差）外，还有烟酒局抵借的17万余元。然而总数却与该报所称50万元不符。James E. Sheridan也认为卢永祥临走从零售商那里弄到了50万元，可能把烟酒局的借款也算在内。James E. Sheridan, "The Warlord Era: Politics and Militarism Under the Peking Government, 1916～1928", John King Fairbank, ed., *The Cambridge History of China*, *Vol.12: Republican China 1912～1949*, Part I. New York: Cambridge University Press, 1983, p.292.

[68] 这可从1924年9月全国实业代表会议与次年5月全国商会第五次大会上商人的呼吁声中窥见一斑。参阅《全国实业代表会议关于严禁兵匪扰商案审查报告稿》，中国第二历史档案馆编：《中华民国史档案资料汇编》第3辑（农商），江苏古籍出版社，1991年，第888～889页；《提议请愿政府通令在全国各师旅弭兵恤商案》，《天津商会档案汇编（1912～1928）》第1册，第607～608页。

[69] 《民国十三年江苏兵灾调查纪实》，"嘉定县"，第2页。

[70] 《民国十三年江苏兵灾调查纪实》，"青浦县"，第2～3页。

[71] 李文直、李菊庐编《江浙战纪》第1册，第85页。

[72] 北平：《江浙风云中之如是闻》，《宁波周报》第1卷，1924年第4

期,第1页。
〔73〕苏州市地方志编纂委员会办公室、苏州市档案局编《苏州中药堂号志》,1985年,第38页。
〔74〕上海宏文图书馆:《江浙战史》第1册,第59页;《杭州快信》,《申报》,1924年9月7日,第7版。
〔75〕《民国十三年江苏兵灾调查纪实》,"嘉定县",第5页;"青浦县",第1、4页;"松江县",第1页;"宝山县",第2页。
〔76〕"周树年致韩国钧函",《韩国钧朋僚函札选编》,第548~549页。
〔77〕《杭州快信》,《申报》,1924年9月23日,第5版。卢永祥后以军法处死该团团长李廷梅(《卢总司令驭下之严肃》,《越铎日报》,1924年9月28日,第3版;项雄霄:《关于江浙战争》,《浙江文史资料》第1辑,第22页)。
〔78〕参见章圭璟:《黄渡甲乙历劫始末》,《近代史资料》第57号,中国社会科学出版社,1985年,第152~153页。
〔79〕上海战事写真馆:《江浙直奉血战画宝大全》,1924年,第18页;《民国十三年江苏兵灾调查纪实》,"青浦县",第4、9页。郭沫若:《水平线下》《到宜兴去》《尚儒村》,《郭沫若全集》(文学编),第12卷,人民文学出版社,1992年,第323~388页。"Chekiang Troops Well Behaved", *The North China Herald*, September 13, 1924, p.415.
〔80〕毛羽满:《记苏垣爱国耆绅张仲仁先生》(下),《苏州文史资料选辑》第11辑,第76页。
〔81〕如皖军王普(安徽省军第三混成旅旅长)虽为苏方作战,但其约束部下甚严,故所到之处地方尚能保全。《民国十三年江苏兵灾调查纪实》,"宝山县",第4、5页,"嘉定县",第4、11页。
〔82〕李文直、李菊庐编《江浙战纪》,第72~75页;裕孙:《战前战后沪埠银拆之趋势》,《银行周报》,第8卷,第42期,1924年10月28日,第4页;《证券大受影响》,《民国日报》,1924年9月12日;《纱花跌价之原因》,《民国日报》,1924年9月17日;中国人民银行上海市分行金融研究所编《上海商业储蓄银行史料》,上海人民出版社,1990年,第87页。
〔83〕马寅初:《一年来之金融》,《申报》,1924年10月10日,增刊,第13版;《江浙风云中之武汉金融》,《越铎日报》,1924年9月3日,第3版;李文直、李菊庐编《江浙战纪》,第72页;《时局纠纷中

各埠近周之金融市面》,《银行周报》,第8卷,第36期,1924年9月16日;盛孤芳:《南北战后国民所受之损失与今后商业之趋势》,《钱业月报》,第4卷,第10期,1924年11月11日,第4～5页。

[84] "How war is hitten business", *The North China Herald*, September 20 1924, p.463.《申报》1924年11月1日报道,"阴历9月底(即10月下旬)本为钱业放长款之期,但上海总贷出之数仅120余万元,且多属转帐,商业之衰可见一斑"。9月3日两军开火后,上海市面转危为安,这其中一方面是由于金融界努力合作之成果,一方面亦是战区各行纷将现款搬沪存底所致。孤芳:《战事声中金融界过去之追述与未来之推测》,《钱业月报》,第4卷,第9期,1924年10月,第1～3页。

[85]《战谣中之金融与实业》,《越铎日报》,1924年8月30日,第3版;《金融前途之好消息》《杭垣之现状》,《越铎日报》,1924年8月31日,第7版。

[86]《地方新闻-镇江》,《申报》,1924年9月21日,第7版。

[87]《浙江百年大事记》,第186～187页。

[88]《杭州快信》,《申报》,1924年11月6日,第6版。

[89]《杭州快信》,《申报》,1924年9月23日,第6版。

[90]《裕青轮船请发通行证致上海防守总司令函》,1924年10月24日;《招商局津沽航路请免封禁致何护军使函》,1924年9月30日,《总商会月报》,第4卷,第11期,1924年11月,第7页。

[91] 上海宏文图书馆:《江浙战史》第2册,第17页。

[92] 上海通商海关总税务司署造册处编《中国通商海关民国十三年华洋贸易总册》,上卷,总论,上海通商海关总税务司署印制,1925年,第47～50页。

[93]《杭州快信》,《申报》,1924年10月3日,第6版。

[94]《地方新闻-盛泽》,《民国日报》,1924年9月23日,第7版。

[95]《长兴煤矿公司为该矿因江浙战争损失甚巨恳请政府借拨公款以维实业呈》,1925年6月,中国第二历史档案馆编《中华民国史档案资料汇编》第3辑,工矿业,江苏古籍出版社,1991年,第845～847页。《杭州快信》,《申报》,1925年3月16日,第10版。

[96] 陈真、姚洛编《中国近代工业史资料》第1辑,第379页。

[97] 笔者据《民国十三年江苏兵灾调查纪实》一书统计,江苏兵灾各县联合会1924年12月刊行。

[98]《战事损失》,《申报》,1924年10月2日,第2版。
[99] 盛孤芳:《南北战后国民所受之损失与今后商业之趋势》,《钱业月报》,第4卷,第10期,1924年11月11日,第4页;《战事损失》,《申报》,1924年10月2日,第2版。上海总商会认为战争造成的破坏非30年不能恢复。《致督军省长劝取消独立勿挑战衅电》,1924年12月16日,《总商会月报》,第4卷,第12期,1924年12月,第4页。
[100]"兵灾各县损失统计表",《民国十三年江苏兵灾调查纪实》。江苏战区九县之损失分别为:嘉定1 900余万元、太仓1 460余万元、宝山800万元、青浦700万元、昆山610万元、松江400万元、宜兴200万元、上海80万元、金山60万元。
[101] 战后江浙商绅支持段祺瑞出任临时执政、酝酿太湖流域自治会、发起和平请愿团等均可视为挽救长远秩序的尝试。参见《虞洽卿致段祺瑞函》,《申报》,1924年11月12日,第13版;《太湖流域自治会宣言》,苏州档案馆藏档乙2-1-703-1;《杭州总商会覆嘉兴县商会函》,1925年1月16日,杭州档案馆藏档旧10-2-25-11-12。
[102] 1922年4月,上海南市即有守望团之组织(《南市之自卫政策》,《申报》,1922年4月19日,第16版)。1923年冬上海南北市商业公团提出恢复商团,以资自卫(《恢复上海商团案》,《会务纪载》,《总商会月报》,第4卷,第4期,1924年4月,第6页)。常熟海虞市民公社联合会同时亦有举办各区自卫团之决议通过(《苏州市民公社档案资料选编》,第309页)。
[103] 江浙商人谴责战争的文电如以全国商会联合会名义发表致国务院通电(《申报》,1924年9月8日,第14版)、上海各路商界联合会声讨曹锟电(《申报》,1924年9月11日,第10版)。但此类文电在战争进行期间并不多见。请求停战之文电如:《战争中之希望和平》,《申报》,1924年9月12日,第10版;《浙方和平代表之覆书》,《申报》,1924年9月13日,第9版;《请分饬淞沪部曲同时停战致卢督办何军使电》(9月19日)、《又致京洛各当局及苏皖赣闽各督理电》(9月19日),《会务记载》,《总商会月报》,第4卷,第10期,1924年,第3页。
[104] 关于各商团扩充,苏州商团,请参见《地方通讯-苏州》,《申报》,1924年9月2日,第7版;扬州商团,《地方通讯-扬州》,《申报》,1924年9月12日,第7版;无锡商团,《地方消息-无锡》,《民国

日报》，1924年9月2日，第7版；上海宏文图书馆：《江浙战史》第1册，第56页；镇江商团，《地方新闻-镇江》，《民国日报》，1924年9月21日，第7版；淮阴商团，《地方新闻-淮阴》，《民国日报》，1924年9月5日，第7版。但嘉兴商团是9月2日后才准备成立的，《嘉兴商团将成立》，《民国日报》，1924年9月2日，第6版。

[105] 1914年5月20日中央政府曾有《地方保卫团条例》公布，规定凡未设警察之县乡可酌设保卫团，但由于系官方主办性质，成效似并不明显（《中华民国法令大全》，商务印书馆，1915年11月增补3版，第33页）。但这个条例却在江浙战争期间被江浙绅商利用来作为举办保卫团之依据。参见《闸北组织保卫团呈文》，《民国日报》，1924年9月1日，第11版；《闸北保卫团行将成立》，《民国日报》，1924年9月7日，第10版；《沪南市民组织自卫团》，《民国日报》，1924年9月8日，第10版。

[106] 太平天国事发后，许多地方士绅即奉朝廷命令在乡办团抵抗（张仲礼：《中国绅士：关于其在19世纪中国社会中作用的研究》，第64～66页）。而辛亥革命中江南地方士绅之热衷于办团，既为维持秩序，亦含有抵制"革党"的企图。《辛亥革命江苏地区史料》，前引胡蘊劝徐兆玮"筹办民团以治其标，再提倡赈贫以治其本，庶几可弭患于无形"一语正可看出此意（参见《辛亥革命江苏地区史料》，第73页）。

[107] 在上海闸北保卫团之发起呈文中，排在首位的即是闸北地方自治筹备会会长徐懋（《闸北组织保卫团呈文》，《民国日报》，1924年9月1日，第11版；上海宏文图书馆：《江浙战史》第2册，第22页）。战争开始后，浙江地方自治会议亦公开电促各县加紧办理民团商团（《越铎日报》，1924年9月9日，第3版）。

[108] 闸北保卫团宣布"费用各业筹备，在外不捐分文"（《闸北保卫团布告一》，《民国日报》，1924年9月10日，第14版）；扬州商团所招新团员160名之经费2000余元各业分摊（《地方新闻-扬州》，《民国日报》，1924年9月12日，第7版）；平湖保卫团发起费由各业分摊，日常经费则由富绅及各行号自由捐认（《地方新闻-平湖》，《民国日报》，1924年9月14日，第7版）。

[109] 沈慧瑛：《苏州商团考略》，《档案与建设》，1998年第12期，第35～36页；《观前市民公社为请转函县署拨还齐卢之战补助商团

经费致苏州总商会函》,1925年9月23日;《城中市民公社在江浙军阀战争期间组织保卫团之费用清单》,1925年9月24日,《苏州市民公社档案资料选编》,第175~176页。

[110] 如绍兴宋家溇保卫团即由宋庚初一人出资兴办。《地方新闻-绍兴》,《民国日报》,1924年9月16日,第7版;《资本家养兵自卫》,《越铎日报》,1924年9月7日,第6版。

[111] 《各界之防卫消息》,《申报》,1924年9月5日,第14版;《地方新闻-镇江》,《民国日报》,1924年9月2日,第7版;《人民筹备自卫之昨讯》,《民国日报》,1924年9月16日,第10版。

[112] 《人民之筹谋自卫》,《申报》,1924年9月4日,第14~15版。

[113] 《各地之筹备保卫》,《民国日报》,1924年9月7日,第14版;《闸北保卫团布告二》《保卫团慎选团丁》,《民国日报》,1924年9月10日,第10版;《南市保卫团积极进行》,《民国日报》,1924年9月12日,第10版。

[114] 《地方新闻-镇江》,《民国日报》,1924年9月21日,第7版;《地方通讯-扬州》,《申报》,1924年9月12日,第7版;《地方新闻-江都》,《民国日报》,1924年9月14日,第7版。

[115] 如嘉兴王店镇保卫团,《地方通讯-嘉兴》,《申报》,1924年9月2日,第11版;苏州苏城公社、金门公社等组织的保卫团、自卫团,《地方新闻-苏州》,《民国日报》,1924年9月5日,第7版;乍浦保卫团,《地方新闻-平湖》,《民国日报》,1924年9月18日,第7版。

[116] 《闸北保卫团行将成立》,《民国日报》,1924年9月7日,第10版;《华界平静》,《民国日报》,1924年9月13日,第10版。

[117] 上海宏文图书馆:《江浙战史》第1册,第56页;《苏州总商会通告》,苏州档案馆藏档乙2-1-700-110;沈慧瑛:《苏州商团考略》,第35页。

[118] 如无锡商团公会,《地方通讯-无锡》,《申报》,1924年9月1日,第12版。

[119] 如9月5日,苏州城内发生两起兵士强行闯入典当敲诈案,皆因商团迅速赶至而未遂。《地方新闻-苏州》,《民国日报》,1924年9月9日,第7版。

[120] 《民国十三年江苏兵灾调查纪实》,"太仓县",第5~7页;"上海县",第1页;"宝山县",第3页。

[121] 1924年8月27日的《越铎日报》,称华舍保卫团团总何振华"克尽

厥职,驭下有方,日夜巡缉,盗匪敛迹,宵小潜踪"。10月30日,武邑绅商在市内公园为商团举行赠送礼,以感谢他们的工作(《地方通讯-常州》,《申报》,1924年11月2日,第10版)。相似的报道如《斜塘镇组织商团》,《苏州明报》,1925年2月9日,第2版。

〔122〕如上海县颛桥乡保卫团即有过此种失败的经历。《民国十三年江苏兵灾调查纪实》,"上海县",第3页。

〔123〕邓铭九:《国民自卫与国民军制》,《申报》,1924年10月10日,增刊,第13版。如徐州汉王乡马林圩保卫团有团丁耿某素有通匪抢劫前科,任职后居然仗权绑架肉票。《地方新闻-徐州》,《民国日报》,1924年9月21日,第7版。

〔124〕《城中市民公社在江浙军阀战争期间组织保卫团之费用清单》,1925年9月24日。《苏州市民公社档案资料选编》,第176页;《地方通讯-苏州》,《申报》,1924年11月5日,第7版;《地方通讯-常州》,《申报》,1924年11月2日,第10版。

〔125〕如江苏自卫团虽有人发起成立,但似乎无人愿意去为它支付成本。《江苏自卫团成立》,《申报》,1924年10月1日,第10版;《钮锡生对于自卫团之意见》,《民国日报》,1924年9月21日,第10版。

〔126〕近代上海史上几次人口迁移都是因战争而引发的大量迁入。参考邹依仁:《旧上海人口变迁的研究》,上海人民出版社,1980年,第3~13页。

〔127〕上海宏文图书馆:《江浙战史》第2册,第23页。陈真我:《回沪琐话》,《民国日报》,1924年9月2日,第8版。

〔128〕《军事所受影响》,《民国日报》,1924年9月1日,第11版。

〔129〕《时报》,1924年9月9日。1922年上海市人口为1 538 500人。H.G.W.Woodhead, *The China Year Book 1924*, p.21.

〔130〕Nicholas R. Clifford, *Spoilt Children of Empire: Westerns in Shanghai and the Chinese Revolution of the 1920s*, p.84.

〔131〕*The North China Herald*, October 11 1924, p.62.

〔132〕《民国十三年江苏兵灾调查纪实》,"太仓县",第6~8页;"嘉定县",第4页。

〔133〕《中国红十字会总办事处来函》,《申报》,1924年10月2日,第11版;《驻昆红会救护记》,《申报》,1924年10月4日,第6版。

〔134〕战事发生后,仅浙江一省,各地商绅至少成立了11家中国红十字会分会(包括杭州、嘉兴、衢县、余姚、嘉善、平湖、临平、南

浔、硪石、兰溪、海宁斜桥等地）。参见《浙江政报》第4421、4423、4428、4432、4437、4471、4482等各期，1924年9月12、15、20、24、30日，11月4、15日出版。

〔135〕虞立安：《民国时期的苏州红十字会》，苏州地方编纂委员会办公室、苏州市档案局编《苏州史志资料选辑》第7辑，1988年，第59～60页；《苏州市民公社联合会致苏州总商会函》，1924年9月3日。苏州档案馆藏档乙2-1-572-2。

〔136〕《民国十三年江苏兵灾调查纪实》，"昆山县"，第3页。

〔137〕《民国十三年江苏兵灾调查纪实》，"青浦县"，第8～9页。

〔138〕《民国十三年江苏兵灾调查纪实》，"上海县"，第2页；"嘉定县"，第3页。

〔139〕《商界组织妇孺收容所》，《申报》，1924年9月10日，第10版；《难民与救济》，《民国日报》，1924年9月10日，第10版。

〔140〕 *The North China Herald*, October 11 1924, p.62.

〔141〕苏州由于市民迁走者过半，故粮食压力并不大。《市民公社联合会致总商会函》，苏州档案馆藏档乙2-1-572-107。

〔142〕《上海米市之暴涨原因及其救济情形》，《银行周报》，第8卷，第34期，1924年9月2日；《粮食维持会举办粮食平价》，《民国日报》，1924年9月1日，第11版。

〔143〕《致全体会员通告此次战事办理情形函》，1924年10月24日，《总商会月报》，第4卷第11期，第8～9页。

〔144〕如上海各重要米业公会、公所均通告所属业商顾全目前、遵守限价。南北市各米行则议决高货价开盘以15元为限，拒绝与开价超过此限之米商交易。《上海粮食问题之救济观》，《银行周报》，第8卷，第35期，1924年9月9日，第19～20页；静如：《沪埠民食问题之综合考察》，《银行周报》，第8卷，第40期，1924年10月14日，第7～10页。《维持民食》，《民国日报》，1924年9月7日，第11版。

〔145〕《民食恐慌渐减》，《民国日报》，1924年9月1日，第10版。

〔146〕静如：《沪埠民食问题之综合考察》，第9页。

〔147〕《上海粮食问题之救济观》，第45～46页；《上海粮食问题之救济观（二）》，《银行周报》，第8卷，第36期，1924年9月16日，第26页；《上海粮食问题之救济观（三）》，《银行周报》，第8卷，第37期，1924年9月23日，第46页。粤侨商联会之平粜自1日开办至

15日,亏蚀本洋四千余元,16日起停止。淞沪粮食维持会开办10日后,损失甚巨,后由各职员捐资勉力继续。

〔148〕《上海粮食问题之救济观(三)》,第46页。

〔149〕《上海粮食问题之救济观》,第21页;《上海粮食问题之救济观(三)》,第45页。静如:《沪埠民食问题之综合考察》,第8页。

〔150〕《上海粮食问题之救济观》,第21~22页。

〔151〕《上海粮食问题之救济观(二)》,第25页。

〔152〕9月30日,卢永祥在淞沪新开军需善后米捐,引起米商不安,松江米船停止二日,埠米价又飞涨至19元5角。总商会电请卢酌减并改为运米执照费,以维持民食。后卢氏复电承认此项米捐系一种保护费,乃临时性质,凡领护照者沿途军将妥为保护。《致卢总司令请酌减军需善后米捐函》,1924年10月2日,《会务记载》,《总商会月报》,第4卷,第11期,第4页;静如:《沪埠民食问题之综合考察》,第8页。

〔153〕其措施与沪商如出一辙,不外平粜、通运、请求军方保护等。参见《苏州市民公社联合会致苏州总商会函》,1924年9月3、18日,苏州档案馆藏档乙2-1-572-106-108。

〔154〕《浙败军经过台州情形》,《申报》,1924年10月15日,第5版。

〔155〕《民国十三年江苏兵灾调查纪实》,"上海县",第1页;"青浦县",第8页。

〔156〕《民国十三年江苏兵灾调查纪实》,"松江县",第2页;"嘉定县",第10页。

〔157〕《民国十三年江苏兵灾调查纪实》,"昆山县",第1页。

〔158〕上海战事写真馆:《江浙直奉血战画宝大全》,1924年,第18页。

〔159〕"江浙战争爆发前后,日美法英四国公使曾多次照会中国政府,要求划淞沪为中立区,并让战火远离黄浦江和周边铁路线,否则他们将以武力对付。"《东南大战及其前途》,《东方杂志》,第21卷,第17期,1924年9月10日;《东南战事引起之恶影响》,《时报》,1924年9月10日;Nicholas R. Clifford, *Spoilt Children of Empire: Westerns in Shanghai and the Chinese Revolution of the 1920s*, p.85。中国社会科学院近代史研究所中华民国史研究室编《中华民国史资料丛稿-大事记》第10辑(1924年),中华书局,1986年,第138、155页。

〔160〕如8月27日,淞沪护军使何丰林在派兵布防前曾召集绅商各界开

会通报情况。上海宏文图书馆:《江浙战史》第2册,第17页。
〔161〕当时担任交涉要冲者主要有季小松(字厚柏,时为苏州商团公会会长、总商会副会长)、刘正康(名敬襄,宁波旅苏木商,曾为商会会董、救火会会长、木业公会会长)、张一麐等人。参阅黄柱天、季坤文:《苏州著名木商季小松》,苏州市地方志编纂委员会办公室、苏州市档案局编《苏州史志资料选辑》第3辑,1986年,第56~58页;杨友仁:《刘正康先生生平述评》,苏州市地方志编纂委员会办公室、苏州市档案局编《苏州史志资料选辑》,第19、20合辑,1992年,第237~239页。
〔162〕苏州总商会致守备司令赵金城函,1924年9月11日,苏州档案馆藏档乙2-1-700,无页码。
〔163〕上海宏文图书馆:《江浙战史》第3册,第9页。
〔164〕静庐:《旧事重提之民团问题》,《宁波周报》,第1卷,第4期,1924年9月13日,第1页。
〔165〕9月17日,闽军越过仙霞岭向江山推进。浙军第二师潘国纲部则先后退守衢州、兰溪、桐庐,最后退回绍、甬。
〔166〕《甬埠恐慌之现状》,《申报》,1924年10月1日,第5版。
〔167〕《甬埠市民渐安》,《申报》,1924年10月4日,第5版。
〔168〕《甬人关怀桑梓》,《申报》,1924年10月3日,第9版。
〔169〕上海通商海关总税务同署造册处编《中华民国通商海关华洋贸易总册》民国十三年,上卷,总论,第50页。是年甬埠钱庄、银行赢利最多者达6万元,其他各业虽不如往年,但都有赢无亏。《地方消息-宁波》,《申报》,1925年1月31日,第11版。
〔170〕张仲礼:《中国绅士:关于其在19世纪中国社会中作用的研究》,第215~216页。
〔171〕如战事爆发前,苏州总商会等团体因张一麐在沪运动和平未返,特致函请张速归,以商议对策。《总商会致张仲仁函》,苏州档案馆藏档乙2-1-701-17。
〔172〕《军兴后浙省民食问题》,《申报》,1924年10月3日,第5版;《浙省民食之恐慌》,《申报》,1924年10月11日,第6版。
〔173〕裕孙:《东南战后沪商之投机热》,《银行周报》,第372期,1924年10月28日,第7~9页。
〔174〕《上海粮食问题之救济观(二)》,第24页;《上海粮食问题之救济观(三)》,第43页。

〔175〕上海宏文图书馆:《江浙战史》第3册,第61页。

〔176〕《总商会昨日之两电》,《申报》,1924年10月14日,第9版。

〔177〕见《各方之善后意见》,《申报》,1924年10月15日,第9版;《急需办理之善后问题》,《申报》,1924年10月16日,第10版。

〔178〕上海保安会是卢永祥到沪后由81个重要职业慈善公团决议联合组织,统一办理保安救济事宜。《各团体组织上海保安会》,《民国日报》,1924年9月21日,第10版;《上海保安会开会》,《民国日报》,1924年9月22日,第10版。5名总务干事包括虞洽卿、盛竹书、姚紫若(上海县商会会长)、王一亭(中国济生会会长)、沈联芳(闸北慈善团董)。沈和王亦是上海总商会会员,在许多实业有投资。改组后的保安会设各方接洽、经济、外界交际、采办粮食、输送物品、常川驻会等6个部门。其职员几乎囊括了沪埠所有重要绅商。该会担负起全市的治安和难民救济、军事善后等工作,浙沪联军遗留部队的及时安抚和解散,上海秩序的暂时维持实与其有效运转有密切关系。《各团体办理善后之组织》,《申报》,1924年10月17日,第9版。

〔179〕《保安会救济军队粮食》,《申报》,1924年10月16日,第10版;"Serious outlook in Chapei", *The North China Herald*, October 25 1924,p.140;《普益习艺所暂作散兵收容所》,《申报》,1924年10月14日,第9版。

〔180〕徐氏之被捕是否与上海商人有关,笔者暂时未有确实材料证明。但绝大多数市民无疑是反对徐之举动。13日晨,虞洽卿曾走访租界当局及领事团,请其竭力同保地方秩序,获得赞同。之后,工部局宣布戒严,颁发布告,禁止多人聚会,散布谣言。租界商团全面出防,制造局也暂由英美水兵保管,工部局巡捕全体出发,外兵轮全部驶入黄浦江,并架炮起位。《申报》记者以"上海治安,可保无虞云"来安慰市民。闸北140个商业团体及其他公团亦请求工部局及领事团扩大在闸北的保护范围。可见当时沪人大难临头的恐惧压倒了民族主义的情感。更何况徐如要再战,商人勒索可能要加重百倍。这时候他们是不大想讨论什么外人的越权行为的。《总商会昨日之两电》《外人之保护上海治安》,《申报》,1924年10月14日,第9版。又参阅Nicholas R. Clifford对此事的议论,*Spoilt Children of Empire: Westerns in Shanghai and the Chinese Revolution of the 1920s*,p.85。

〔181〕《各团体代表与孙传芳接洽收束军队办法》,《申报》,1924年10月19日,第9版。孙氏开价似为100万元。见"史量才致韩国钧函",1924年10月22日,"黄炎培致韩国钧函",1924年10月22日,《韩国钧朋僚函札选编》,第515~516、564页;"Conferences with Chapei Die-Hards", *The North China Herald*, October 25 1924, p.140.

〔182〕《韩省长电请借款遣散军队》,《申报》,1924年9月15日,第9版。韩国钧于1922年7月15日接任江苏省长。

〔183〕《商界筹募善后经费之进行》,《申报》,1924年10月21日,第9版。

〔184〕《结束军队之所闻》,《申报》,1924年10月21日,第9版;"Serious outlook in Chapei", *The North China Herald*, October 25 1924. p.140. 此前,上海总商会似已由盛竹书与史量才担保付款20万元给孙。"史量才致韩国钧函",1924年10月22日;"黄炎培致韩国钧函",1924年10月22日,《韩国钧朋僚函札选编》,第515~516、564页。

〔185〕《民国十三年江苏兵灾调查纪实》,"上海县",第6页;笠原十九司:《江浙战争と上海自治运动》,第120页。

〔186〕《总商会等六团体之公电》,《申报》,1924年10月15日,第9版;《齐燮元赞同裁撤护军使之复电》,《申报》,1924年10月18日,第9版;《昨日团体代表与孙传芳接洽收束军队办法》,《申报》,1924年10月19日,第9版。

〔187〕1925年1月15日,在江浙二次战事期间,段祺瑞下令:(1)淞沪沪军使一职着即裁撤;(2)上海兵工厂停止工作,并委托总商会暂行接收保管;(3)上海永不驻军。2月3日,江浙二次和平条约签字后,上海总商会即派保卫将兵工厂接收。

〔188〕《民国十三年江苏兵灾调查纪实》,"太仓县",第6~8页;"嘉定县",第3~5页;"松江县",第4页;"青浦县",第8~9页;"宝山县",第6页;"昆山县",第6页。其中一些商人在地方赈灾中发挥了特别重要的作用,如嘉定之朱吟江、顾吉生,他们既是本地许多救济组织的主持者,如旅沪临时维持会、兵灾善后会、存心会,亦受济生会委托办理嘉邑之救济。

〔189〕《吴县地方善后会简章》,苏州档案馆藏档乙2-1-702,无页码。

〔190〕《民国十三年江苏兵灾调查纪实》,"赈务概况",第4~6页。

第五章　从"五四"到"五卅"：民族主义运动中的江浙商人

民族主义运动中商人的表现要复杂得多。当这股政治力冲来时，商人的反应并不一致，但是从产权与秩序的角度来看，民族主义运动与前面的革命、战争又有相似的一面。在此章中，笔者将以五四运动与五卅运动为例，以一个新角度来审视民初的民族主义运动。[1]

辛亥革命后民族主义运动的发展

民族主义思潮的上升

辛亥革命以后，国内的民族主义思潮依托新式教育、媒体与交通的进步而迅速扩展，各种政治力量的推动更使其日益高涨。余英时认为民族主义乃是近世中国政治演变最重要的原动力，几次重要的政权更迭实际上均拜民族主义之赐。[2]罗志田则将民族主义形容为"近代中国这一乱世中一条不绝如缕的潜流"，[3]非常贴近史实。

革命党人曾坦率地承认：凡三十年来革命党所以号召于国民者，皆此爱国主义民权主义也。[4]不过，如果我们说辛亥革命前，革命党人所提倡的"民族主义"充满了反满意蕴，那么在民国初年，革命党人口中的民族主义更带有反军阀与反帝的双重意义：即内部不承认既有政权的合法性，外部则以驱逐帝国主义为宣传目标。这二者实际上又是融为一体，后者更有为前者服务的目的。

不过，罗志田提醒我们，民族主义不仅仅是因外侮而起的救国观念及卫国运动，还有国家建构的一面。北洋时期中国既处于实际的分裂局面，中国民族主义建构主要的反映就是国家的统一。在军阀混战时期，各军阀均以民族主义为工具，政治性运用民族主义已渐从无意识进到有意识层面。[5]

民族主义在社会上的力量往往表现于舆论。项士元在《浙江新闻史》一书中，将民国后的浙省报纸分为两大时期：一、代议势力勃兴时期，尤其是1919～1924年，最为发达；二、1924～1927年则为青年势力勃兴时代，"大而转移政局""小而保障人权"成为"文化之前驱"。他认为这两个时期均显示了报纸的重要力量。[6]杨荫杭对民初舆论的力量亦有所指明：

> 民国向例，凡悍然不顾舆论者，其始为一部分之舆论所不容，其继为全国之舆论所不容。……于是"众口铄金，积毁销骨"，无病而死，不战自败。乃知中华民国未（尝）无舆论，而舆论之势力未尝不强。[7]

即使是被革命党人视为仇敌的袁世凯亦在外交中对舆论运用自如。研究显示：袁世凯在1915年的中日"二十一条"交涉中曾充分利用舆论的力量以辅助交涉的进行，如有意不禁止报纸刊登中日交涉相关消息、积极鼓动中外报纸刊登亲华言论，以及不取缔抵制日货运动等，积极营造举国一致对日气氛，多头并进以削弱日本政府立场。[8]民族主义借舆论之力而得以酿成时代的大潮。

辛亥革命后学生运动渐渐兴起，学校无疑是民族主义思想传播的最佳温床。不但国人主办的公学私学中，民族主义的宣传氛围极浓，教会学校亦然，甚至外国教师亦在为中国学生的民族主义思想做推波助澜的工作。[9]虽然中国近代民族主义具有多重性的架构，[10]但就普通百姓而言，他们对所谓"民族主义"的感受，最直接的莫过于站在大街上慷慨激昂地发表演讲的男女少年学生与贴遍街市的传单。在政府的默许甚至鼓励下，1915年的抵制"二十一条"运动中，学生已表现出激烈的态度。焚毁日货，在学生眼里，成了英雄"壮举"。[11]

中国近代的民族主义主要不是内部发展的结果，而是外力压迫与外部观念刺激所致[12]，所以其指向多偏向于"抵外"。王国斌曾指出，20世纪初的民族主义运动，实际上是一种以城市为基础，以外国人为反抗对象的运动，但是当精英援引西方方式时，他们便拉大了与普通百姓的差距。[13]笔者更认为，当这种"西方方式"表现在运动的目标设计与动员手段上时，亦为近世中国民族主义运动的衰败种下了诱因。后来民族主义运动中商人之所以常由同盟者变成破坏者，与运动的这种西方倾向便有密切关系。

商人的政治民族主义

民族主义成为近世中国最强的主旋律之一，其浪潮自然席卷了社会中的各个群体,商人亦不例外。自晚清后,商人亦颇受磅礴发展的民族主义的影响,他们既欲借"商战"口号而获工商业的壮大,但又常被民众运动裹卷其中,无力自拔。一方面,"商战"的呼声愈来愈大,经济竞争的学说甚为流行;另一方面,商业的"政治化"亦愈来愈明显,[14]民族主义运动对商人的冲击亦愈来愈大。甚至有不少学者认为,商人自觉的民族主义意识大为增强,而且直接推动其参加反帝爱国运动。[15]

但是,虽然近世中国商人擅于利用经济民族主义的口号来牟利,但要他们接受政治民族主义则不是一个容易的过程。尤其是"反帝"的口号,商人更不会轻易去喊。他们出于利润追求的天性,可能会以"在商言商"来掩盖其内心的动机。对商人而言,与外国的联系可能意味着大量的获利机会。附股于外籍公司、挂外国旗帜以图保护,甚至在产权受到冲击时转向外人求助,类似事情比比皆是。但是到民初,当民族主义已成为社会上的强势舆论时,商人对此问题亦相当敏感,甚至会主动参与到一些运动中去。

民初的民族主义运动参加者非常复杂,既有党人与政客,亦有官吏与地方士绅,当然学生与商人更是必不可少的角色。参加者既众,其动机亦不一致,利益的分歧便自然存在。在地方上,对民族主义运动的领导权的争夺可能直接关系到参与者的利益得失,学界与商界的矛盾在其中则最为关键。如1915年的救国储金运动,在发起地上海,其领导权无疑是由虞洽卿等人所控制,但在浙省多数地方,则成为学界与政界主导的运动。所以运动在一些地方发起后,商人对此并不热心。浙江救国储金会事务所张心芜便痛骂:"一般富室巨商平日挥金如土,至此大义所在，一毛不拔，甘为奴隶牛马，宁将国为印度朝鲜，是真全无心肝之叔宝。"[16]平湖县教育会亦斥责该县商会总理"置此事（救国储金）若罔闻，是无国家观念"。[17]

更重要的是，辛亥以后，"爱国"与"私利"间的紧张仍存在，而且前者愈发展，后者的位置愈尴尬。1913年，有人在《中华全国商会联合会会报》上发表文章，指出："在闭关自治的时代，国家视人民为转移；在列国竞争的时代，人民反视国家为转移，宁为国家牺牲个人，不为个人牺牲国家。"[18]在作者的眼中，"为国家牺牲个人"无疑已表示社会思想的进步。1915年盛在珦亦认为在各国皆注重于商业竞争的时代，"爱国"应是商人道德上的首务。[19]他呼吁商人在求利之余，应兼谋国力之发展，造人类之幸福。[20]在民国初年，私利仍未有多少道德资源可供支持，而产权方面的保护亦没有实际性的进展。从法律上来看，虽然1911年与1925年，政府颁布的民律中均有物权编的详尽规定，但是均未及实施。[21]

是故，民族主义运动中，商人便常处于一种难堪的境地。一些商人或许可以借此机会大力扩展其业务，甚至有意支持推动，民族主义成为商人从事经济活动的合法理由之一；[22]但对更多的商人而言，曾经高喊"商战"口号的他们，面对运动中"爱国群众"的抵货要求，则无法去直接拒绝。于是"私利"与"爱国"的矛盾便尖锐化，而商人亦可能表现出其真正的面目。

运动发生与商人罢市

民族主义运动与商人关系最密切者主要是罢市与抵货。

运动一经爆发,通过报纸、期刊、电报、传单、演讲、戏剧等种种途径的宣传、扩散,迅即在全国范围内展开。[23]游行的学生塞满街市,声援的电报充满报端,舆论压力在一些大中城市很快形成,各界无不被卷进其中。为了给打击目标造成压力,发动者要求商人罢市声援。五四运动及五卅运动初期,在江浙各地出现了商人罢市浪潮,尤其五四运动时的罢市,规模之大为历来所仅见(参见表8)。

对五四及五卅运动中的商人罢市与抵货,1980年代前,多数国内学者从"资产阶级"概念及其政治特性来作解释,认为其与"帝国主义"关系密切,因此在运动中立场不坚定或者容易动摇甚至为帝国主义者所利用,评价以负面为主。[24]一些海外学者则认为商人的罢市与抵货行动源于商人的爱国心或者"民族意识"的自觉。[25]之后,国内学者开始强调民族主义运动中商人的正面贡献,认为运动正是由于商人的积极参与而有丰硕成果,亦表现了其政治觉悟的提高。[26]此种观点与海外学者的研究有所接近。[27]

表8 五四运动期间江浙各地的罢市

地 点	罢市时间	开市时间	地 点	罢市时间	开市时间
上海	1919.6.5	1919.6.12	宁波	1919.6.6	1919.6.13
临海	1919.6.6		海门	1919.6.6	
松江	1919.6.6	1919.6.12	宝山	1919.6.6	
南京	1919.6.7	1919.6.11	镇江	1919.6.7	1919.6.13
苏州	1919.6.8	1919.6.13	无锡	1919.6.8	1919.6.12
扬州	1919.6.8	1919.6.12	常州	1919.6.8	1919.6.12

(续表)

地　点	罢市时间	开市时间	地　点	罢市时间	开市时间
台州	1919.6.8		金山	1919.6.8	
杭州	1919.6.9	1919.6.12	浒墅关	1919.6.9	
宜兴	1919.6.10		常熟	1919.6.11	

资料来源：刘绍唐主编《民国大事日志》第1册，传记文学出版社，1978年，第146～147页；浙江省地方志编纂委员会办公室编《浙江历史大事记稿》，1996年，第260页；"中央研究院"近代史研究所编《中日关系史料——排日问题》，"中央研究院"近代史研究所，1993年，第42～46页；《浙江百年大事记》，第149页；《申报》，1919年6月7日、11日、13日、14日，第8版；中共江苏省委党史工作委员会、中国第二历史档案馆编《五四运动在江苏》，江苏古籍出版社，1992年，第126～129、134～135、169～171页；中共浙江省委党校党史教研室编《五四运动在浙江》，浙江人民出版社，1979年，第6页；中国社会科学院近代史研究所、中共第二历史档案馆史料编辑部编《五四爱国运动档案资料》，中国社会科学出版社，1980年，第280页。

实际上，对商人而言，罢市并不能给他们带来什么利益。所以在运动初期，商人的反应一般比较被动，除了偶见一些大的商人团体发电报声援外，多数地方的商人团体表示静观态度。[28]但外界的舆论与一些团体的运动对商人形成了强大的压力，各地商人之罢市便在这种状态中陆续实现了。

上海

在近世中国，上海不仅仅是一个金融、商业中心，其实亦是一个政治中心。民国初年的上海存在着强大的"政治场"。所以商人在罢市中的行动，更多的与"民气"的威力有关，商人对学生与党人的恐惧远远大于其"政治自觉"，为了不致成为运动中激进民众攻击的目标，保证他们店铺财产的安全，在没有强有力的当局或者团体出面来作秩序维护工作前，罢市其实亦不失为一种自保的策略。

1919年5月26日，上海学生为声援北京学生，举行总罢课。31日起，上海各大中学校学生便开始连续数日排队到县商会请愿，要求罢市，但县商会开始表示此事需要总商会方能作主解决，[29]继而又以会董未到齐为辞表示拒绝。[30]6月3日，县商会开会董会议，仍无结果，面对"额手相恳"的与会学界代表，会董们表示只有第二天的会员全体大会才能决定。[31]4日，淞沪警察厅发函饬令县商会停止开会。县商会即以此通告会议取消，两会长并宣布辞职。[32]报载消息虽称其辞职是因"对于开会办法，颇多棘手，且对各学校代表，无从援助，反受官厅的拘束，莫可施力，不无抱愧"。[33]但官方的报告中则称县商会系主动解散，商会房屋则由警区看管。[34]似可反映出县商会以政府来作挡板应付学生的内情。总商会在此前因为"佳电"风潮正处于停滞状态，会长朱葆三与副会长沈联芳等人均已宣布辞职，[35]故学生之联络没有结果。[36]4日，上海总商会开会董会，请政府释放被捕学生及罢免曹陆章，但并未就罢市作出任何决议。[37]

也就在4日当天，北京政府"大捕学生"的消息已传至上海。在上海学生联合会的组织下，是日下午，上海各校学生开始手持传单，分头到城内及南市各商号，要求店家签名赞成5日开始罢市，作为学生后援。据《申报》消息，"各商号闻之类皆赞成，乐为签名，允许停止营业"。[38]据此，似乎商界是自动配合学生的要求进行罢市。然而在当时的情势下，各商家如果不签名，势难下台。据说，小东门某银楼

上海总商会议事厅正门（1915年）

便不同意签名，但在学生的跪请恳求下，店主无奈只得允从。[39]深夜，又有人在城内各商店门外"粘贴闭市纸条"，警厅方面认为此举"意在胁迫"，以促成次日罢市之实现。[40]这天晚上，华界还发生警厅厅长徐国樑率警察以武力驱赶集会演说学生，并殴及围观商民之事件，可能与次日罢市亦有关系。[41]

5日的罢市，先从南市开始，到8时许，已波及法租界。10时，又传至公共租界，不久南京路上的店家亦一律加入。罢市风潮，遂遍及租界内外。[42]

除上述学生及有力者之压力行动外，古厩忠夫的研究还显示：英商先施、永安两公司之被迫歇业对公共租界之罢市影响较大。[43]特派江苏交涉员杨小川在致函总商会时，曾转述英国驻沪总领事的公函称:"本月五日有中国学生四百余人,突然拥至英商先施、永安两公司内,勒令立即闭市,并以言词恐吓。各伙友不敢在行办事,以致波及全体,发生罢市风潮。"[44] 此点亦为当时参加运动之学生的说法所证实。[45]

上海"五四"罢市与店伙亦有密切关系,"尤其当店员坚持要罢工时,店主便不能不罢市"。[46] 上海商业公团联合会干事、澄衷公学校长曹慕管曾称,此次商界罢市,"铺主经理并不赞成,然多数店伙与学生为义愤所激,方促成此举"。[47] 总商会会董虞洽卿亦表示,"此次罢市,店东均不愿意,由各伙友怜惜学生之一念耳"。[48] 可见在当时的情形下,商人实际上已部分失去行动自由,不得不考虑外界的压力与威胁。[49]

"五四"上海街头群众游行队伍中出现"商界"旗帜

五卅运动时上海商人的罢市更是在学生与工人等的强大压力下被迫实现。1925年5月30日晚,上海学生联合会即决议次日发动学生上街动员商人罢市。[50]31日上午,学生们便在租界中心区域散发传单,张贴标语,要求店员们打烊,但应者寥寥。下午3时左右,学生、工人等1500余人,聚集上海总商会要求宣布办法。[51]男女学生把总商会会所包围起来,会所礼堂里亦挤满了学生与工人等,并在台上不停地发表演说,高呼罢市。[52]正在三楼出席总商会会议的会董看到群众愤激的情形,多数退场,明显表示出消极反对之意,剩下总商会副会长方椒伯与会董邬志豪两人应付场面。直到方椒伯被迫签字同意次日即罢市,群众才散去。在当时的情形下,方如不签字,似乎无法下台。[53]当时礼堂内有金锠香粉纸厂业主范大璋曾上台反对总罢市,认为这样可能会造成严重的后果,但是,一群工人马上将他赶下台。[54]群众大会后,上海各马路商界联合会即用总商会名义印发总罢市通知。[55]晚间,谢永森代表上海总商会紧急约见工部局警务处总巡麦高云(Kenith John Mceuen),解释方椒伯是受民众胁迫在宣布总罢市决议上签字的。[56]方本人似也拜见工部局总董费信惇(Stirling Fessenden),声明总商会并无排外之意,总罢市完全是强迫与威胁的结果,并保证对运动不会同情。[57]

相似地,1925年6月4日晚,上海法租界商联会在议决不罢市后,居然有数百人立即闯进商联会会长叶贶辰所开商店打砸一通。次日,法租界各商店也只有罢市。[58]

苏州与杭州

江浙其他各埠受上海影响甚大,上海一罢市,南京、苏

五四运动中罢市后之上海南京路景况

州、宁波、杭州、无锡、镇江等地均发生动摇。[59]上海一开市，上述各埠亦转为安静。上海也是许多学生在敦劝商人罢市时的榜样。金融方面，因上海银钱业歇业，江浙各地汇兑停止，工商业阻滞。上海学生联合会在上海实现罢市后又派代表分赴江浙各地进行发动。[60]这些因素均与江浙各埠之罢市有关。

1919年5月29日，苏州已有13所学校实行罢课。[61]6月6日，上海罢市后，苏州饱受影响，商会乃致电政府，吁请政府"顺从民意"，以期人心安定，"否则风潮涌动，全国可危，商等实难负维持之责"。[62]多数商会会董取"稳健"态度，想等上海罢市热度减退，苏州便可免除罢市一举。[63]然而，苏州全体学生一次次地排队到商会请愿，商会领袖则坚持要邀集各业董事会商后方能决定。[64]7日，学生更以如不允8日开会议决罢市，则情愿"饿腹终夜，在此不散"。商会会长始无奈同意次日开会，下午5时一律罢市。[65]8日一早，学生便开始分队挨户劝说商家罢市，"凡学生所到之处，商店即相率闭门"。[66]苏州罢市遂演成事实。

在五四运动消息刺激下，1919年5月9日，杭州学生联合会成立。[67]28日，该会宣布杭州17所中等以上学校于次日实行总罢课。[68]但浙省当局于是日晚训令各校提前放假，并解散学生联合会。6月6日，官方又饬令严厉禁止"造言煽惑"，如有人到商铺宣传，即"鸣警拘捕"。[69]杭州似乎虽趋于平静。但9日晨，杭州忽然亦实现罢市。

杭州罢市的实现与其他地方有异，总商会并不赞成更未发起。[70]而之所以实现，主要有三点原因：（1）有力分子之鼓动。杭州学生联合会虽然被官方宣布"解散"，但是其组织似乎仍然存在。据说，6月3日，该会还发表"第二次宣言书"，全市并有数万人的集会。[71]罢市实现后，学生联合会亦立即出来公开活动，四处演讲。[72]6月7日后，有自称"浙江商界一分子"的人刊发传单，"泣告杭商界，还不自觉"。[73]又有署名"议员公启"的传单信函，分别送到各商店，"其中词句或讽或嘲或歌或泣"。《申报》记者认为这是导致杭州罢市的直接原因。[74]（2）市面萧条所致。由于杭州货物来源多自上海，所以上海罢市后，各行号货物供不应求，许多商家只有停秤，市面停顿。[75]杭州的银钱汇兑主要依靠宁波与上海。尤其6月6日宁波罢市后，[76]杭州钱市顿时恐慌，银根奇绌，而汇划亦即将断绝。[77]所以在此情形下，即使不罢市，许多商家可能亦要关门。（3）官方误传消息，引起反弹。6月7日浙省官方接沪海道尹电，称北京学生已释放，上海亦已宣布开市。杭州总商会乃据此宣布，不料与事实全不符合，以致总商会受到指责，而人心愈加慌乱。这对罢市的实现无形又是一助力。[78]

与五四运动相似的反应我们也可以在五卅运动中发现，但就苏、杭两地来看，局势似在商会控制之中。"五卅"案起，1925年5月31日，苏州学生联合会开紧急会议，上海学生到会报告沪案经过，当众议决罢课示威。6月6日，苏州总商会致电北京政府，请"亟谋救济"，担心风潮扩大，收拾愈难。[79] 8日，苏州商会派代表及商团参加由学生联合会组织的各界示威大游行。[80]同时，又在青年会召开各界联席会议，13席中似乎商界占有五六席，且有警署官吏在场，议决的办法似较和缓，除通电要求惩凶及抚恤沪案死伤者，"并劝国人照常办事营业工作，勿必罢课、罢工、罢市"。[81]苏州因此未出现罢市。

"五卅"事件的消息传至杭州后，总商会的反应甚为谨慎。该会会长先与其他公团接触，商定先联合致电有关方面，表示关切与抗议。6月1日晚，各校学生代表来到总商会，要求商界以罢市表示援助。会长王祖耀在会见学生代表时表示："兹事体大，未敢遽为决定，必须郑重考虑。"次日，该会长召集商会紧急会议，会上，各会董以在商言商，如果罢市，损失姑勿具论，倘交涉久无结果，则各业如何下场，在沪埠为华洋杂处，罢工罢商，或可收效，内地情形仍须审慎，最后付诸表决，众会董皆表反对。[82]报载消息称浙省公团"尚无坚执罢市罢课主张"。[83]因此，杭州未出现罢市。

江浙其他各地

五四运动时，江浙其他各地的罢市亦多在学生等群体的压力及迫于形势发展而得以实现。

1919年6月5日，南京学生联合会得天津急电，告以学生演讲被捕、400余人被封锁断粮等情，即议定效法上海学生沿街劝导，请各商店一律罢市。而商会则接江苏军民两署快邮代电，准备次日即开会劝各商保持镇静。但是6日晨，学生已出发到市内各商店劝导，并采用跪求之方式，罢市遂得以实现。[84]同时，南京下关学生分几十队"至各商店迫令盖戳认可，立时罢市"。[85]

6月6日，上海罢市消息传至镇江后，城内外各校学生整队执旗游行各街，高呼敬谢商界罢市援救学生，各商家遂纷纷闭市。[86]晚间，镇江商会开会商议善后办法，并请军警长维持秩序。[87]同日，扬州县知事接省电，饬商会开会维持镇静。[88]次日，为罢市一事扬州发生"暴动"，商会受到攻击，会长被要挟，日货亦被抢夺焚毁不少，此事可能与当地国民大会与学生有关。[89]8日，扬州罢市实现。[90]无锡罢市则受商界"救国十人团"的影响。[91]当时商会无力应付，处于瘫痪状态。8日，国民大会无锡事务所召开紧急会议，会后即由"商学两界热心人士"组织"请求团"赴各商店劝导，罢市得以实现。[92]

松江商会在5日晚决定开会董紧要会议，到会者数百人，以普通商人为主，且有学生代表在其中，但会董不足五分之一。该会遂布告依法不能开议。6日商会仍开临时会董会，因上海中国学生联合会派来代表偕同第三中学学生演讲团到会，正副会长托故不出。军警到场武装弹压。城内第三中学学生遂赴城内各商店挨户劝说，罢市于下午3时实现。[93]

8日上海县龙华镇罢市，则主要"因沪地罢市来货稀少"。[94]常熟似在苏省罢市最晚，10日，商界恐"众人之非议"，在学生决定罢课后，"为表自动决心"而罢市。[95]徐州则因学校不多，且交通上亦相对距上海、南京等地较远，所以直到11日商会才议决次日罢市，但当获知曹、陆、章已辞职，又决定取消罢市。[96]

如叶文心研究所显示，五四运动在浙江省实际上是一个城市现象，只有杭州、宁波、温州三地有反应，而其他地方则没什么动静。而杭、甬、温三地的积极反应又是与学生的活动密不可分。[97]这一点既可从上述杭州罢市情形中看出，宁波、温州亦然。1919年5月19日，宁波学生联合会即已组成，并开始抵制日货运动。[98]学生游行示威，全埠罢市。[99]商会又接宁波旅沪同乡会名义来电，请与沪上一致进行。[100]6月6日，商会恐有罢市之举，先有电请政府释放被捕学生以安人心，不料午后罢市即已出现。[101]6日午后，各校学生千余人开会后游行示威，"所过城厢内外各店铺不待劝告，遂争先纷纷闭门"。[102]温州在"五四"消息传来后，学生即有"瓯海中等学校学生联合救国会"的组织成立，并积极开展抵制日货运动。上海罢市后，学生沿街演说、游行示威，并大哭呼号，商家遂纷纷闭门，罢市乃成。[103]

"五卅"事件发生后，经江浙各地商会的极力疏导，以及地方当局对待学生运动严厉的态度，多数地方未能实现罢市。但在学生与工人及其他势力的积极运动下，宁波、南京等地仍有短时间的"休业"。[104]

罢市的维持与结束

罢市维持

商会往往在罢市后开会决定维持办法，以减轻损失。如杭州总商会决议劝告如米柴等日用所需之各店"店虽闭门,仍须营业",典业另定办法,银行钞票一律照常兑换,工厂照常开工。[105]苏州总商会亦通告手艺各业照常工作,粮食及典当仍照常贸易,维持贫民生计。10日总商会又编发通告,大书"照常工作、保守秩序"八字揭示通衢。中交银行钞票照常兑现。[106]宁波总商会在罢市后立即邀集各业商董及绅学各界开紧急会议,一方面由会致电政府呼吁,一面议定米、鲜、咸货行,蔬菜等不停市,请警厅加派警员维持秩序。[107]上海罢市在商界的共同努力下,虽历时7日之久,秩序上没出什么太大的问题。[108]

罢市发生后,绝大多数商家均不敢单独公然开门营业,这一方面怕外力干涉,另一方面亦恐同行责怪。1919年6月10日,杭州保佑坊元利布庄经理严少山悬牌交易,不料"激成众怒,群起为难,幸急见机从后门逸去,一面仍复闭市,始获寝事"。[109]"五四"上海罢市之后,如果有商家开门,即使是食品店,亦会遭到袭击,而不得不闭门。江苏交涉公署交涉员在给外交部的报告中说"(上海)各街道皆有流氓附和,每一店关门则拍手欢声四起"。[110]在此情形下商家欲开门也势所不能,连卖蔬菜的小贩亦受到同样攻击。[111]

苏州罢市发生时,"如有心存观望之商店,不受学生劝告,即众口詈之为冷血动物,非使其自悟闭门不止"。[112]此种情形在上海许多地方可以发现。如上海徐家汇也有店家因开门被人骂为"衣冠禽兽,凉血动物",甚至店门上被人贴上讽刺传单。[113]吴淞路有某兑换杂粮号在罢市后独自开门,即招来"无心肝"的骂名。[114]6月6日,南京路先施与永安两公司与公共捕房商议后,准备8日晨开市,但是要求工部局特别派人在南京路梭巡,以壮各店家之胆。但是到了8日,仍因公司伙友中多不赞成而无法开门。同条马路上大丰永金店(为金业总董施善畦所开)独自开门,立即招来一群人指面斥责。[115]

罢市之后,往往同业之间也会互相监督,以防止有人趁机图利,所以不附从罢市者往往会受到攻击甚至处罚。如上海南市花行共40余家全体闭市,门庄停秤,不收乡花,但是该业董事沈润挹所开沈恒泰花行及德泰恒、长盛等数家依然开秤,并以低价收花。此事被同行侦知后,即纷纷责问,劝其"一致进行,免受众商攻讦"。[116] 类似情形又可见于鲜肉庄香雪堂公所因虹桥某肉庄"私宰猪数头",供不应求,"利市三倍"而给予其处分。[117] 肉摊主顾春江亦因同业公议罢市后"私宰猪出售渔利",亦被同业侦知将其肉没收送到公所。[118]

正因为罢市有外力在其中,故官方虽一再饬令商家开市,效果却不甚明显。[119]

然而即使如此,罢市之后,商家暗中继续营业者仍甚为普遍。上海"五四"罢市后的第一天,南市各商店,"多半虚掩其门,意在观望",[120] 少数商家则在暗中交易。[121] 在第二天,沪埠银行、钱业虽然实行不开市,但均开单扇门办事。[122] 苏州各商店除米店、酱园、南货店等虽在照常营业,然皆半掩其门。饭店则开门者居多数,酒店仍在暗中营业。[123] 其他各商家虽全闭市,但其营业似仍在继续进行,故有人指责商界"负罢市之虚名,失罢市之实际"。[124] 类似地,南京花牌楼各商店,虽然迫于学生要求而关门,但"仍然贸易"。[125]

"五卅"期间,上海公共租界华人开的商店虽然都上起了排门板，不过多数店家仍然通过门洞继续营业，[126]上海银钱业在各业罢市后仍照常交易，后来只是由于"外界压迫"，方宣告停业。但还是有人指责钱业交易实际上仍未停止，英商银行亦依靠钱业的接济而渡过挤兑期。[127]所以，彻底的罢市在上海从未实现。

学生与其他策动者则会在商人动摇之际表示警告，或忠告商家"保持人格、坚持到底"；[128]或在晚间于各店板门上用粉笔大书警告文字；[129]甚至"易服潜行"，以油印传单数万份塞进各商店之门缝，要求商家继续罢市。[130]亦有人向店伙游说，不要因"重利的老板"而使罢市失败。[131]民党机关报《民国日报》为使罢市继续，不遗余力地进行鼓动。[132]日本《大阪每日新闻》则指称上海罢市维持除学生为主动者之一外，背后实际上有"流氓组织"（似乎暗指青红帮势力）试图从混乱中获利，故对运动尽力推动。[133]

商人罢市后的损失及运动开市

罢市无疑使商人遭受经济上的损失。据称，在1919年6月初上海7天的罢市，商界损失银高达2 000万银元。[134]1925年6月上海的罢市中，有人统计，每罢市一日，中国方面约损失300余万元。[135]

由于商界损失甚巨，罢市之后，要求开市的舆论一直未曾停止。[136]上海因"五四"风潮罢市三天后，《新闻报》即有人认为：金融机关各银行各钱庄停业，汇兑不通，商家周转不灵，市面非常危险；而出售米、粮、柴、炭、油、盐等店家，以及小菜场等，都是居民日用所需，不可一日或缺，如果长期停止售卖，实自绝生机，断难持久。[137]亦有人认为:"罢市乃表示商人爱国之心,既罢市三日,亦自应宣布开市,以谋社会之安宁并各个人之生活,此理至明。"[138]

到6月11日,《时报》公开发表时评,呼吁商界从速开市,要商民将"开市"与政府之准许曹、陆、章辞职分开处理,认为延长罢市并非抗议政府唯一良法,开市与"爱国"亦不发生矛盾。[139]《新闻报》亦有署名评论认为:罢市已使各地牺牲匪细,"苟因罢市而使工厂辍业交通断绝,则于公安秩序大受影响,一致爱国之结果适等于一致自杀"。[140]

为避免商业上的牺牲,早日使罢市结束,各业商董也自行集会商议开市之法。[141]如一些商人会向官方求救,上海广东路25个店主曾写信给上海童子军总巡罗宾逊(F. A. Robinson),请求童子军第一队协助驱散他们店门前的人群。[142]6日,上海银钱界则推举代表会同总商会代表到淞沪护军使署诣见卢永祥,请求设法维持,以恢复营业。并同时请上海外国商会出面,可能是想请其代向租界当局游说疏通。[143]为施加压力,减少自身损失,罢市后一些地方的商人甚至有停止纳税之举。[144]

南京罢市的第二天,即有多数商店因受罢市后之苦痛,"群起怨言归咎于学生之要求",是故有全体公呈省长请求开市。这份商界公呈谓"本月六日午后省城各校学生于罢课之余要求罢市,沿街勒劝,不从则以最后手段对待。今又以外交问题激动学界,渐及于内政之争,迫我商界一致行动,乃学生竟有沿门逼迫逾越范围之举动,以致全城惶骇"。又认为学生强迫商人罢市的行为适"以爱国之虚名贻地方以实祸",泣求苏省军民长官"设法维持",并表示如果当局能加派军警分途保护,"商等即日分布传单,全体照常开市"。[145]

开市的周折与最终实现

1919年6月7日,为筹备开市,上海华界先宣布戒严。[146]当天早晨,军警欲强迫各商店开市,但未成功。[147]地方官厅与各业商董等则在县商会开会筹商开市办法。但这次会议无疑因为潜入会场内的上海学生联合会代表的激烈演说及支持他们的曹慕管等人的发言未收到预期目的。[148]

9日,上海总商会会董复举行会议,决议劝导各商店及工界于10日先行开市,照常工作,表示"若再不开市,金融窒阻,危险不可思议",并将此意通知工部局。[149]沪埠银钱业亦准备在10日开市,以为各业倡。[150]与此相配合,9日,淞沪护军使署颁布更严格的戒严命令,宣布华界全面戒严,晚上9时后即禁止任何人在街道上行走。[151]

但是在当时的情势下,上海商界对开市并不能完全主导。6月6日,上海交通银行沪行在给总管理处的急电中即表示"此次学界主动大有人在,即使开市,难保不鼓动他项变端"。当面对官方调处时,更有商董表示应由商会等会同省、县教育会公具传单开市,可能才有效力。[152]10日晚,总商会虽已发开市通告,但无疑又有人在广为散发继续罢市之传单。该传单称:"曹汝霖等三人免职不可信,须俟北京学生联合会正式电告方生效力,那时我学界同人自为整队外出到处欢迎,贵商家一律开市,方不失以前数天罢市决力之苦心。"[153]国民大会事务所亦在散发传单,"号召店家继续罢工,到所谓卖国贼被撤职"。[154]故10日开市无法实现。

为应付此种局势,6月10日,法租界警务处立即通知国民大会事务所等团体,要求他们"必须下令给罢市店家,于

11日下午2时恢复营业",否则将他们封闭,并驱逐出法租界。[155]同时,上海学生联合会亦接到公共租界工部局同样的警告。[156]在此情形下,国民大会采取措施,动员开市开工。[157]上海学生联合会亦致函上工部局表示学联已全部停止活动,没有会员在街上进行宣传,动员商人继续罢市。[158]尽管已作妥协姿态,但上海学生联合会仍被封闭。[159]同时一些鼓动者受到警告宣告辞职。[160]在罢市中表现活跃的商业公团联合会则为开市问题公开发生分裂。[161]

在高压下,11日晚,商工学联合会决议各商店于12日下午二时一律开市,当会议临结束时,忽有商界代表群谓"非学生出而游行决不开市"。[162]此议当天上午南京路各商店在聚议中亦曾提出过,[163]上海学联总干事朱承洵在回忆中证实此点。[164]这既反映商家罢市系由学生主动,亦可看出商家的恐惧心态,怕开市后营业再受干扰,而需要学生游行来作为保证。

上海开市后,无锡、松江、镇江、宁波、扬州等地均在12日宣布开市。[165]南京经"商会通知,官厅劝谕",早在6月9日即已开市。[166]杭州与苏州则发生一些周折。12日晨,经商会劝导,及官方布告,杭州各大商号均已开业,但忽见聚集多人,喧哗不已,甚至有跪求闭门者,各号见势即闭门。[167]直到由杭州总商会职员及各银行行长、各业业董等数十人手持大旗劝导全市,商家方敢再开门。[168]苏州在12日虽有总商会及学生联合会通告开市,但先得消息开门者,即被人围观干涉,不得已只得再关门。故全面开市直到第二天才实现。[169]

"五卅"上海开市则与上海交涉会议的进行密切相关。上海交涉停顿后,群众运动实际便开始步上衰退之途。[170]对上海总商会而言,"五卅"罢市之举既是出于被迫,而亦有做交涉后盾之考虑。[171]但罢市给上海商界带来的损失是巨大的。加之,端午节即至,商家按惯例需结清账务,因此一些大的商家希望尽早开市。基于此,上海谈判失败后,商界随即决议开市。6月19日,即上海中外委员谈判破裂的次日,上海总商会即召集沪上76个团体集议开市日期,[172]决定自6月21日起开市。同一天,各路商界总联合会也致电北京政府,强烈要求与英国的谈判须于6月24日前结束。[173]但各商家或由于怕外力干涉,或由于想回避债务,对21日开市的决定响应者寥寥,[174]而上海各团体外交后援会则公开反对。[175]为了早日实现开市,23日,总商会与工商学联合会举行联席会议,终于决定26日开市。[176]

抵货运动的开展

民族主义运动发动起来后,地方上的青少年学生既没有机会像北京同学那样去烧交通总长的住宅,而攻击外国人更为官方所严禁。[177]因此,他们在演讲、游行的同时,便把民族主义运动的目标转向了商人,动员他们抵制外货。党人更把动员商人抵货视为主要的运动手段之一。[178]1905年后,中国近世民族主义运动无一不以抵货为其重要形式,[179]商人在抵货运动中的表现亦往往被视为其爱国与否的标尺。

运动初期,一般的抵货行动多先从调查入手,将被抵制的某国货物一一登记,然后由商人售完为止,并不准再进。然后多由商学两界组织联合检查队,在码头、车站、商店等处巡视。如果发现违犯者,货物将被查扣,物主甚至要被处以一定的惩罚。在抵货运动中,从商人的角度来看,与他们利益攸关亦是他们最关心的问题常有三个:谁来查货?如何处罚被扣货物?何时能疏销存货?

查货

查货的工作一般是由商学两界合作进行。但商会要求由相关行业公所自行检查,避免对营业造成不利影响。但关系各业由于利益所系,并不会积极对待,商会则穷于两面应付。所以一些地方的学生仍自行组织检查,因查货而起的冲突亦纷起。两次运动期间,苏州与杭州两地商人应付查货的经过似可说明一些问题。

五四运动一发生,苏州学生即要商界表示意思,提倡国货。[180]商会虽然有一些不用日货、提倡国货的决议及通告,[181]但并无实际办法。学生号召抵制怀疑掺有日资的振兴电灯公司,[182]商会以该事为市政范围为辞,不愿处理。[183]各业则多借拍卖日货之机推广销售。[184]商会会董王介安又提出"相对抵制"一说,以减轻抵制带来的损失。[185]

6月17日,苏州学生联合会向商会提出8条具体办法,由该会会长亲自送到商会,要求敦促各业执行。[186]商会在答复学生会的6条办法中,基本上以各业处理为主。同时商会函催各业报告具体抵制办法,以应付学生的压力。[187]但1个月后,除南货业、洋货业等均报告已各自推举调查员,并送上具体办法外,而"为各界视线注射之点"的广货业仍没有动静。[188]不过,学生的检查在7月下旬似已开始进行,围绕查货的冲突亦开始发生。

五卅运动中的情形亦几乎一律。但此时，除学生外，商人方面更受"各界联合会"的压力。[189] 1925年6月13日，苏州各界联合会议决自即日起"对英、日两国实行经济绝交"，要求商会配合劝商家停止购进几种英、日货。[190] 该会虽连函催问商会态度，要求商会敦促各业实施抵货，[191] 但商会似乎没有积极响应。接着，苏州学生联合会就查禁"仇货"通过三条决议案，办法更严厉。[192]

在此情形下，商会亦决议自动进行"提倡国货"。[193] 7月7日，商会召集各业会议，规定各业已进及定存之"仇货"，应由各该业自行分别种类，开明数目，先行报告商会备查；又由各业自行推举调查员，经商会发给统一凭照，从事调查，如

上海总商会率先在南市筹备开设国货商场

第五章 从"五四"到"五卅"：民族主义运动中的江浙商人

发现有私运证据，则将违禁店铺牌号在报纸公布。[194]对此决议，各业商人反应冷淡，态度消极。商会则以其他各界正在预备查货，如果商家不先自调查，则可能授人以销售"仇货"的口实，要求商家尽速举办调查，[195]但到8月中旬，似乎各业的调查员仍未能产生。学生联合会乃于8月12日成立调查科，推定12名调查员，准备开始调查事宜。[196]13日，总商会遂推出4名调查员，报到各界联合会。[197]商学联合检查才开始起步。

五卅运动中，杭州各业商人从一开始便坚持要自查。杭州总商会会长王祖耀更认为封存英、日货，"在商界自动，则易于就范，如外界干涉，难免冲突，稍一不慎，尽弃前功"。[198]为避免外界指责以及干涉，杭州总商会召集经营进出口的各业商及会董开临时会议，决议响应抵货，并推定检查存货员6人，[199]以先声夺人。但查封"仇货"的工作最后仍由公团联合会决议由商会调查员与公团联合会会员为一方，学生为一方，划分区域，共同担任。[200]然而，商会检查似乎流于形式，而学生方面则极其严格，对于商界自动的检查也不信任，往往在商界查过后还要复查，甚至一天要复查数次，更引起商人不满。[201]

转运业方面，从事该业的商人因为承担了货物安全的责任，担心因学生检查而使自己利益受损，故与学生间发生争执甚多。[202]苏州转运业商人即声称此次抵制，"全凭良心主张"，不同意学生联合会进货场检查。[203]

查扣货物的处理

李健民曾将五卅运动期间学生对查到的英货的处理方式

分成很多种，包括贴封存货、扣留没收、拍卖、罚款抽税、烧坏丢弃、运货退回原地等。[204]五四运动及五卅运动期间，这些处理形式均在江浙地区出现过。不过处理者不仅是学生，亦有商会、同业公所等。但对查到的货物的处罚，各单位自有其范围。[205]

相对而论，在运动早期，对查扣货物的处理比较宽松，比如退回原地。1919年5月30日，镇江恒元庆、裕和泰两糖号从上海运进日糖数千包，被绅商学界查扣。但在商会坐办王近如的调停下，原货交由转运公司运回。[206]亦有地方规定销毁一部分，其余再运回原地。[207]另外，对在抵货发起前商家所进货物，多打上一定的标识再让商人出售。1925年6月，南京学生在检查商店英货时，每件均贴上印有"良心"二字的印花，再交还商人继续在店中卖。[208]

罚款多见于同业的抵货规定。各地对违犯者的罚款并不一致，随意性很大。如常州布业公会规定：查到日货到埠，火车到货，以六成充公；航船到货，以四成充公。[209]镇江各界联合会规定"无论查获何种日货，概照成本二分之一议罚"。[210]上海海味业因有鼎裕海味行违反众议，私购朝鲜虾米10箱，被罚银500两。[211]罚款的比例似乎相当高。

但在运动高潮，学生则多有激进的处罚形式，焚货便是最严厉的一种。五四运动中焚烧日货非常普遍，各地均有出现。先是有学生将自己购买或者正在使用的日货集中起来焚毁，[212]而后便将此作为一种处罚违禁商人的办法（参见表9）。对于运进或者销售日货的商人来说，亦受此打击最深。

第五章 从"五四"到"五卅"：民族主义运动中的江浙商人

表9 五四运动期间江苏省各地焚毁商人日货一览表

地点	时间	所焚货物品名及数量	货主	执行者
灌云	6.7	火柴12箱	开隆号主人，商会会长	江苏第八师范学生会
泰兴	6.24	白糖百余包		同业
仪征	6.24	云鹤火柴及灯罩多件	周茂	商学两界检查机关
六合	7月	光纸数百刀、布36匹		六合旅外学生联合会
清江	7月	洋袜10打	鸿泰昌京货店	劝用国货会日货检查处
溧阳	7.13	大批日货	利华广货号	被学生联合会查获，后店方自己焚毁
清江	7.12	日本玻璃6箱	王祥和五金店、振淮电灯厂	商学界日货检查处
扬州	7月	布、线、瓷器、纸张等		商学检查日货所
苏州	6.31	油光纸8箱、洋连史一百数十件		学生联合会等公团
海州		东糖		
盐城	11.2	红标呢绒20余匹等		学生查获，商学联合会议决
徐州	12.3	日货10余车，价值三四千元	吴益昌、福聚同等号	学生联合会执行部
如皋	12.8	夏期所查获之日货		学生联合会
淮字	12.17	月兔火柴54箱、云鹤火柴36箱、带丝14箱又2包		省立九中学生自治会

资料来源：《五四运动在江苏》，第153、161、166、229、236、238、241、243～244、331～332、335～337页。

苏省的焚货多由学生查获，再通知商会或商学联合检查所，议决焚毁；亦有径直由学生执行的。而所焚日货不仅有大店家的，亦有贫苦小贩从他埠带来。[213]货主对焚货行动，有的假装不知，以免遭受攻击；而有的则因为价值甚巨，可能出面企图阻止干扰，[214]甚至引起重大纠纷。

浙省各地亦有不少地方的学生焚毁查获的日货，如杭州、温州、绍兴、宁波等地。[215]杭州的学生还曾将日货分为三类：绝对可烧，如玩具、奢侈品等；可烧，如日用品等；不可烧，如仪器等。[216]1925年，绍兴学生则公开警告商人，若发现偷运英、日货者，直接焚毁或拍卖，不留情面。[217]

而商人对焚毁被查货物多持反对。1925年，杭州各界讨论对查获的英、日货的处置方式时，商界代表力争先予封存，反对焚毁。[218]苏州商会则提出捐入善堂，不要焚毁。[219]

疏销存货

抵货运动进行一段时间，当商人因抵货而造成的损失已较明显时，或商人将店中的存货卖得差不多时，便可能要求抵货机关通融，将原来已订但被封存或者未运来的"仇货"运来。此即疏运栈货，或称"疏运存货"。

商人往往因存货量巨，垫银搁置，本已有损失，对疏运存货期望甚殷。故1919年7月，上海总商会发起疏运存货，立即得到各地商会的响应。[220]苏州洋货业在上海开始疏销后，强烈要求将存沪日货运苏销售。[221]但是学生方面，却未必承认，故引起冲突。1919年9月，苏州警钟社扣留洋货业由上海运来的日货数件。该业商人以血本所系，拼力以争。警钟社最后亦只有放行，并表示"不再干涉"。[222]实际上此时苏州的抵货运动已暂告停止。由于外界无法知悉某行业的内情,所以当有抵货团体查到东货,行业公所可能会出面证明此货本来即属于疏销范围的存货。[223]

五卅运动时,由于上海工人大规模罢工,疏通存货亦成为更大的问题。仅上海一地,"五卅"前积存的英日栈货即有118 000余件,值银4 000余万两。商人以血本关系,不断向各负责团体要求疏通栈货。据上海总商会秘书孙筹成日记,各业商人请求设法疏通存货者的来函"案几盈尺"。[224]1925年7月,上海6家行业公所集体上书总商会,要求疏通栈货,其请愿书云:

> 查五卅事变以前,所到各货已搁置一月有余,均霉烂在栈。本埠百数十万人民急需之米、麦、杂粮、糖、棉花及工厂轮船日用必需之煤炭等燃料,江浙各省千百万农田急需之豆饼等肥料,提议多日,仍未出货。在外人固丝毫无损,而米价日涨,电力停送,恐慌之象,迫于眉睫。若此情形,商界一部份之损失即勿计及,而人民全体之生计势必不能苟延。是非抵制英、日,直自杀自戕之道也。[225]

7月3日,总商会成立疏通栈货委员会,办理疏销栈货,以救济时局。10日,总商会与提倡国货会、总工会、学生联合会等8家单位合组的"检查出货委员会"成立。开始办理疏通栈货。但按该委员会规定,商家取货前必须填就"请求出货单",并缴纳货物总价格千分之五的现金,作为救济工人费用。[226]

但按"检查出货委员会"的意思，准予出货不等于取消抵制"仇货"。[227] 上海振华堂洋布公所，曾向"检查出货委员会"申请将"五卅"前积存的英日栈货出口，运销全国各地，但遭该委员会拒绝。后来总商会与该公所议定办法，发给振华堂通行凭证，以"五卅"前存货售完为有效期限。并通电各省总商会，请在货到时依凭证予以放行。[228] 上海学生联合会则以总商会无单独处理权力，通电全国声明总商会凭证无效，主张如要运销此等英、日货，则必须缴纳千分之十的现金，救济工人。总商会则认为条件太苛，将伤及商人血本，不予理会。[229] 地方上的各界联合会、学生联合会等团体则主张严厉禁绝。[230] 商学间的冲突便不可避免了。

抵货运动中各方利益分合与态度变化

民族主义运动中，民众各个阶层的态度呈现出很大的不同。商人及有产者则多持保守态度，不愿因为运动影响其营业而遭受损失，当然亦有国货厂商等趁此大力发展者；一般青年学生由于没有财产，也多未成家，所以态度趋于激进；教育界人士则多因职业上没有多少损失亦多有支持者；一般农工多为观望，在运动中并无热烈表示。地方官员则因恐秩序有扰，故反对民众趁此而妄动，或者酿成事端，牵动外交等。[231] 因此他们一面要抚慰民众，一面要密切关注时势进展，必要时则制止情势发展。

商人

民族主义运动中的商人，由于营业性质不同和利益关系的相异,对于运动亦往往有着不同的态度。[232]一些与外商竞争较激烈的行业(笔者姑且称之为"外向竞争性企业"),如制造业(纱厂、糖厂、卷烟厂、火柴厂、面粉厂等)、运输业(主要是轮船航运业)等,由于一般均可以从运动中获利,所以支持态度甚为明显;而一些洋广货业、转运业、出口业以及与外人有关的服务业(如西服业、西点业等)等(笔者姑且称之为"外向合作性企业"),往往会因为运动而遭受直接损失,所以反对之情不难理解。

对"外向竞争性企业"而言,抵货运动的另一面便是国货的大好发展机会。运动中抵货态度最为积极的当是国货的生产厂家。以江苏为例,上海、无锡、武进、南通、江阴等地,国人经营的纺织工厂较多,[233]所以这些地方的抵制日货、提倡国货的运动似远较苏州、扬州、镇江等地为热烈。[234]无锡厂布公会还专门成立抵制日货会,以推动此事,又有"国货储金会"的成立。[235]南通亦有国货维持会的组织。[236]国货公司与商场的创办更为普遍(参见表10)。商人利用抵货运动的机会扩大生产、开设新厂,拓展市场的例子更是举不胜举。[237]

表10 五四、五卅运动中江浙两省国货公司、国货商场的创办

地 点	名 称	时 间	创办人
宁波	国货商场	1919	金臻庠
常州	国货公司	1919.9	吴寄儒
镇江	国货公司	1919.9	"某巨商"
溧阳	国货公司	1919.11	王某
丹阳	国货公司	1919.9	周某

（续表）

地　点	名　称	时　间	创办人
苏州	兴华国货公司	1919.8	桃坞中学学生会
杭州	全国国货公司	1925.6.7	徐吉生、王文典
上海	上海市民提倡国货第一商场	1925.10	南洋兄弟烟草公司、三新布厂、三友实业社

资料来源：中国人民政治协商会议宁波市委员会文史资料研究委员会编《宁波文史资料》第1辑，1983年，第39页；《五四运动在江苏》，第231、264～265页；《申报》，1925年6月27日，第10版；《申报》，1925年10月27日、11月22日，转引自李达嘉：《上海商人与五卅运动》，《大陆杂志》，1989年第79卷第1期。

但是对于"外向合作性企业"来说，抵货运动自然会对他们的营业大为损害。如上海振华堂洋布公所即认为"五卅惨案"发生后，上海洋布业营业即日形凋敝，"一蹶不复再振"。[238] 苏州商人中，则以颜料业、洋货业、南货业及转运各业等与抵货关系最大，损失最重。[239] 上海东庄公所（由采购日本货物的商家组成），自运动一开始即持反对态度。在运动的高峰，他们仍坚持"将各庄现存东货盖印注册售尽为止"的要求。[240] 宁波洋广公所亦集体反对学生的查货举动。[241] 在扬州，日货销场最旺者首推广货业，其次药房，再次绸缎，当由该三业决定，以血本攸关，现存日货不得不忍辱脱售，以售清为止。[242]

另外一些行业，譬如金融业，可能由于运动使营业受到影响，他们的态度亦趋于反对，不过也有人可能会趁机"抬高银拆，趁火打劫"。[243] 一些兼营多业商人的态度更加复杂,不能简单概括。刘鸿生即是一例,他既是英商上海开平矿务局的买办,后来亦成为著名的"民族企业家"。民族主义运动中,据说他一方面指使下属"玩弄投机手段",在五卅运动期间,继续向上海罢工工人反对的外国工厂供应燃煤;[244]另一方面,他发现抵货运动中潜在的商机,扩展火柴厂规模,并利用运动推广业务。[245]

民族主义运动中商人不同的利益分野决定其对运动的态度迥异。"五四"时期南洋兄弟烟草公司与穆藕初等人表示愿意出巨款支持学生运动,虞洽卿亦与上海学生多有联络,这些商人在有意识地利用民族主义运动。[246]

1925年的五卅运动中,南洋兄弟烟草公司曾捐款10万元给罢工工人,[247]亦曾出资支持上海市民提倡国货会,[248]虞洽卿几乎成了上海罢工工人的经济靠山。[249]而他们的公司在运动当中亦确实获得许多的利润。简照南之子简日林在回忆中便称:"每一次发生反帝运动以后,我们的业务就蓬勃起来,也一再地把我们从危机中挽救出来。"南洋兄弟烟草公司在1919年7月扩充股额为75万股,招足1 500万元,年销烟值达洋3 000余万元。股东中并有一大批政治名人如黎元洪、王士珍(湖北督军)、何佩镕(湖北省长)、杨善德(浙江督军)等人。[250]虞洽卿的三北轮埠公司在"五四"时期与"五卅"时期业务量均大增,公司亦趁势先后多次增资扩张。[251]虞洽卿在扩展其轮运业务同时,还要求江苏省政府调查日本人在苏违约之内河航运。[252]

制造厂商以及运输业商人为了在市场上多占一些份额,故会拿出"爱国"的口号来激发大众的民族主义情绪,达到改变他们的消费偏好的目的。[253]甚至有商人利用五卅运动民众的爱国情绪专门生产以"五卅"或者"国耻"等为商标的日用商品。[254]上海太和药房则趁机自制药品，劝同行勿买日货，试销该店产品，并参与发起十人救国团。[255]宁波亦有商人一面组织十人团，一面兴建国货工厂与商场。[256]因此，在抵货运动中表现积极的往往是能从中获利的商人。

另一个激进的例子是三友实业社。五四运动期间，全厂工人每晚作"国耻纪念"，每日黎明则集合工人击"警梆"（以大竹筒制）59下，又组织"工战团"，其鼓动形式让人耳目一新。[257]该社甚至在《申报》上打出巨幅广告，大书"商战能敌兵战"，公开提出"三角牌毛巾打倒铁苗牌毛巾，自由布打倒毛斯纶，透凉罗打倒珠螺纱"（前者均是该社的出产品，后者是日资工厂所出产）。[258]上海恒丰纱厂亦决议与日商绝交，废弃一切与日本人所订合同。该厂在1919年获利亦最多。[259]

利用运动以达到自己的目的者也不乏其人。如商人间因利益纠葛而生矛盾者，或许会利用此机会借学生或者其他势力来打击对方，如检举对方进销"仇货"，或者指控对方企业搀有外人股份，或者注册不明[260]。亦不排除有商人欲以民族主义运动来达到分割商界权力的企图。如在五四运动时，常州便有商人在学界成立联合会后，打算成立商界联合会，以示自己爱国，对商会施加压力。[261]

反对运动者如前所述多为与外人有密切联系的企业商家，但是在民气高昂之际，他们的反对只能诉之于消极，如以种种手段破坏抵货运动，动员官厅来维护其营业，甚至于暗中以暴力对待查货的学生等。公开的反对，不太可能发生。

但支持与反对是相对而论的，在五四运动中，像虞洽卿、邹静斋等人，一方面是运动的重要支持者，一方面亦不同意与官方持对抗态度,希望早日结束罢市,为激进者所不容,[262]特别是当涉及其本人的公司时,更是如此。[263]

傅士卓似较为重视上海各商人间的矛盾,尤其在政治态度上的分野。他把民族主义运动中商人态度的差异,以及新旧商人团体性质差异,均以政治态度来作解释。他认为上海商人中有保守派、激进派、中间派。激进派则因受较多的教育或者政治觉悟较高,意识中以反帝作为民族振兴的前提。[264]但他忽视了这些"激进派"背后的利益诱因、党派操纵与权力斗争等问题。其实,保守为商人的天性,除非可以借机牟利,否则商人如何可能对激烈的"运动"有兴趣?

不过,我们不能夸大商人对于民族主义运动的工具性利用。阮忠仁在其研究中似乎有此种倾向。他认为"反帝爱国运动"是绅商阶层为达到获取个人利益目的所玩弄的筹码,[265]对商人在面对民族主义运动时所表现出来的多面性估计不足,对运动的发动机制亦了解不够,故其结论存在问题,其结论或者只能适用于清末的收回路矿利权运动。

学生

青年学生往往能激于爱国热情,在运动中有积极的表现。他们的知识及社会地位,以及自身经济状况的单纯等亦促使他们比其他社会阶层在运动中更加投入。

通过参与运动,学生可能会赢得更多的行动自由与社会地位。本来按照当时政府规定的"治安警察法"的规定,学校学生不得加入政治结社,政谈集会。但在1919年的"五四"学潮中,官方对学生联合会的组织似乎有意让其存在。运动初期,江苏地方长官曾表示:"只要学生不闹乱子,无扰乱秩序行为,当然不必阻止其爱国之忱。"[266]各地的学生联合会经常与商会、教育会等法团一起组成各界联合会,并得官方默许。学生集会、游行、演讲等也能热烈地进行。如前文所述,浙江官厅曾解散杭州学生联合会,但在罢市后却容许其活动。所以,民族主义运动似使学生的社会地位有很大的提升。

值得注意的是,我们亦不能排除有学生可能趁运动之机而谋取利益。如苏州恒志团在各界联合会讨论处罚被扣物品时,竟提出重奖查到货物之人。商会代表当即反对,认为"该调查人既本爱国热诚,不取赀财,可将三成自由指定一种善举,亦不失高尚人格"。[267]

运动中,一些地方的学生亦通过贩卖国货来获得经济利益。国货贩卖团曾经在江浙学生中风行一时(参见表11)。负贩团常由商界出资或者赊货,赢利收入却归学生所有。民族主义运动中,国货厂商与学生的联合是一个值得认真研究的问题。据现有的资料,笔者未发现负贩团的收入去向与公益事业有关。甚至有的学生所卖货物既无商标,亦无生产厂家,让人怀疑是否是个别学生将收缴的日货撕去商标后来私贩。南通学生似乎更有组织公共售卖日货机关的打算。[268]另外,学生演剧,似亦有收入。苏州学生便曾经欲将演剧所得的千元作为基金开办一国货公司,以减轻负贩之劳苦。[269]

表11 五四运动期间学生贩卖团的组织

名　　称	地　点	时　间	创　办　人
国货贩卖团	温州	1919	学生
国货贩卖部	淮安	1919.6	省立第九中学学生组织,经费由商会会长向各商代筹

第五章　从"五四"到"五卅":民族主义运动中的江浙商人

（续表）

名 称	地点	时间	创 办 人
学生贩卖团	苏州	1919.6	英华、商业等学校学生
	扬州	1919.7	各校学生
国货负贩团	镇江	1919.8	镇江学生联合会王某等
贫儿负贩团	镇江	1919.10	曹丽清发起，贫儿院学生为主
	东台	1919.7	商学联合会出资购货，学生贩卖为主
负贩团	南京	1919.6	学生

资料来源：全国政协文史资料委员会办公室编《五四运动亲历记》，中国文史出版社，1999年，第344页；《五四运动在江苏》，第155～156、229、231、233、242页；《申报》，1919年6月9日，第8版。

注：扬州、东台的学生贩卖团未见具体名称。

党人

民族主义运动最热烈的地方往往是国人与外人商业竞争最紧张的地方，亦是党人活动最频繁的地方。江浙一带，尤其上海、杭州等地本来就是民初党派活动的中心所在。而此地民族主义运动的兴盛在一定程度上与此有密切关系。

五四运动时，国民党人亦是宪法商榷会的领袖孙洪伊便指使人开国民大会于沪上，领导运动；[270] 无锡的罢市、抵货更是在该地国民大会的直接影响下实现；[271] 常熟的运动似亦与国民大会有关。[272] 据国民大会的行动来看，无疑是以打倒现政府为目标。如无锡国民大会总干事蒋哲卿，便极力想在无锡发动罢税运动，号召民众不要为政府尽义务。[273] 在杭州6月2日的国民大会上，王效文即表示，"官厅不可靠，靠人民自决"。[274]

五卅运动，则是在第一次国共合作的背景下被发动的。五卅运动前夕，日本方面已注意到上海内外棉工人罢工中有共产党的策划与宣传，[275] 5月30日的游行无疑与共产党的策划有关。所以当惨案一发生，上海总工会即于6月1日迅速成立，可见其早有准备。[276] 五卅运动期间，外交部所派特使对共产党在运动中的作用曾有清楚的认识。[277]

国共两党从运动中均获益匪浅。如中共趁机发展党团组织及工运组织。[278] 国民党黄埔军官学校在上海一地即招收到1 000余名学员。[279] 广州国民政府更是利用此次机会，扩大反帝运动与国民革命的宣传，使民族主义运动与国民党的革命运动合流。五卅运动的宣传，实际上为国民革命的成功打下了厚实的基础，运动中被动员起来的民众则成为国民革命的主要支持力量。[280]

南洋兄弟烟草公司

地方官厅

民族主义运动中,地方官厅的态度很是微妙,以"支持"或者"反对"二字来概括都显简单。不过其基本的着眼点仍是秩序与利益。

基于秩序的考虑,官府一般反对学生集会演说及游行街市等举动,提出由地方官员将民意上报。由于运动牵涉本地绅商及法定公团,地方官厅往往不会采取严禁手段,即使是处分学生,亦因其"子弟"身份,[281]而不能不谨慎从事,否则极有可能弄巧成拙。前面已提到"五四"上海全埠罢市,其中一个重要的原因便是淞沪警察厅厅长徐国樑在驱赶群众时殴打商人。1919年6月南京下关商埠警察殴伤学生,亦曾引起众怒。[282]

因此,民族主义运动中,即使是平时似乎很"嚣张"的"军阀",亦常表露出同情,或实力支援。浙江督军卢永祥与省长齐耀珊曾在五四运动后的一封电报中称"浙江人民爱国思想素称发达,山东问题发生以后,对于官厅劝导苦心亦能领悟"。[283]运动中间,江浙两省有种种名义的以救国或者抵货为号召的团体并没有受到禁止,所以我们可以看到,"救国十人团"在上海、无锡、常州、宁波、杭州等地均有成立。[284]一些地方官对于商学两界在查货时发生的纠纷多数不予理会。[285]而在一些案例的判决中,立场似更倾向于学生。[286]

然而,即使是在运动的高潮,官厅对于秩序仍极度关注,不允许学生"逾出规矩之外"。[287]当运动声浪渐息,民众的热情消淡时,官方对激进学生的态度马上严厉起来,如严禁学生演说,解散学生联合会。[288]如果有人宣扬罢税,威胁到政府的基础，官方会立即进行干涉。无锡国民大会在提倡罢税后，江苏督军李纯等即颁令查拿，并解散该国民大会。布告中声称："银漕、租税为国家地方行政经费所出，自不容丝毫抵抗。"[289] 可见，官方态度是以其利益为转移的，罢市、抵货等对官方财政收入影响不大，而侵害商人产权，甚至侮辱商人人格等亦只是商人受损，所以他们可以稍加放任，但是当运动的目标转向官府时，他们会立即镇压。

不过，有些地方当局，亦可能在商人的恳求下，出面干涉学生的查货举动。如五四运动之初，无锡县知事便发布告示，以事关本邑商业与治安，禁止学生检查日货。他在告示中劝谕道：须知洋货店铺，本属贩卖求利，各项货品均皆出资购来，如令一律毁弃，岂非无端损失。洋货商人莫非同胞，稍明事理之人，决不为此无意识之举动。[290] 更多的地方是在运动后期商学冲突愈来愈烈时，官厅为维持地方秩序而出面干涉。

另一个官方务必干涉的理由便是与外交有关。卢永祥在"五四"时则劝各界勿用"抵制日货"字样，他认为"抵制"二字含有排外之意，但云"提倡国货"即可，各人从良心上去做，以免发生别种问题。[291] 一旦有学生或者其他人的活动可能成为外人的借口时，官方常常会非常紧张，迅速予以处理。

运动中商人与学生及其他参与者的矛盾

民族主义运动中，由于利益所系，除一些国货厂商外，多数商人持消极应付态度。不论是在查货问题上，还是在各界提出严厉的抵制手段时，商人通常都不会认真去执行。被各业推举的查货代表在调查"仇货"方面，一般也不会十分认真，常引起学生的不满。

商人为减少损失，常会以假冒商标、改换货物封面等种种手段来蒙混过关。五四运动中，上海火柴、纸、杂货等项日货遭受"致命的打击"，商人纷纷将日货改换商标，重新打包，再发往各地。[292]清江学生亦查到假冒商标的火柴多箱，镇江商人则"自制仿单"，将东洋杂货冒充国货。常州商人亦将绸缎改成西货封面。多数学生缺乏判别能力，所以当商标被替换后，有时只能让货主搬走货物。[293]

运动初期，学生对商人的资本似乎还能照顾。如五四运动初，盐城学生强调检查日货的目的在于使存货销尽，"不亏商人血本"。[294]苏州学生联合会对总商会提出的要求中，仅劝各商不进日货，已进日货则由商会与学生联合会盖章出售。[295]

运动后期，学生行动日趋激烈。他们既以"启导社会"为其天职，对于"奸商劣行"便十分仇视，关于抵制"仇货"的规定变得更为激进。如苏州学生联合会议决"各进口仇货，否认生熟否认绝对相对，除本国无法以代者外，一概扣留"。学生要求商人"不批日货，不售日货，务须坚持到底；如有预进日货，最好付之一炬"。[296]

运动中商人与学生及其他参与者的矛盾表现于商学联合检查及"各界联合会"上的纷争。五四运动与五卅运动中，各地均有商学联合检查的行动，江苏不少地方还建立了商学联合检查所或者商学联合委员会之类的机构。[297]可是当商学坐到一起，学生要采取严厉措施，商人则要求缓和，照顾血本，矛盾难以调和。[298]到后来，许多地方的商学联合检查实际上陷于破裂，如镇江、清江等地。[299]"五四""五卅"

时期，各界联合会的组织在不少地方亦有成立，但往往其控制权在学界手中。所以"五四"时期，苏州商会即不愿加入苏州各界联合会。由于商会与种种非法定的临时组织如"爱国恒志团""恒心爱国团""运输公会"等拥有的投票权数相等，所以出席筹备会的商会代表认为："学生早有设施摧残商会之目的，祸根已伏。"[300]"五卅"时期，苏州总商会曾"本良心之主张"派代表参加各界联合会，但到11月，随着商学界矛盾的加剧，最终撤出所派代表。[301]

由于商会是商界法定的代表团体，因此其角色在运动中非常重要，但夹在商人、学生二者之间，各地商会实处两难境地。

一般来看，商会在运动中会尽力设法使商人的损失降低。商会经常会劝说学生照顾商人血本，从轻处罚查到的日货，[302]不主张焚毁查获的货物，又提倡疏运糖、纱等必需品。[303]当商学两界因查货发生冲突时，商会会长往往避而不见，不理学生。[304]商会也不能把它与学生会及其他公团的关系完全弄僵。因此像苏州商会的"两面光"政策，似乎是许多商会的应对办法。[305]

但商会保护商人财产的行动往往会引起学生或者其他势力的不满。如苏州学生联合会便怀疑苏州总商会的抵货诚意，不但送具体抵制办法到商会，还规定实施期限，以免"奄奄倡言抵制者自抵制，甘心私进者仍私进"，贻患无穷。[306]后来又责怪商会方面在调查时，避而不到，[307]连续给商会施加压力，要求商会主动惩罚违犯者，以免成为群众注目焦点。[308]杭州总商会在五卅运动时期，亦被人指责"办理经济绝交，事事敷衍欺人"。[309]商会方面，亦被迫要求相关行业的商人不要成为攻击目标，妥善处理抵货一事。[310]我们可以从报纸上看到扬州商会与杭州商会的会长都在"哀劝"商界各业切实执行抵货决议。[311]

运动中商会会长经常是各界密切注意甚至打击的对象。上海总商会则因"佳电风波",饱受舆论攻击,国民大会上海事务所总务科主任陈公哲将总商会朱葆三、沈联芳二位会长归为"第四、第五卖国贼","须将此败类驱逐"。[312] 1925年6月,上海学生联合会亦因总商会在"五卅"交涉中"擅提"13条,议决要求政府开除总商会正副会长国籍,并没收其财产,如政府不执行,即由市民自动执行。[313]

抵货运动中矛盾的激化与运动的结束

中国近世的民族主义运动其实有许多内在的制约因素,这些因素到运动发展到一定阶段,便会以种种形式表现出来,引起运动参与者的矛盾冲突。最后各界的联合既无法维持下去,频起的冲突亦危及秩序的安宁,等到官方出面以强力干涉,运动便渐渐中止了。

运动坚持的困难

首先,民初中国工业发展的现状决定了抵货运动的暂时性与无效性。抵货运动的持久必须建立在替代性物品的充足供应,以及价格与质量方面的可比性上。但是民初国内的工矿业实际上还没有足够的替代性产品与生产原料的供应能力,这一点便决定了抵货只能是暂时的举动,激进学生要求的"永远经济绝交"只能是一句不切实际的口号。[314]

"五四"时期对日经济绝交,我国商人最受影响者先是棉织业，因为其原料多依赖于日本纱厂的产品，[315]拒绝日货，国货原料供求关系失去平衡，价格剧涨。本国棉织业产生恐慌，尤其家庭式小工厂由于资本薄弱，损失更大。[316]如1919年6月7日苏州布业公会一份通函便颇能说明问题：

> 敝业震丰、公民、兴业、一新、慎昌、兄弟等布厂陆家函称：抵制日货经学界提倡以来，渐及各界，已有一致之现象。所最困难者，莫如我布厂所及之经线。查此项双股线，本国出品只有肆家，日夜赶做，不及二十包之数，而各厂所用未及十分之一，已势不能全用国货。然爱国之心，人人皆有，自然先尽国货，实在不敷，而又迫于忍辱含垢，补用东货。然则制造纱线厂家，亦宜体此艰难竭力推广出数，以救时局。此两利之道也。即各纱线号家各纱线贩户掮客，苟有天良，亦当共体此心，集合团力，坚持平价，断不可使国货之价高出东货之上，隐为东人解围。乃今日接到上海纱线报告，蓝鱼、双鹿向为东货之好牌子，市价叁百念两，双喜、文明为国货牌子，向来价格在鱼鹿二牌之下约四五两左右，今竟售至叁百念捌两，高出东货至八两之多。试思布厂家有此便宜，谁复肯牺牲成本，坚持抵制之初心，是为渊驱鱼，为丛驱爵，仍在吾中国同胞也。[317]

五四运动中，上海日煤所受打击甚小，盖因"上海若无日本煤之供给，工厂之大部分皆将休业也"。[318]苏州、无锡等地的工厂其实亦依赖于日煤的供应。1919年7月30日，苏州坤震公所致函苏州总商会解释不能禁绝日煤的原因：

此次抵制仇货,坚持到底,来日方长,必须兼筹并顾,兹据煤业各号佥云,于事实上有万难办到之处。盖烟煤一物,不特为人生燃料日用之一种,且为一切工厂及轮舶之必需品。我国矿产虽富,风气闭塞,故步自封,不能各省开矿,即已开者,如井陉、中兴、贾汪以及浙之长兴等矿,所产无几,供不应求。而况国有干路,每虞车辆缺乏,交通梗阻,航运则华轮有限,不克接济。上述各节,已与无矿相等,欲维持工厂之工作,轮舶之通行,不得不谋燃料之供给,采用日煤实为不得已之苦衷。若不用日煤,势必各工厂因此而停工,轮舶因此而停驶,不啻因噎废食。以煤为原料品之一,若因断绝日煤之买卖,影响工作,妨碍运输,无异自然。事实上情理上有万万不能不用日煤者也。[319]

其他一些日用品如糖、药品等亦在被禁之列,更影响民生,实际上亦难做到。[320]苏州总商会提出"相对抵制"一说,便是建立在此一实际考虑的基础上。1931年,俞宁颇亦指出,由于日本输华货品多为我国自行供应不足的日用品,如棉织品、糖、煤、纸、木、面粉、鱼等,无一非我国重要之必需品。所以抵制日货仅能限于一时热度,而不能持久,盖事实上不能做到。[321]

正因为有实际的困难,所以每次抵制日货行动结束后,中国商人均大量购进日货。[322]日货销量前后相加比非抵制时期并不会有太大的降低。民众的消费欲望由于短时间被压制,突然的爆发可能会导致更大的增长。据俞宁颇统计,自1907年至1929年23年中,日本对华输出额最高的两年分别是1925年（468 438 956日金元）及1919年（447 049 267日金元），可见民族主义运动中的抵制日货，不但不能促使日货销售额降低，反使其上扬。以前不少论者常从抵制行动最高涨的一两个月来考察日货进口额的变化，而不从较长的时间段上来分析，所以得出的结论往往与事实相悖。[323]

一些人在运动中也恳劝工商界努力举办国货工厂、商场，旨在从根本上解决问题。但是在当时，国内资本并不充裕，而且投资国货工厂的利润回报并不一定比其他方面的投资要高，何况还有其他技术、管理、时间上的种种问题存在，虽然有抵制机会，但是中国商人并不能一下子将利权全部收回。因此这种主观上的愿望在短时间内是无法实现的，有时商人亦以此种理由来应付学生。1919年12月，南通洋货业曾与学生联合会代表讨论切实抵制日货一事。洋货业商人便提出：

> 根本救国，以组织工厂为前提，张啬公曾有敬告全国学生书，每一学生认招股份一百元，或分为十零股，每股十元。南通中学以上学生约千余人，以每人一百元计，当得千余万元，应请学生会克日招集股份十余万元。吾商界同人亦当随学生之后，招集十余万元在海海（应为"淮海"——笔者注）实业银行，请张退公、啬公组织，可以抵制日货之公司，以免空言救国之说。[324]

但招募股份一事，学生无疑难以做到，而南通洋货业商人只不过以此来暗示学生的行动于"救国"一事并无作用。

其次，抵货运动亦带来物价上涨，影响民生。抵制外货时,可替代的国货销路自然畅旺,但国货生产厂家的生产能力一时间又不可能有一大跃进,于是可能发生国货供不应求的情况。此时,按市场规律,国货的价格应会上涨,尤其是工业原料等更为突出。因此需方的商人或者以"原料或者日用品"为由要求疏通日货,或者抗议生产厂家趁机抬高产品售价,要求平价销售。[325]然而,生产厂家,则以捐税苛重,成本高昂,产品价格难以与舶来品一律,[326]势必会要涨价。

物价上涨亦影响到普通民众的生活。上海罢市后,物价飞涨,市民购日常生活用品均受阻碍。[327]南京在抵制日货运动后,"各业对于国货任意增价,竟有趋过未抵制某货前一倍以上者"。[328]在苏州,国货近日价值骤昂,"以致热心购用者不免因而障碍"。[329]《新闻报》1919年7月15日亦报道,徐州自抵货以后,一些日用品改用国货,洋油、洋烛则改用美货,但"均不免涨价之弊"。如白糖一项,由于东糖不来,而土糖畅销,售价由每斤160文涨到260文。[330]因为物价上涨,普通民众对学生的抵货行动可能会不满。所以宿迁县老百姓埋怨学生,称"布也贵,洋货也贵,都是学生造的孽"。[331]

物价上涨,亦引起商界与学界间的矛盾。苏州教职员联合会以商店抬高国货售价而诉诸商会。[332]浙江公团联合会中则有教育会提出约束国货售价,违者则加重罚则。[333]镇江商会亦劝各商家勿抬高国货价格。[334]学生则多将物价上涨的原因完全归咎于"奸商"的丧心病狂、利欲熏心。[335]

对一般民众而言,要求人们不买便宜的日货而去购价格昂贵的国货,除非有一定的额外补助,否则仅靠"爱国热情",此种违反消费常识的举动不可能持久。[336]亦不应责怪人们缺乏"爱国精神",将消费偏好问题政治化、道德化并不能解除抵货运动的内在羸弱。所以一时的不用日货,大家容易做到,但是要根本上禁绝,而又无相应利益补偿措施,则是不可能持久的。

最后,商人利益损失无法得到补偿,亦决定了他们不可能持久地配合抵货运动。

王冠华认为当某些爱国运动所采用的斗争手段往往使一部分社会成员的利益遭受特别重大的损失时,如果他们的利益得不到补偿,就难免中途退出。[337]古鸿廷在一篇讨论五卅运动的论文中亦注意到:也许商人并不缺乏"爱国主义",关键是他们在运动中遭受最直接的损失时,并没有得到相应的补偿。[338]这点正是商人与学生、党人意见分歧的根本所在。

五四运动与五卅运动中,除少数国货厂商外,多数商人均有经济上的损失。据商界自己的统计,五卅运动中,商人的直接损失合计达银360万8千余两,大洋775万余元。而因金融贸易阻滞造成的间接损失则无法统计。[339]

即使是国货厂商,运动亦可能给他们带来麻烦。如原料价格的上涨,遭受名誉上的攻击等。五四运动期间,南洋兄弟烟草公司,曾一度因有人指控公司中有日人参股,致使营业滞呆。英美烟草公司则趁机抢夺市场。[340]江阴规模最大、成立最早的织布厂华澄织布厂亦因为购日纱问题和学生发生冲突。[341]

正因为抵货运动中无法解决的利益冲突,所以国人所发起的历次抵制行动,效果均不彰。而1919年与1925年的运动,其规模之大,声势之广,均让人瞩目,但其效力却甚微。此种结果亦证明了由党人、学生发动的运动,其成效实际上并不明显,我们可以将此两次运动与1908年及1923年的两次抵制日货运动相比较,此两次运动因多由商人主动,而收效颇著。[342]以往论者多从道德角度来讨论抵货运动不能持久的原因,而没有看到利益矛盾的不能解决实为关键。

正因为抵货运动内在问题的制约,短时间要求商人配合是有可能的,但等时间一长,商人便多因生计需要而不可能长久地坚持。在运动发生之初,有的商人便以为抵制运动不可能持久,对要求商人牺牲利益不以为然。[343]亦有论者发现,"随着斗争的深入,学生向工商界提出了限期处理完日货和以后不准再购运、出售日货的要求。这时,资产阶级的态度发生了变化:除一部分继续赞成抵制日货外,大部分开始动摇,少数反对,并破坏抵制日货运动"。[344]

盐城洋广货业在五四运动发起之初,尚能按照商学联合会的要求,不进日货。但在运动进行了3个月后,则大进日货,并拒绝接受检查。[345]到后来,则是"查得愈紧,运得越多"。[346]扬州鸿兴昌广货店在当地同业中规模最大。五四运动起,店主陈楚为了不致成为众矢之的,曾第一个表示决不进日货,并声明如查获该号私进日货,听凭众业处罚。但到7月,其仍因购进日货而被学生查到。[347]

其实对学生而言,利益亦是一个重要的考虑。由于抵货运动一般与自身利益关系不大,只需以热情语言去演说,所以参加者往往不惜一切。但如果运动牵涉学生自身的利益,那么其态度可能亦会因此而动摇。如五卅运动期间,杭州广济医校学生曾以离校表示抵制。但到学校举行毕业考试时,仍有不少学生去参加。[348]真正愿意为了公共目的而抛弃自身利益的人毕竟不多。但是对商人而言,抵货运动则可能会令他们遭受严重的经济损失，所以态度不可能不再三慎重，而行动必然倾向于缓和。要求商人不顾一切"私利"为"国家"让路，[349] 如何可能做到？

运动中对商人财产权与身体自由的侵犯

民族主义运动期间，一些团体以抵制日货为由，夺走他人财物，甚而焚毁。从当时的法律上来看，此举无疑是侵犯了公民的私有财产权，在法律上并无依据。但是，民族大义之类的"情"在此时，似乎已压倒了"法"，而商人亦不大敢与此作对抗，[350] 只有一面承认自己亦"爱国"，一面竭力保护自己的财产。[351] 于"爱国"与"卖国"的"大是大非"面前，私有财产权利并无容身之处。

所以抵货运动，如果是以财产权的保护为前提，那么其坚持下去是可能的。但是如果是以侵害他人的财产权为代价，则会引起利益受损者强烈不满。运动期间在一些利益攸关行业的商人的言语中常可以发现"血本""血汗"等字，以求得他人的理解。[352]

商人为了保护财产权，常强调抵货乃是本于"良心之主张"，[353] 争取自办检查及处理违规者，反对学界干涉，不愿意被外力所强迫进行。五四运动之初，苏州洋货业詠勤公所即认为学生或者外界并没有权利干涉商人的营业自由。该公所强调："商界与学界及各公所均有独立之权，彼此未могсь侵越。即抵制问题发生，纯乎良心上之主张，并无何种特设机关所能干涉。""人民既处法律之下，苟非违犯法律，理得营业自由。"[354]

但学生及其他势力方面却不以为然，他们多认为自己出于"爱国"之心，自然代表"道义"与"正义"，对待不愿配合的奸商，使用强制力是理所当然，所谓"私有财产"，似乎从未在学生等人的考虑之中。抵货运动发起后，江浙地区的学生与其他各界组织了大量的抵货团体，一些便径直宣布主要目的在于监视商人。绍兴学生曾警告商会，若各商家仍不将所存英、日货造册送各界联合会与商会，便入店搜查。[355]有些学生在检查货物时，连账簿亦要一同检查，[356]就商人方面而言，这自然难以接受。而学生对商家任意罚款，甚至抽税，更超出运动的范围。[357]

运动中对商人身体自由的侵犯及人格的侮辱似乎到处都在发生。而这种侵害在以前似乎是较少出现的，可以视作是1920年前后中国社会的一个重要变化。

由前文，我们可以发现，不论是上海还是江浙其他各地，罢市基本上是在学生与其他各界的压力下宣布的。而且当时一些商会，由于举行会议时，各界代表得以进去旁听，且发表演说，[358]甚至将商会里外包围，所以一些地方的商会宣布罢市是在这种被迫的情形下宣布的。[359]扬州商会为了避免"不逞之徒"在该会讨论抵货办法会议时进入会场，特别规定与会各业代表须持传单进场，并请警区派8名警士在会门前守卫。[360]而据说，苏州振兴电灯公司经理祝兰舫则因苏州商会开会时人太多，而不敢出席讨论该公司是否掺有日股的会议。[361]

五四运动时，各地因商人违犯抵货规定而侵害商人身体及人格的事件经常披露于报端。[362]1919年11月，徐州学生将协和号店主赵存仁面上书写"奸商"二字押着游街。[363]12月，徐州学生又将一进口东洋布的商店店伙扭出游街，迫令店伙自呼"我是卖国贼""我是亡国奴"等，"稍不服从，即唾其面"。[364]温州学生将抗拒抵货的洋货店孙某身穿红衣,游街示众。[365]宁波"余懋"纸号店主陈声源因为从检查队员手中抢回该店被查日货,而被戴上高帽子,游街示众,甚至沿途观看的人"唾其面以泄愤"。[366]宁波学生也将新章店主朱如松戴高帽游街,这个举动被《越铎日报》称作是"吾甬空前绝后之盛举"。[367]以此种激烈形式对商人,在公共场合加以污辱,此前似乎不多见,此后则成为抵货运动中的经常行动。到1927年后,将"奸商"关进木笼当街示众也不罕见。将商人游街示众,相当于以前官府对待犯人的法子。但无疑官府是有法律依据的,而学生的举动则是蔑视既有的法律,亦显示他们内心的"轻商"倾向。江阴学生则制作"耻辱碑",如查到日货,便将货主姓名书于碑上,"以为众耻",作为对其"人格及名誉上之处罚"。[368]

类似的事件在江浙地区以外似乎亦有许多。[369]1920年4月,重庆学生团有"将华商复升恒号东卓云程捆缚涂面,裸体游行街市,并将该号所存货物,约值银两万两,概行抬出焚毁"之骇人举动。[370]湖北外交后援会在发起后,因"彼邦既毫无觉悟,会力复渐形驰懈",乃认定"皆由于国贼媚于外,罔顾大局,奸商违约,私销日货"所致,遂有针对商人的严厉措施出台:凡查出奸商劣货,完全充公,另盖亡国奴印记于奸商面部,以示惩儆。9月21日,旅居汉口的经营海味的浙江商人陈钟彝即被外交后援会职员以暴力殴至重伤。[371]杂货商祥和店员孙克明、海货商号振源号周振基、棉丝商寿昌鸿、胡再卿等多人被殴打并盖印于脸上。[372]

不但如此,一些地方还出现以暗杀手段来恐吓商人。在上海,1925年6月6日,总商会会长虞洽卿住宅被人投掷炸弹。[373]上海振华堂洋布公所总董余葆三亦在"五卅"时期接到手枪子弹的警告信。[374]

运动中冲突的升级

既然运动中的矛盾无法得到解决，冲突便日益升级。愈到运动后期，商人愈不能忍受。以至于学生被打、[375]商人以武力夺回货物、[376]组织"流氓"对付检查学生、[377]胁迫学生放弃检查等事件不断发生，[378]甚至六合县布业商人组织"十人团"来抵制学生查货。[379]五四运动与五卅运动期间，江浙两省当时均发生了一些大的冲突事件，下面略举三例：

（1）苏州焚毁日货案

1919年7月23日，苏州东和成号破布店店主李蔼东自上海华章纸厂运进东洋纸货200余件。由于怕被抵货团体查到，于是先借朝真观堆放。但按照事后的调查，"其用意在偷捐，并图私销"。[380]后来苏州纸业认捐公所获悉，即前往查勘。李蔼东在接信后则托人表示承认照章纳税。不料此事为学生联合会探知，即派人前往调查。

7月24日，学生联合会函告商会，声称查得私进某货，请于29日派代表来吴县教育会开会，共筹对付办法。28日，东和成号致函总商会，表示该货为"敌友"所有，声明不代人受过，[381]亦暗埋引日人干涉的伏线。29日商会派代表两人与会，"代为陈述各该业情由，以期保护商货，和平解决"。在此会议上，各界代表"力主焚毁"，商会代表力持反对无效。继而商会代表要求将洋布纸张等件充作善举，亦被多数否决。商会代表最后宣布对焚毁一节不负责任，且不负担经费，[382]并于30日在本地各报纸发表通告。[383]

30日，学生联合会与爱国恒志团派人到朝真观提货，将

197件纸货运至城内公共体育场，准备次日与其他查扣日货一起焚毁。东和成店方为保住货物，立即报告警区，但警察并不拦阻。又请日本驻苏州领事出面交涉，即转称该货为日商所有。日本领事即要求苏州地方交涉署与警察厅给予保护。警察厅长承诺已派员监管，即可送还。31日，各界代表纷赴体育场，观看焚货。地方官吏即以事关外交，出面要求各团体从缓焚货，并张贴告示于场外。但此时体育场内已聚集2 000余人。一贴缓焚告示，许多人便开始起哄，纸货转眼间被人点燃化为灰烬。[384]

31日，日本驻苏州领事致函苏州交涉公署，称该项纸货198件，共值2 800余两，系上海日商三菱公司所有，委托东和成代觅地方堆放，现既被学生团焚毁，要求如数赔偿、严办加害者、解散排日团体及取缔排日运动等要求。[385]该案又由日本驻华公使馆向中国外交部严重交涉。

经认真调查，苏州地方交涉署认为货物明明是华商所有，日本领事显系干涉内地华商之事，实难承认。[386]李蔼东如果因而受损害，可向内地法院起诉提起赔偿。[387]10月14日，日本公使馆仍照会中国外交部，要求照价赔偿，并惩处学生团。[388]外交部则据苏州地方官吏调查，强调该项货物为华商所有，要求赔偿一节自应无庸置议。[389]到1920年4月，此案之风波仍未了结，[390]似乎成为中日间一悬案。五四运动中因为焚货而牵动外交，江浙地区可能以此案为最重要者。

（2）杭州高义泰案

杭州高义泰布店是杭州规模最大的一家棉布店，亦是每次抵货运动中学生查货的重点单位，每次运动均首当其冲。[391]

1925年7月3日，杭州学生联合会调查股30余人到高义泰布庄查货。该庄经理金某未答应,于是各干事即开始在该店门前露天讲演,哄动多人。警察与宪兵随即赶到,弹压无效,便商请店方让学生进去检查。当20余学生进店后,翻遍楼上楼下,封存大量日货。[392]是日查货,"聚观人众,途为之塞"。[393]次日晨,该店经理因学生查货影响营业而到商会投诉,虽然商会各业董均认为"如此查法,商店不胜其烦,非严行拒绝,不足以安商业"。但是他们并无有效的办法来制止学生的进一步行动,所以次日仍有20余名学生到该店查货。7月4日,孙传芳据军警报告,遂传谕要求学联"勿太侵涉营业自由,致妨地方秩序"。民众则谣传当局要下"临时戒严令"。[394]此事引起商界极大不满,各界公团联合会亦紧急磋商解决办法。[395]

孙传芳7月8日发表通电,要求民众"舍近利而规远图",并指出:"牺牲工商,损失以千万计,险象内忧,尚不知所届,若再不加矜恤,力予消除,恐怨愤所积,不待外交失败,而内部已先鱼烂矣。"此电是孙传芳因商会不断吁请而发表。[396]此案直接引起官方对学生查货行动的禁止。

(3)宁波"新章"案

宁波新章洋布店以销售日布为主要营业,店主朱如松。五四运动爆发后,该店便为学生及工商界的救国十人团所盯住。一日,十人团获悉新章店从上海运来日纱12件,立即通知学生联合会来查扣。学生到达码头想径直提走该货,但英商太古轮船公司并不予合作。学生又赶至新章店,向店主索要栈单,朱如松避开不见。后大批学生包围新章店,强行入店搜出大批日货,共有十三四车,全部运到江北岸空地付之一炬。[397]同时,学生并将朱如松戴高帽游街示众。"观者填巷塞途,有万人上下"。[398]

朱为抵制学生检查，一方面应付学生保证不再进日货，一面暗中与洋广货业同行商量对策，并筹备一笔"反抵货"的基金，预备雇人以武力对待学生的查扣行动。学生联合会方面，则集合数百人，仍上门检查，结果遭到店方埋伏的打手的袭击，10余名学生受伤，酿成血案。[399]后来，学生联合会乃将朱诉诸宁波地方法院，法院判决朱如松徒刑4个月。[400]此案当时轰动宁波，《鄞县通志》曾有纪事诗说明此事："新章主人罹祸酷，羞愤满腔恨绵绵，市侩殉利欲逐逐，死且不畏何况辱，一朝日货又披露，老羞成怒心手毒。……"[401]

不过相对而言，江浙地区在运动中的学商冲突还算是比较和缓的，其他外省如福州、广州等地均因抵货运动则发生更为严重的学商冲突，酿成死伤多人的惨案。[402]

如果说上述案例还是商家单独和学生发生冲突，那么在运动后期，一些地方出现的以罢市来对抗学生行动（参见表12），则说明问题正在不断普遍化。

表12 五四运动后期江苏地方商人抵制学生的罢市

地点	时间	发起者	起因
徐州	1919.11	商会会长	学生押协和号店主赵存仁游街侮辱
淮安	1920.1	京杂洋货等业	国民大会焚烧日货
邳县	1920.3		学生查劣货
浦口	1920.4	洋广杂货、海味各店	学生查获日糖
扬州	1920.4	绸缎、洋布等业	不满于封查日货规则
清江	1920.1	各业一齐罢市	商界因学生焚毁日货"颇为愤恨"

资料来源：《五四运动在江苏》，第334、386、395～396页。

运动的结束

抵货运动由于其内在的种种问题,故不能持久。而运动中商学矛盾不能解决,冲突愈来愈多,使官方亦不能不出面干涉。

1920年2月,为山东问题中日直接交涉,北京、上海学生又起风潮。但是政府方面,则立刻采取严厉措施,天津、北京等地均有学生被捕或者遭到殴打。2月6日,北京政府颁布严令,禁止学生干政,各校均由军警把守。15日,内政部令北京警察厅解散学生联合会与教职员联合会。[403]教育部亦通令各省当局禁止学生游行,"至于干涉商店,检查货物种种越轨之举,尤应一律严加阻止"。[404]

3月29日,浙省当局封闭浙江学生联合会。4月21日,杭州学生发动游行,驱逐省长齐耀珊与教育厅长夏敬观,遭到1000余名军警阻拦殴打,80余人受伤。[405]4月22日,苏州警察厅通告禁止学生游行、演讲、检查日货,称:"商店之营业,血本攸关,频经检查,滋扰实甚,倘或莠民假借名义,妄兴风波,则治安秩序,更属不堪。"[406]到5月初,上海、南京、无锡等地的学生联合会均被解散,但此时,很少有商人愿意以罢市来支持学生。[407]

同样,1925年8月,随着商界与学界矛盾的加剧,全国最有力的商学联合组织——上海工商学联合会亦被迫解散。上海学生联合会虽然一再致函上海各路商界总联合会,要求坚持团结,并发表"告商界同胞书",希望"吾商界同胞能顾及五卅运动的精神,通力合作,紧相携手,以打倒吾们共同的敌人——帝国主义",但上海各马路商界总联合会还是决议要求解散工商学联合会。[408]

另外，运动的结束亦与时局的变化有关。1920年7月，直皖战争爆发，东南一带战云密布，两省绅商乃努力进行和平运动，以避免战祸。在此情形下，学生联合会既被解散，而商界亦不再有人对此有多少兴趣，抵货运动便不了了之。相似地，1925年的五卅运动亦是在孙传芳驱奉战争的隆隆炮声中结束。[409]

一些学者亦曾指出，运动中止更重要的原因是缺乏明确的目的，学生运动中暴露出的缺陷亦非常明显。[410]所谓抵货的举动，批评者认为在事实上根本不能长久办到，徒添窃笑或招致恶感引起冲突。[411]

* * *

民初的民族主义运动，是晚清以来的"重商主义"思潮与政治运动的结合，而运动中的商人则表现出矛盾的性格。但总的来看，商人在民族主义运动中多是处于被动地位，除通电抗议或提倡国货等与商人利益无损的活动外，其他行动则迫于时局发展而参与，采取行动主要是为了避免更大的损失，以及保持一定的商业秩序。

五四运动及五卅运动中江浙各地的罢市似乎均是在学生的压力下，以"商界自动"的形式实现，但多非出于商界的本意。与其称他们的举动是因爱国所致，还不如说是对学生或者其他人激烈举动的恐惧，或者担心动荡中商店的财产受损。亦有地方的罢市因事发后金融奇拙，汇兑阻滞，市面清淡，加上有人鼓励所致。

抵货运动的发起，不同行业的商人利益得失相异，故其态度便有很大的分野。一些本来便处在外商竞争环境中的工厂或公司亦得以趁机以"爱国主义"为口号，发展营业。他们对运动的支持亦相当明显。而一些洋广货业等则因为运动而遭受损失，因此基本上持反对态度。

民族主义运动本来是针对帝国主义的一种群众运动。但是在实际中，运动的目标却发生了裂变。由于近世的民族主义运动常以抵货运动为其主体，因而"奸商"经常成为运动主要攻击的对象。而如何应付学生及其他各界的要求，亦成为民族主义运动中商人的主要工作。抵货运动中，许多商人都遭受了损失，甚至财产权与人身自由亦受到严重的冲击。但是运动中，商人并没有获得补偿，当商人愈来愈不能忍受进一步的损失时，他们与学生及其他势力之间的冲突便不可避免了。

同时，抵货运动在事实上亦无法持久进行，国内生产厂家既不能满足工业原料与民生用品的需求，短时间的振兴实业亦无可能。故运动的开展只给一些国货厂商带来牟利的良机，物价上涨不仅影响到商人，亦对普通民众的生活造成障碍。从这个角度来看，所谓抵货"五分钟热度"，并不是国人的道德上有问题，而是本国的实业发展水平还不足以支撑运动的延续。

学生并无力解决商人的现实问题，而仅以道德感召来呼吁商人配合他们的抵制工作。当商人无法坚持时，学生只得把手段强化，使商人对学生的恶感亦日益增加，最后，学生便很可能失去商人的基本同情，当学生失去了商人的后盾时[412]，其自身的运动亦可能也无法持续进行了。当官方开始真正地干预，以及秩序危机加重时，民族主义运动便自然冷却下去了。

注释:

〔 1 〕像五四运动之类的历史事件其实是多种运动的聚合,从任一方面来看都有讨论的价值。笔者在此文中,主要关注其"民族主义运动"的一面。

〔 2 〕余英时:《打开民族主义与民主的百年历史纠葛》,《联合报》,2000年12月25日,第4版。

〔 3 〕罗志田:《乱世潜流:民族主义与民国政治》,上海古籍出版社,2001年,"序"。

〔 4 〕执信:《舆论与煽动》,《建设》第1卷,第1期,人民出版社,1980年影印版,第3页。

〔 5 〕罗志田:《民族主义与民国政治》,《开放时代》(广州),2000年第5期。

〔 6 〕项士元:《浙江新闻史》,之江日报社,1930年,第8~9页。

〔 7 〕转引自罗志田:《民族主义与民国政治》。

〔 8 〕参见吕慎华:《袁世凯政府与中日二十一条交涉》,硕士学位论文,台湾中兴大学历史学系,1999年,第73~75页。

〔 9 〕Lodwick, Kathleen L.通过研究 Margaret Moninger 等人在中国海南一个教会学校的活动发现,他们在学校中曾将民族主义灌输给中国的学生。不过,这些外国老师亦发现学生的民族自豪感和排外主义上升的同时,他们自身亦成为攻击的靶子。Lodwick, Kathleen L, "Teaching nationalism to the Chinese: at the Hainan Presbyterian mission schools, 1915~1927", *Journal of Church and State*, vol.36, no.4 Autumn, 1994, pp.833~846.

〔10〕皮明勇认为中国近代民族主义既是政治家的神圣口号,亦是学者所热衷的带有信仰性质的理论,更是广大社会民众的朴素情结。皮明勇:《中国近代民族主义的多重架构》,《战略与管理》,1994年第3期。

〔11〕曹当:《扬州光复前后的回忆片断》,中国人民政治协商会议江苏省委员会文史资料研究委员会编《江苏文史资料》第7辑,1981年,第24~25页。

〔12〕皮明勇:《中国近代民族主义的多重架构》。

〔13〕王国斌:《转变的中国》,第153页。

〔14〕Joseph Fewsmith, *Party, State, and Local Elites in Republican China: Merchant Organizations and Politics in Shanghai, 1890~1930*, pp.60~61,

82~83.
〔15〕虞和平:《商会与中国早期现代化》,第338～341页;朱英:《转型时期的社会与国家》,第217页;白吉尔:《中国资产阶级的黄金时代》,第229~234页。
〔16〕浙江救国储金事务所编:《救国汇刊》,1915年,第3页。
〔17〕浙江救国储金事务所编:《救国汇刊》,第11页。
〔18〕佚名:《商人与国家》,《中华全国商会联合会会报》,第1年第2号,1913年11月,"论说",第5页。
〔19〕盛在珣:《商业道德》,商务印书馆,1915年,第12页。
〔20〕盛在珣:《商业道德》,第84页。
〔21〕陈华彬:《物权法原理》,国家行政学院出版社,1998年,第37～40页。
〔22〕白吉尔:《中国资产阶级的黄金时代》,第48页。
〔23〕据李健民估计,"五卅"惨案发生后,参与宣传的团体至少有上万个,宣传的方法则达10多种。李健民:《五卅惨案后的反英宣传》,《"中央研究院"近代史研究所集刊》,1981年第10期,第246页。
〔24〕如黄逸峰:《五卅运动中的大资产阶级》,《历史研究》,1965年第3期;徐仑:《五四运动中上海社会各阶级的政治态度》,《复旦学报》,1959年第5期;刘力行:《"五四"时期上海"三罢"斗争中的罢市问题》,《复旦学报》,1959年第5期。
〔25〕周策纵、陈曾焘等学者均认为商人的罢市与抵货行动表现了商人的爱国心或者"民族主义意识"的自觉。周策纵:《五四运动:现代中国的思想革命》,周子平等译,江苏人民出版社,1996年,第212页;陈曾焘:《五四运动在上海》,陈勤译,经世书局,1981年,第142页。
〔26〕张仲礼:《五卅时期抵货斗争与民族工业的发展》,《档案与历史》,1985年第1期;徐鼎新:《五卅运动与上海的资产阶级》,《上海社会科学院学术季刊》,1985年第2期;何毅亭:《五卅运动中的上海总商会》,《历史研究》,1989年第1期;李学智:《五四运动中天津商人罢市、抵制日货问题考察》,《近代史研究》,1995年第2期;朱英:《五四运动期间的天津总商会》,《华中师范大学学报》,1997年第6期;朱英:《上海总商会与五四运动》,《华中师范大学学报》,1999年第3期;虞和平:《五四运动与商人外交》,《近代

史研究》,2000年第2期。
〔27〕傅士卓认为商人在民族主义运动中的表现正反映了其政治参与热情的提高,或者是其"政治化"的一个重要内容。Joseph Fewsmith, *Party, State, and Local Elites in Republican China: Merchant Organizations and Politics in Shanghai, 1890~1930*, pp.51~83;白吉尔更把商人在五四运动中的表现视作是"资产阶级"形成的一个重要表征。参见白吉尔:《中国资产阶级的黄金时代》,第228~239页;李达嘉:《五四前后的上海商界》,《"中央研究院"近代史研究所集刊》,1992年第21期;李达嘉:《上海商人与五卅运动》。
〔28〕笔者统计,《申报》从1925年6月1日至6月12日,共登载浙江各地团体46封声援电报,但商界单独发表的只有2封,另外与其他团体合发2封。
〔29〕《激动商界罢市之防范》,《时报》,1919年6月2日,第5版。
〔30〕《县商会将开全体大会》,《时报》,1919年6月2日,第5版。
〔31〕《县商会开会未有结果》,《时报》,1919年6月4日,第5版。
〔32〕上海社会科学院历史研究所编《五四运动在上海史料选辑》,上海人民出版社,1960年,第281~286页。
〔33〕《五四运动在上海史料选辑》,第285页。
〔34〕《中日关系史料——排日问题》,第26~27页。
〔35〕参见 Joseph Fewsmith, *Party, State, and Local Elites in Republican China: Merchant Organizations and Politics in Shanghai, 1890~1930*, pp.53~54;朱英:《重评五四运动期间上海总商会"佳电"风波》,《历史研究》,2001年第4期。
〔36〕《昨日南北两商会之会议》,《新闻报》,1919年6月4日,第3张第1版;又《五四运动在上海史料选辑》,第244页。
〔37〕《昨日全埠罢市之情形》,《时报》,1919年6月6日,第5版。
〔38〕《学生要求商界一致行动》,《申报》,1919年6月5日,第11版。
〔39〕《学生要求罢市之所闻》,《新申报》,1919年6月5日,第3张第2版。
〔40〕中国社会科学院近代史研究所、中国第二历史档案馆史料编辑部编《五四爱国运动档案资料》,中国社会科学出版社,1980年,第252~253页。
〔41〕江苏教育会长沈信卿即认为徐此举适得其反,激起众怒,罢市乃成。海上闻人编《上海罢市实录》,公义社,1919年,第149页。

又《昨日之三大会议》,《时报》,1919年6月8日,第5版。

〔42〕中国社会科学院近代史研究所近代史资料编辑组编《五四爱国运动》上册,中国社会科学出版社,1979年,第389～390页。

〔43〕古厩忠夫:《五四期上海の社会状况と民众》,中央大学人文科学研究所编辑《五四运动史像の再检讨》,中央大学出版部,1986年,第270页。

〔44〕《交涉公署之劝导开市函》,《申报》,1919年6月8日,第12版。

〔45〕匡互生:《五四运动纪实》,《五四爱国运动》上册,第496～497页。

〔46〕徐仑:《五四运动中上海社会各阶级的政治态度》。

〔47〕海上闲人编《上海罢市实录》,第147页;又《五四运动在上海史料选辑》,第379页。上海商业公团联合会在五四运动初期表现似甚激进,与普通商人团体态度迥然相异。然而,该团体在运动中并不能真正代表商界意见,且受党派影响较深。

〔48〕《昨日南商会中之官民会议》,《申报》,1919年6月8日,第11版。

〔49〕在此点上,笔者赞同彭明先生的分析。他认为上海商人罢市带有被迫性。学生的要求和监督是他们的外部压力;店员的要求和监督是他们的内部压力〔彭明:《五四运动史》(修订本),人民出版社,1998年,第341页〕。不过,值得注意的是,学生与店员的背后是否有党派力量在鼓动,或者学生与店员以外的势力对罢市的发动起到何种作用,仍值得认真分析。国民党介入五四运动的具体情形,可从末次铃子与刘永明的研究中窥其大概(末次铃子:《五四运动の国民党势力》,载《五四运动史像の再检讨》,中央大学出版部,1986年;刘永明:《国民党人与五四运动》,中国社会科学出版社,1990年)。然其他势力在运动发起中的作用及各派系的联合等尚未见有人深入研究。

〔50〕黄美真、石源华、张云编《上海大学史料》,复旦大学出版社,1984年,第140页。

〔51〕关于31日晚总商会集会人数,说法不一,此据6月1日公共租界《警务日报》,上海市档案馆编《五卅运动》第2辑,上海人民出版社,1991年,第101～105页。又参考《执政府秘书厅为上海巡捕枪杀学生情形致内务部函》,1925年6月2日)中国第二历史档案馆编《中华民国史档案资料汇编》第3辑,民众运动,江苏古籍出版社,1991年,第120页;《南京路发生惨案后之昨日形势》,《申报》,1925年6月1日,第13版;上海社会科学院历史研究所编

《五卅运动史料》第2卷，上海人民出版社，1986年，第233页。
［52］上海社会科学院历史研究所编《五卅运动史料》第1卷，上海人民出版社，1981年，第746～747页。
［53］方椒伯：《回忆五卅惨案》，中国人民政治协商会议上海市委员会文史资料工作委员会编《上海文史资料选辑》第49辑，上海人民出版社，1985年，第19～20页。
［54］《五卅运动史料》第1卷，752页。
［55］上海市档案馆编《五卅运动》第2辑，第105、107页。
［56］《五卅运动》第2辑，第105页。
［57］"The Consul General at Shanghai（Cunningham）to the Secretary of State", Jun.3, 1925. *Papers Relating to the Foreign Relations of the United States*, 1925, Volume Ⅰ, Washington: United States Government Printing Office, 1940, pp.648～649；又《五卅运动史料》第1卷，第753页。
［58］《五卅运动史料》第2卷，第203～204页。
［59］参见《五四运动在江苏》，第96～98、123、125、127～128页。
［60］《五四运动在上海史料选辑》，第269页。
［61］《五四运动在上海史料选辑》，第269页。
［62］1919年6月6日"开特别会拍发北京电"。苏州市档案馆馆藏档案，I14-1-332-1。
［63］《五四运动在江苏》，第130页。
［64］《外城新闻-苏州》，《新闻报》，1919年6月10日，第2张第2版。
［65］《苏州罢市记》，《申报》，1919年6月9日，第8版。
［66］《各地罢市消息》，《申报》，1919年6月10日，第8版。
［67］《浙江历史大事记稿》，第259页。
［68］《五四运动在上海史料选辑》，第269页。
［69］《军民两长训令商会文》，《新闻报》，1919年6月8日，第2张第2版。
［70］《再纪杭州罢市情形》，《申报》，1919年6月12日，第7版。
［71］《浙江历史大事记稿》，第260页。
［72］《再纪杭州罢市情形》，《申报》，1919年6月12日，第7版。
［73］《杭州快信》，《申报》，1919年6月9日，第8版。
［74］《纪杭州罢市详情》，《申报》，1919年6月10日，第7版。
［75］《纪杭州罢市详情》，《申报》，1919年6月10日，第7版。

〔76〕《五四运动在上海史料选辑》,第418页。
〔77〕《纪杭州罢市详情》,《申报》,1919年6月10日,第7版;《再纪杭州罢市情形》,《申报》,1919年6月12日,第7版;《杭州快信》,《新闻报》,1919年6月9日,第2张第2版。
〔78〕《纪杭州罢市详情》,《申报》,1919年6月10日,第7版;《杭州总商会公电》,《新闻报》,1919年6月10日,第1张第4版。
〔79〕《苏州总商会通电》,《申报》,1925年6月6日,第11版。
〔80〕《江浙各界对沪惨案之援助》,《申报》,1925年6月8日,第6版。
〔81〕苏州市地方志编纂委员会办公室、苏州市档案局编《苏州史志资料选辑》第1辑,1983年,第133页。
〔82〕《杭州各界对沪案之表示》,《申报》,1925年6月3日,第6版。
〔83〕《江浙各界对沪惨案之援助》,《申报》,1925年6月6日,第7版。
〔84〕《南京通信》,《申报》,1919年6月9日,第8版。
〔85〕《五四爱国运动档案资料》,第265页;《五四运动在江苏》,第120～121页;
〔86〕《各地罢市消息》,《申报》,1919年6月10日,第8版。
〔87〕《镇江罢市志》,《申报》,1919年6月8日,第6版。
〔88〕《各埠对于上海罢市之影响》,《申报》,1919年6月8日,第6版。
〔89〕《五四运动在江苏》,第133页。
〔90〕《各埠对于上海罢市之影响》,《申报》,1919年6月8日,第6版。
〔91〕《五四运动在江苏》,第142页。
〔92〕《五四运动在江苏》,第128～129页。
〔93〕《松江罢市记详》,《新闻报》,1919年6月8日,第2张第2版。
〔94〕《沪商罢市之第四日》,《新闻报》,1919年6月9日,第3张第1版。
〔95〕何振球:《常熟文史论稿》,南京大学出版社,1989年,第242～243页;《五四运动在江苏》,第134页。
〔96〕《五四运动在江苏》,第137页。
〔97〕Yeh-Wenhsin(叶文心),"Middle County Radicalism: the May Fourth Movement in Hangzhou", *The China Quarterly*, No.140, Dec., 1994, p.909.
〔98〕毛翼虎:《"五四运动"在宁波》,《宁波文史资料》第1辑,第33～36页。
〔99〕《宁波罢市电告》,《申报》,1919年6月7日,第9版。
〔100〕《宁波罢市志》,《申报》,1919年6月9日,第8版。

〔101〕《宁波罢市风潮》,《新闻报》,1919年6月9日,第2张第2版。
〔102〕《宁波罢市志》,《申报》,1919年6月9日,第8版。
〔103〕陈世奇:《五四运动在温州》,冯烈鸿:《论学潮》,中国人民政治协商会议浙江省温州市委员会文史资料委员会编《温州文史资料》第4辑,浙江人民出版社,1988年,第138～149页。
〔104〕1925年6月4日,在学生强烈要求并以全体学生赴会请愿威胁下,宁波总商会见势表示"宜由本会自动,毋须诸君等督促"。随即该会召开紧急会议决定休业一天(《江浙各界对沪惨案之援助》,《申报》,1925年6月6日,第7版)。6月5日,南京商界亦在学生罢课与工人罢工的影响下方举行罢市(范崇山、朱戟:《江苏"五卅"风潮》,《江海学刊》,1983年第3期,第68～69页)。
〔105〕《浙省罢市纪详》,《新闻报》,1919年6月12日,第2张第1版。
〔106〕《罢市声中之闻见》,《新闻报》,1919年6月12日,第2张第2版;苏州市档案馆藏档案,114-1-332-13。
〔107〕《宁波罢市风潮》,《新闻报》,1919年6月9日,第2张第2版。
〔108〕《五四爱国运动档案资料》,第264页。
〔109〕《杭州快信》,《申报》,1919年6月12日,第6版。
〔110〕《中日关系史料——排日问题》,第26页。
〔111〕6月7日法租界先是有"操宁波口音之老者"向各菜摊劝告明日切不可设摊售货。继而则有"形似小贩者数十人逼令停售鲜货,有不允者若辈即用火油浇入鲜货之内使其不能售卖"。又有"多人拥至菜市街上,见有售鲜货各摊即将货抛弃踏毁无遗"。《上海商界罢市之第三日》,《申报》,1919年6月8日,第11版;《沪商罢市之第六日情形》,《新闻报》,1919年6月11日,第3张第1版。
〔112〕《五四爱国运动》下册,第177页。
〔113〕《五四爱国运动》下册,第198页。
〔114〕《沪商罢市救国记》,《新闻报》,1919年6月6日,第3张第1版。
〔115〕《五四爱国运动》下册,第177、187页。
〔116〕《沪商罢市救国记》,《新闻报》,1919年6月6日,第3张第1版。
〔117〕《沪商罢市之第六日情形》,《新闻报》,1919年6月11日,第3张第1版。又参见《罢市中之肉食问题》,《新申报》,1919年6月8日,第3张第3版。
〔118〕《沪商罢市之第六日情形》,《新闻报》,1919年6月11日,第3张

第1版。

〔119〕《时报》，1919年6月10日，第1张第1版；《五四爱国运动》下册，第89页。

〔120〕《五四爱国运动档案资料》，第252～253页。

〔121〕《全埠罢市之第二日》，《时报》，1919年6月7日，第3张第5版。

〔122〕《五四爱国运动档案资料》，第244页。

〔123〕《外城新闻-苏州》，《新闻报》，1919年6月10日，第2张第2版。

〔124〕《苏州史志资料选辑》第1辑，第41页；《五四运动在江苏》，第124页。

〔125〕李纯等致国务院密电，1919年6月8日，《五四爱国运动档案资料》，第273页。

〔126〕《五卅运动》第2辑，第113页。小商店此种营业方式似乎持续到6月26日开市。参见《五卅运动》第2辑，第225页。

〔127〕《五卅运动史料》第2卷，第200页。

〔128〕《时报》，1919年6月10日，第1版。

〔129〕《五四爱国运动》下册，第165页。

〔130〕《五四爱国运动》下册，第179～180页。

〔131〕《五四爱国运动》下册，第10页。

〔132〕《人间哀声》，《民国日报》，1919年6月6日，第1张第2版。

〔133〕京都大学人文科学研究所编《日本新闻五四报道资料集成》，该所，1983年，第254页。

〔134〕罗家伦：《一年来我们学生运动的成功失败和将来应取的方针》，《新教育》，1920年第2卷第5期。转引自周策纵：《五四运动：现代中国的思想革命》，第215页。

〔135〕参见《正谊通信社特刊》，《中日关系史料——排日问题》，第520页。

〔136〕陈曾焘认为"不管如何，绝大多数的商人及同业领袖，都和学生有同样的感怀，全心全意支持罢市的理想，即使他们明知这项措施将带来许多财务上的损失"。（氏著：《五四运动在上海》，第117～118页）但这得不到多少实际证据的支持。

〔137〕独鹤：《敬告爱国商人》，《新闻报》，1919年6月10日，第4张第1版。

〔138〕《宁垣罢市第四日情形》，《新闻报》，1919年6月12日，第2张第1版。

〔139〕《速开市》，《时报》，1919年6月10日，第2版；《速开市（二）》

《时报》,1919年6月12日,第2版。
〔140〕警:《罢市感言》,《新闻报》,1919年6月11日,第2张第2版。
〔141〕《五四爱国运动》下册,第106页。
〔142〕《五四爱国运动》下册,第316页。
〔143〕《五四爱国运动档案资料》,第244页。
〔144〕《沪商罢市之第四日》,《新闻报》,1919年6月9日,第3张第1版;《五四爱国运动档案资料》,第244页;《各地之罢市声》,《申报》,1919年6月9日,第8版。
〔145〕《中日关系史——排日问题》,第25页;《宁垣罢市第四日情形》,《新闻报》,1919年6月12日,第2张第1版;《专电》,《新闻报》,1919年6月11日,第1张第3版。
〔146〕《军警宣告戒严》,《申报》,1919年6月8日,第11版。
〔147〕《五四运动在上海史料选辑》,第321页。
〔148〕朱仲华:《五四运动在上海》,中国社会科学院近代史研究所编《五四运动回忆录》(续),中国社会科学出版社,1979年,第273页;《昨日南商会中之官民会议》,《申报》,1919年6月8日,第11版。
〔149〕《五四爱国运动》下册,第319页;《五四爱国运动档案资料》,第260页;《发现商会劝告开市之通告》,《申报》,1919年6月10日,第11版。
〔150〕《五四爱国运动档案资料》,第261页。
〔151〕《五四爱国运动资料》,第733页;《华界实行戒严之昨闻》,《新闻报》,1919年6月11日,第3张第1版。
〔152〕《五四爱国运动》下册,第80页。
〔153〕《上海全埠罢市之第七日》,《时报》,1919年6月12日,第3版;《五四爱国运动》下册,第125页。
〔154〕《五四爱国运动资料》,第733页。
〔155〕《五四爱国运动》下册,第325页。
〔156〕《五四爱国运动》下册,第318、323页。
〔157〕刘永明:《国民党人与五四运动》,第156页。
〔158〕《五四爱国运动资料》,第735页。
〔159〕《租界取缔学生行动之由来》,《新闻报》,1919年6月11日,第3张第1版。
〔160〕《曹慕管辞同乡会代表职》,《新闻报》,1919年6月10日,第3张第2版;《邹静斋启事》,《时报》,1919年6月15日,第1张第1版。

〔161〕《商业公团开会纪事》,《新申报》,1919年6月11日,第3张第3版。

〔162〕《今日全埠开市之消息》,《时报》,1919年6月12日,第3版。

〔163〕《五四爱国运动》下册,第287页。

〔164〕朱称"消息到沪,群庆胜利,但商界开市,必待学联代表到达,燃放鞭炮而后始营业"。朱仲华:《五四运动在上海》,《五四运动回忆录》(续),第273页。

〔165〕《各埠开市汇志》,《新闻报》,1919年6月13日,第2张第2版;《各地罢市之结束》,《申报》,1919年6月14日,第8版;《各地开市消息》,《申报》,1919年6月15日,第8版。

〔166〕《五四爱国运动档案史料》,第272页。

〔167〕《杭州快信》,《新闻报》,1919年6月13日,第2张第2版。

〔168〕《杭埠开市情形》,《新闻报》,1919年6月14日,第2张第2版。

〔169〕《(苏州)开市情形》,《新闻报》,1919年6月15日,第2张第2版。

〔170〕关于此点,请参见拙文《沪案交涉、五卅运动与1925年的执政府》,《历史研究》,2004年第1期。

〔171〕方椒伯:《回忆五卅惨案》,《上海文史资料选辑》第49辑,第20页。

〔172〕《五卅运动》第2辑,第221页。

〔173〕《五卅运动》第2辑,第220页。

〔174〕《五卅运动》第2辑,第225页。学生联合会与沪西工会曾向商家寄恐吓信,反对21日开市,据称天津路某钱庄便收到47封恐吓信。《五卅运动》第2辑,第241页。

〔175〕《五卅运动》第2辑,第229～230页。该委员会似有国民党右翼支持之背景,且与广东商人以及南洋公司有关。参见《五卅运动》第2辑,第189～190、197、204、209～210、254页。

〔176〕《五卅运动》第2辑,第235页。李立三及林钧等人均出席该次会议,他们的让步似是在得到上海总商会每天给总工会拨款30 000元救济罢工工人的承诺之后。《五卅运动》第2辑,第244页。

〔177〕1919年5月4日,北京大学学生二三千人"闻巴黎和会我国外交失败,举行示威运动",后群至交通总长曹汝霖住宅,"拥入曹宅捣毁器具,复纵火焚烧房屋十余间"。刘绍唐主编《民国大事日志》第1册,第142页;《五四爱国运动档案资料》,第185页;五四运动时,苏州学生甚至不能在日本人商店前演讲,学生方面亦怕引起交涉。《苏州史志资料选辑》第1辑,第59页。

〔178〕刘仁静曾指出，在殖民地半殖民地的国家，反对帝国主义最有效的武器之一即是抵制他们的商品。仁静：《抵制日货以后》，《向导周刊》，1923年第35期，第262页。

〔179〕自1905年因美国工约问题抵制美货，1908年因二辰丸事件抵制日货，后来1915年"二十一条"、1909年安奉线改筑、1919年山东问题、1923年收回旅大等皆引起抵制日货。日本研究会：《抵制日货之考察》，日本评论社通信部，1933年，第2页；俞宁颇：《抵制外货与提倡国货》，《商业月报》，1931年第11卷第9号，第1页。

〔180〕《苏州史志资料选辑》第1辑，第52页。

〔181〕《苏州史志资料选辑》第1辑，第52～55页。

〔182〕苏州市档案馆馆藏档案，I14-1-577-39。抵制振兴电灯一事，其实在1919年4月即因该公司调查私灯引起市民反弹，一些团体便倡议抵制，金阊市民公社乃公开揭发，并购置设备自筹发电。但障碍亦有不少。五四运动事起，此事便与抵制日货运动合流，成为苏州抵货运动中最重要之一幕。参见《苏州市民公社档案资料选编》，第243～245页。

〔183〕苏州市档案馆馆藏档案，I14-1-577-43。

〔184〕《苏州史志资料选辑》第1辑，第59页；苏州市档案馆馆藏档案，I14-1-334-1，I14-1-332-8。

〔185〕所谓"相对抵制"，即对"某国原料及机器为我国实业及日用所必需者"不作严格禁止。但在解释何为原料，何为必需，商人与学生等可能发生争执。参见苏州档案馆馆藏档案，I14-1-334-31，I14-1-577-33，I14-1-340-22。

〔186〕苏州学生联合会的8条办法是：一、劝各商不进日货（劝各店填不进日货志愿书）；二、已进日货由商学二会盖印出售；三、截止日货来源；四、已进日货由商会收集拍卖；五、请劝止米棉丝出口；六、日本原料作相对抵制；七、电灯公司募集股份（由学生会担任代募）；八、商会、教育会、学生会互相联络。苏州市档案馆馆藏档案，I14-1-577-30。

〔187〕苏州市档案馆馆藏档案，I14-1-577-32。

〔188〕苏州市档案馆馆藏档案，I14-1-577-33。

〔189〕苏州各界联合会成立于1919年五四运动后期。先是全国各界联合会筹备会派代表到苏州，苏州学生联合会遂筹备组织苏州各界联合会，要商会派全权代表二名参加。商会方面，则以该会之发起

既属学生,而且参与团体中以学生临时团体居多,所以对学生联合会的与会通知,回复称:"商会为商界组织之团体,以商事为范围,按照商会法,亦无以商会团体名义加入他项团体者,对于各界组织联合会,本会未便加入。"12月13日各界联合会成立,商会未列名其中(苏州档案馆馆藏档案,I14-1-509-13、15-17;又参见《苏州市民公社档案资料汇编》,第245~247页)。五卅运动爆发后,苏州各界联合会又重新活动,此次商会乃"本良心之主张",派代表参加讨论(苏州档案馆馆藏档案,I14-1-342-4)。

〔190〕《苏州各界联合会关于抵制英日货致苏州总商会函》,《苏州史志资料选辑》第1辑,第154页。

〔191〕《苏州史志资料选辑》第1辑,第155、157页。

〔192〕学生联合会通过的三条决议案是:一、"五卅"以前所进货盖印后销。以后所进,罚五成。调查后仍偷运,除罚款外,并勒令退回;二、各进口仇货不论生熟,不论绝对相对,除本国无法以代者外,一概扣留(如文化用品、机器等类不必扣);三、调查事业既由各界联合会推举商会为代表,则商会当然不能卸责,于调查时不能不到。《苏州学生联合会关于查禁仇货的决议案》,《苏州史志资料选辑》第1辑,第155页。

〔193〕商会与各界联合会、学生联合会等团体在用词上非常不同,前者只用"提倡国货",而后者则揭明"抵制仇货",这亦可看出商人不愿主动抵货的心理(参见苏州市档案馆馆藏档案,I14-1-340-25;《苏州史志资料选辑》第1辑,第156~158页)。相似地,"五四"时商会亦不愿将日货称为"劣货",而仅称"某货"(苏州市档案馆馆藏档案,I14-1-340-32)。

〔194〕苏州市档案馆馆藏档案,I14-1-340-25。

〔195〕苏州市档案馆馆藏档案,I14-1-340-16。

〔196〕《苏州史志资料选辑》第1辑,第166页。

〔197〕《苏州史志资料选辑》第1辑,第166~167页。

〔198〕《江浙各界对沪惨案之援助》,《申报》,1925年7月1日,第11版。

〔199〕《江浙各界对沪惨案的援助》,《申报》,1925年6月5日,第6版。

〔200〕《江浙各界对沪惨案之援助》,《申报》,1925年7月10日,第11版。

〔201〕《杭州快信》,1925年7月30日,第10版;《江浙各界对沪惨案之援助》,《申报》,1925年7月4日,第11版。

〔202〕《杭州快信》,《申报》,1925年7月15日,第11版。

〔203〕《江浙各界对沪惨案的援助》，《申报》，1925年7月3日，第11版；《杭州快信》，1925年7月15日，第11版。
〔204〕李健民：《五卅惨案后的反英运动》，"中央研究院"近代史研究所，1986年，第95～97页。
〔205〕苏州学生联合会代表曾表示，如果货物为某同业公所会员拥有者，则学界无干涉乃至处罚之权。苏州市档案馆馆藏档案，I14-1-334-31。
〔206〕《五四运动在江苏》，第162页。
〔207〕五四运动时，六合商学共订的抵货条约中，凡1919年6月4日各商在外订购的日货，如运到埠，则焚毁1/6，其余运回原地。《五四运动在江苏》，第243页；同年，宁波有商人运来台湾鹿7只，结果被枪毙1只，沉江1只，其余退回。《宁波文史资料》第1辑，第37页。
〔208〕李健民：《五卅惨案后的反英运动》，第93页。
〔209〕《五四运动在江苏》，第245页。
〔210〕《五四运动在江苏》，第244～245页。
〔211〕《申报》，1919年6月3日，转引自《五四运动在上海史料选辑》，第221～222页。
〔212〕《五四运动在江苏》，第62、77页。
〔213〕《五四运动在江苏》，第333页。
〔214〕《五四运动在江苏》，第332、334页。
〔215〕《浙江历史大事记稿》，第259页；《五四运动亲历记》，第344页；《浙江历史大事记稿》，第259页；李士豪、金鸣盛：《五四运动在绍兴》，《绍兴文史资料》第13辑，第2页；《宁波文史资料》第1辑，第34～35页。
〔216〕《浙江历史大事记稿》，第259页。
〔217〕《江浙各界对沪惨案之援助》，《申报》1925年7月9日，第10版。
〔218〕《江浙各界对沪惨案之援助》，《申报》1925年7月6日，第10版。
〔219〕苏州市档案馆馆藏档案，I14-1-334-31。
〔220〕苏州市档案馆馆藏档案，I14-1-334-17。
〔221〕《苏州史志资料选辑》第1辑，第82页。
〔222〕苏州市档案馆馆藏档案，I14-1-334-17、18。
〔223〕如1919年9月9日苏州总商会"议洋货业咏勤公所报告抵制以前存申东货运苏办法案"。苏州市档案馆馆藏档案，I14-1-335-15。

[224]《五卅运动史料》第2卷，第600页。
[225]《五卅运动史料》第2卷，第598页。
[226]《五卅运动史料》第2卷，第601～603页。
[227]《五卅运动史料》第2卷，第618页。
[228] 上海总商会通电云：敝会选接本埠进口各业来会报称五卅以前存货数多本巨，长此储存，则外交未收转圜之效，华商先受破产之危。先哲有言，全军为上，譬之制敌，断无有先自系其手足，焚其积储者，恳请设法疏通，以全血本等情前来。敝会以为外交之道，务求制人而不制于人，则华商元气不可不予保全，而保全元气，首在将五卅以前存货设法疏销。庶免货本搁浅，金融停滞，全国商业呈土崩瓦解之象。除证明五卅以前存货手续，刻正积极办理另电奉闻外，特将五卅以前存货应行疏销情形专电奉达，祈转饬贵处各团体广为传布。期共了解。至感。上海总商会删。苏州市档案馆馆藏档案，I14-1-342-6、8。
[229] 李达嘉：《上海商人与五卅运动》。
[230] 苏州档案馆馆藏档案，I14-1-340-1、11。
[231]《浙孙对南京路惨案三电》，《申报》，1925年6月4日，第6版。
[232] 国民党曾将商人分为革命与不革命两类，而其划分依据即是商人与"帝国主义"关系之远近（黄诏平：《中国国民党商民运动的经过》，第38～39页）。邓中夏曾称五卅运动中资本家都以各自的利益做出发点，而各持相当差异的态度。他将中国商业资本家分为国货派与洋货派，国货派起初对罢市非常赞成，而洋货派始终反对；又将银行资本家分为土著银行与中外合办银行两派，土著赞成而合办银行则反对。工业资本家与航业资本家则一度积极赞助运动〔邓中夏：《中国职工运动简史》（1919～1926），人民出版社，1979年，转引自《五卅运动史料》第1卷，第35页〕。
[233] 参见江苏省长公署统计处编《江苏省政治年鉴》，1924年，"实业"，第391页。
[234]《五四运动在江苏》，第234～235、257～260页。
[235]《五四运动在江苏》，第165～166、260～263页。
[236]《五四运动在江苏》，第259页。
[237] 参见《宁波文史资料》第1辑，第38～39页；《五四运动在江苏》，第257～265页；《五卅运动史料》第2卷，第543～549页；《杭州快信》，《申报》，1925年7月9日，第3页，第11版；《杭州快信》，

《申报》，1925年7月21日，第3页，第10版。

〔238〕上海市档案馆编《一九二七年的上海商业联合会》，第291页。

〔239〕苏州市档案馆馆藏档案，I14-1-577～19。

〔240〕《商帮协会之特别会议》，《时报》，1919年6月24日，第5版。

〔241〕毛翼虎：《五四运动在宁波》，《宁波文史资料》第1辑，第34～36页。

〔242〕《五四运动在江苏》，第71页。

〔243〕《五卅运动史料》，第2卷，第200页。

〔244〕参见上海社会科学院经济研究所编《刘鸿生企业史料》上册，1911～1931年，上海人民出版社，1981年，第62～63页。刘鸿生并建议将英商产业挂上中国国旗，以使"工作顺利"。

〔245〕参见刘鸿生之子刘念智回忆（《刘鸿生企业史料》上册，第76页）。五卅运动期间鸿生火柴厂之产品销路大畅，又乘机收购上海、苏州燮昌火柴公司（同上书，第81～84页）。

〔246〕许德珩：《五四运动六十周年》，中国社会科学院近代史研究所编《五四运动回忆录》（续），中国社会科学出版社，1979年，第59页；金普森主编《虞洽卿研究》，宁波出版社，1997年，第378页。

〔247〕《时报》，1925年6月18日，转引自李达嘉：《上海商人与五卅运动》。

〔248〕《上海提倡国货会小史》，第3页。

〔249〕李立三曾说："虞洽卿的捐款我们随时要，他随时拿。"参见《五卅运动史料》第1辑，第147页。

〔250〕陈真、姚洛编《中国近代工业史资料》，第491、500页；黄逸平、虞宝棠主编《北洋政府时期经济》，第109、125页。

〔251〕参见冯筱才：《虞洽卿与中国近代轮运业》，金普森主编《虞洽卿研究》，第231～233页；又《五卅运动史料》，第2卷，第548页。

〔252〕《中日外交史料——排日运动》，第67页。

〔253〕阮忠仁：《清季经济民族主义运动之动力、性质及其极限的检讨》，第273页。

〔254〕如五卅面盆、五卅表、五卅信笺、五卅肥皂、国耻毛巾等。参见李健民：《五卅惨案后的反英宣传》，《"中央研究院"近代史研究所集刊》，1981年第10期，第252页。

〔255〕陆米强、王美娣：《五四时期上海商人爱国活动大事记》，《档案与历史》，1989年第2期，第44～45页。

〔256〕毛翼虎:《五四运动在宁波》,《宁波文史资料》第1辑,第38页。
〔257〕《五四运动在上海史料选辑》,第217~219页。
〔258〕《申报》,1925年6月18日,第9版。
〔259〕《五四运动在上海史料选辑》,第216~217页。
〔260〕如项松茂的药店在"五四"时便遭指控是在日本注册(《项松茂敬答商学联会来函》,《时报》,1919年5月21日,第1版)。五四运动中,南洋烟草公司亦被人检举公司股本中掺有日人资本。经提倡国货团体证明后方能解脱,但损失已甚大(《证明南洋兄弟烟草公司确系华商营业》,《时报》,1919年5月23日,第1张)。
〔261〕《五四运动在江苏》,第66页。常州商界联合会似乎在1920年1月才正式成立。《五四运动在江苏》,第356~357页。
〔262〕海上闲人编《上海罢市实录》,第148页。
〔263〕在一次商轮公社与各轮船买办会议上,虞洽卿反对华商轮船公司货船停驶,为人高声喝断,虞不得已退场。海上闲人编《上海罢市实录》,第184页。
〔264〕Joseph Fewsmith, *Party, State, and Local Elites in Republican China: Merchant Organizations and Politics in Shanghai, 1890~1930*, pp.82~83.
〔265〕阮忠仁:《清季经济民族主义运动之动力、性质及其极限的检讨》,第302~303页。
〔266〕《五四运动在江苏》,第37页。
〔267〕苏州市档案馆馆藏档案,I14-1-334-31。
〔268〕《五四运动在江苏》,第229、338页。
〔269〕《五四运动在江苏》,第231页。
〔270〕《中日关系史料——排日问题》,第66页。
〔271〕《五四运动在江苏》,第128、149~150页。
〔272〕《五四运动在江苏》,第134页。
〔273〕《五四运动在江苏》,第150页。
〔274〕《杭州各界对沪案之表示》,《申报》,1925年6月3日,第6版。
〔275〕1925年2月19日,收部长会晤日本太田参赞问答,《中日关系史料——排日问题》,第411页。
〔276〕张承宗:《五卅运动与统一战线——纪念伟大的五卅运动六十周年》,中国人民政治协商会议上海市委员会文史资料工作委员会编《上海文史资料选辑》第49辑,第3页。
〔277〕1925年7月11日收上海朱锡麟等函,《中日关系史料——排日问

题》，第521页。

〔278〕范崇山、朱戟：《江苏"五卅"风潮》。

〔279〕《时报》，1925年11月15日。转引自李健民：《五卅惨案后的反英宣传》，《"中央研究院"近代史研究所集刊》，1981年第10期，第269页。

〔280〕李健民：《五卅惨案后的反英宣传》，第273页；余英时：《打开民族主义与民主的百年历史纠葛》。

〔281〕"学生"同时又是各界人士的"子弟"，因此对学生的惩治措施往往会引起社会各界的强烈反弹〔可参见：Hung-Ting Ku（古鸿廷），"Urban Mass Movement: The May Thirtieth Movement in Shanghai", *Modern Asian Studies*, vol.13, no.2, 1979, p.215〕。1919年6月8日，苏州警察厅致内务部警政厅报告函中亦称"观此风潮，各学生如疯如狂，可笑亦复可怜。压之不可，以学生与绅商有密切之关系。然纵之又恐惹起交涉"（《五四爱国运动档案资料》，第269页）。

〔282〕《罢市声中之下关悲剧》，《申报》，1919年6月9日，第8版。

〔283〕《中日外交史料——排日问题》，第191页。

〔284〕《五四运动在上海史料选辑》，第199页；《五四运动在江苏》，第39～40页；《宁波文史资料》第1辑，第33～34页；《浙江历史大事记稿》，第259页。

〔285〕《五四运动在江苏》，第334页。

〔286〕如盐城知事在1919年12月裁判同裕祥店伙殴击学生，捣毁学生联合会会所，抢回被扣货物一案时，承认学生"查违禁劣货，实系出于爱国热情"，判处该店伙有期徒刑2个月，剥夺公权3年（《五四运动在江苏》，第350页）；而温州米商因运米被查封到地方法院去起诉学生，但法院不予受理（《五四运动亲历记》，第344页）。

〔287〕《中日关系史料——排日问题》，第108页。

〔288〕《五四爱国运动档案资料》，第593～597页。

〔289〕《五四运动在江苏》，第147页。较早提出罢税的似乎是无锡国民大会总干事蒋哲卿，他认为无锡没有罢市的必要，"就人民与政府的关系而论，不外权利与义务二端，今政府不能维护人民之权利，即人民不愿仍为政府尽义务。与其罢市，不若暂时停止纳税（《五四运动在江苏》，第150页）。镇江罢市宣言中曾提及"现经全体公议，暂行停市，不纳捐税，以促政府之反省"。常熟地方团

体在罢市后,决议实行罢税,通电四乡公所、县商会、县农会通电各县征求意见(《五四运动在江苏》,第134、136页)。

[290]《五四运动在江苏》,第86～87页。

[291] 海上闲人编《上海罢市实录》,第146页。

[292]《五四运动在上海史料选辑》,第220页。

[293]《五四运动在江苏》,第232～233、248～249、243页。

[294]《五四运动在江苏》,第331页。

[295] 苏州商会档案,I14-1-577-30。

[296] 苏州商会档案,I14-1-334-1。

[297]《五四运动在江苏》,第217～219、221页。

[298] 1919年9月20日,扬州商学两界开会议决处置日货办法,便有商人因意见不合推翻讲桌。《五四运动在江苏》,第239页。

[299] 1919年10月,镇江学生联合会致函商会,称"本埠一般亡国奴之奸商,大进劣货,良心丧尽,天理毫无,本(会)现深恶痛绝之,前者予以薄罚,系属励惩之意,以儆将来。乃奸商不知自爱,即无怪学生之不情。本会以后实行全体分班,自出检查,一经查获,既不抬送商会,亦无商量余地,惟有即行焚毁,以示决心,以免噜苏,虽牺牲而亦有所不恤"(《五四运动在江苏》,第240页)。清江商会到最后便不出面组织商学联合检查(《五四运动在江苏》,第332～333页)。

[300] 苏州档案馆馆藏档案,I14-1-334-34。

[301] 苏州档案馆馆藏档案,I14-1-342-4;《苏州史志资料选辑》第1辑,第142页。

[302]《五四运动在江苏》,第395页。

[303]《江浙各界对沪惨案之援助》,《申报》,1925年7月6日,第11版。

[304]《五四运动在江苏》,第348页。

[305]《五四运动在江苏》,第130页。

[306] 苏州市档案馆馆藏档案,I14-1-577-36。

[307] 苏州市档案馆馆藏档案,I14-1-340-12。

[308] 苏州市档案馆馆藏档案,I14-1-340-1。

[309]《江浙各界对沪惨案之援助》,《申报》,1925年7月1日,第11版。

[310] 苏州市档案馆馆藏档案,I14-1-577-18、19。

[311]《五四运动在江苏》,第339页;《江浙各界对沪惨案之援助》,《申报》,1925年7月1日,第11版。

[312]《五四运动在上海史料选辑》,第250页。
[313]上海社会科学院历史研究所编《五卅运动史料》第2卷,第1003页。
[314]1925年,时任共产主义青年团中央宣传部长的恽代英便认为经济绝交说是属于右派的空想,绝交的作用只是暂时的而非永久的,由于事实上中国依然需要许多工业品,故经济绝交迟早总是维持不住的。恽代英:《中国民族革命运动史》,上海泰东图书馆局,1927年,转引自上海社会科学院历史研究所编《五卅运动史料》第1卷,第18页。
[315]到1931年前后,上海华商棉织业之用纱,日纱仍占70%以上。刘仲廉:《经济绝交于中日之影响》,《商业月报》,1931年第11卷第12期,第3页。
[316]刘仲廉:《经济绝交于中日之影响》,第3~4页。
[317]苏州市档案馆馆藏档案,I14-1-334-6。
[318]《五四运动在上海史料选辑》,第220页。
[319]苏州市档案馆馆藏档案,I14-1-340-22。上海煤商亦指出此点(参见《五四运动在上海史料选辑》,第205页)。
[320]《江浙各界对沪惨案之援助》,《申报》,1925年7月6日,第10版;苏州市档案馆馆藏档案,I14-1-340-23。
[321]参见俞宁颇:《抵制外货与提倡国货》,《商业月报》,1931年第11卷第9号,第2~3页。
[322]日本研究会:《抵制日货之考察》,日本评论社通信部,1933年11月,第3~5页。
[323]参见俞宁颇:《抵制外货与提倡国货》,第2~3页。
[324]《五四运动在江苏》,第338~339页。
[325]苏州市档案馆馆藏档案,I14-1-334-6。
[326]《江浙各界对沪惨案之援助》,《申报》,1925年7月13日,第11版。
[327]上海社会科学院历史研究所编《五卅运动史料》第2卷,第194页。
[328]《五四运动在江苏》,第248页。
[329]《苏州总商会为请设法劝令平价推销国货致中华国货维持会函稿》,《苏州史志资料》第1辑,第65页;又参见《苏州史志资料选辑》第1辑,第58页。
[330]《五四运动在江苏》,第235页。
[331]《五四运动在江苏》,第232页。
[332]苏州市档案馆馆藏档案,I14-1-577-31。

〔333〕《杭州快信》,《申报》,1925年7月28日,第11版。
〔334〕《五四运动在江苏》,第234页。
〔335〕运动中学生多持此论。参见《五四运动在江苏》,第61、63页。
〔336〕五四运动时,苏州人发起抵制振兴电灯公司,攻击公司中有日人暗股。但是民众仍"贪图便宜,纵然受人唾骂",亦照样使用该公司电灯。《苏州史志资料》第1辑,第63页。
〔337〕王冠华:《爱国运动中的"合理"私利:1905年抵货运动夭折的原因》,《历史研究》,1999年第1期。
〔338〕Hung-Ting Ku, "Urban Mass Movement: The May Thirtieth Movement in Shanghai", pp.197～216.
〔339〕《工商界消息》,《总商会月报》,第6卷,第6期,转引自李达嘉:《上海商人与五卅运动》。
〔340〕《五四运动在江苏》,第234页。
〔341〕据《江苏政治年鉴》,华澄织布厂创建于1905年,年产量113 000疋,工人560人。江苏省长公署统计处编《江苏政治年鉴》,江苏省长公署统计处,1924年,第417页;《五四运动在江苏》,第394～395页。
〔342〕日本研究会:《抵制日货之考察》,日本评论社通信部,1933年11月,第3～5页。
〔343〕1919年5月10日,上海学界有人劝令各商店抵制日货,到小东门附近,见某号货橱中陈列各货悉出日本,乃向店主劝导。不料店主声称:"我等皆中华国民一分子,抵制日货则应尽义务,然我国民只有五分钟最多十分钟的热度;历来办事均有始无终,君何等耀武扬威?"《五四运动在上海史料选辑》,第197～198页。
〔344〕《五四运动在浙江》,第10页。
〔345〕《五四运动在江苏》,第332页。
〔346〕《五四运动在江苏》,第240页。
〔347〕《五四运动在江苏》,第249页。
〔348〕《杭州快信》,《申报》,1925年7月21日,第10版。20余名五年级毕业生中,去参加考试的据报道有12人。
〔349〕参见"宿迁学生联合会敬告商界不卖日货书",《五四运动在江苏》,第231～232页。
〔350〕1919年8月3日,苏州总商会在答复交涉员时,便径直称"此次各学生热心爱国,民气激昂,商人无权遏制"。苏州市档案馆馆藏档

案，I14-1-334-51。
〔351〕上海先施公司曾提出"爱国"的同时要"保商"。《五四运动在上海史料选辑》，第200页。
〔352〕《五四运动在上海史料选辑》，第200页；《五四运动在江苏》，第60、70页。
〔353〕《五四运动在江苏》，第66页。
〔354〕苏州市档案馆馆藏档案，I14-1-334-16。
〔355〕《江浙各界对沪惨案的援助》，《申报》，1925年7月5日，第11版。
〔356〕李健民：《五卅惨案后的反英运动》，第93页；《五四运动在江苏》，第347页。
〔357〕南京学生有抵制仇货会的组织，他们公布的罚款，数额第1次为7 000元，第2次为222 587元。李健民：《五卅惨案后的反英运动》，第96页。
〔358〕如清江商会便有上海、南通来的学生在会演说(《五四运动在江苏》，第160～161页)；苏州商会亦有上海学生来会演说(《五四运动在江苏》，第158页)。
〔359〕五四运动时，烟台总商会在讨论罢市问题时，由于镇守使署及警察厅派人到场监察，遂有全体赞成不罢市之决议通过。《中日关系史料——排日问题》，第58页。
〔360〕《五四运动在江苏》，第161页。
〔361〕《五四运动在江苏》，第340页。
〔362〕值得注意的是，几乎所有的报纸在报道这些事件时，都不对被害商人表示同情。
〔363〕《五四运动在江苏》，第334页。
〔364〕《五四运动在江苏》，第347页。
〔365〕《五四运动在浙江》，第10页。
〔366〕毛翼虎：《五四运动在宁波》，《宁波文史资料》第1辑，第35～36页。
〔367〕《五四运动在浙江》，第11页。
〔368〕《五四运动在江苏》，第58页。
〔369〕李健民：《五卅惨案后的反英运动》，第97页。
〔370〕1920年6月26日收重庆交涉员陈同纪呈，《中日关系史料——排日问题》，第298～299页。卓本来即是普通中小商家，货物资本皆属赊欠，学生此举致使他立刻破产。
〔371〕1923年10月18日，收汉口裕记经理陈钟彝禀呈，《中日关系史

〔372〕《中日关系史料——排日问题》,第389页。
〔373〕《虞洽卿遇炸未中》,《热血日报》,1925年6月7日,第2版。
〔374〕《五卅运动史料》第2卷,第574页。
〔375〕《五四运动在江苏》,第394、395页。
〔376〕《五四运动在江苏》,第332、350页。
〔377〕《五四运动在江苏》,第346页。
〔378〕《五四运动在江苏》,第345页。
〔379〕《五四运动在江苏》,第250页。
〔380〕《中日关系史料——排日问题》,第118页。
〔381〕《中日关系史料——排日问题》,第125页。
〔382〕1919年7月30日,宋度、江维祺致总商会函。苏州市档案馆馆藏档案,I14-1-334-44。
〔383〕《中日关系史料——排日问题》,第119~120页。
〔384〕《中日关系史料——排日问题》,第94~95页。
〔385〕《中日关系史料——排日问题》,第117页。
〔386〕《中日关系史料——排日问题》,第119页。
〔387〕《中日关系史料——排日问题》,第121页。
〔388〕《中日关系史料——排日问题》,第169~170页。
〔389〕《中日关系史料——排日问题》,第171页。
〔390〕《中日关系史料——排日问题》,第234~235页。
〔391〕关于此店的经营概况,可参见董涤尘:《杭州高义泰棉布商店》,浙江政协文史资料委员会编《浙江文史集粹(经济卷)》,浙江人民出版社,1996年,第175~183页。在1931年的抵制日货运动中,该店经理曾因店中查出日货被抓到省党部门前"站猪笼"一天。
〔392〕《江浙各界对沪惨案之援助》,《申报》,1925年7月5日,第11版。
〔393〕《江浙各界对沪惨案之援助》,《申报》,1925年7月6日,第10版。
〔394〕《江浙各界对沪惨案之援助》,《申报》,1925年7月5日,第11版;6日,第10版。
〔395〕《江浙各界对沪惨案之援助》,《申报》,1925年7月9日,第10版。
〔396〕《浙孙对沪之通电》,《申报》,1925年7月15日,第10版。
〔397〕毛翼虎:《五四运动在宁波》,《宁波文史资料》第1辑,第34~35页。
〔398〕《五四运动在浙江》,第11页。
〔399〕毛翼虎:《五四运动在宁波》,《宁波文史资料》第1辑,第36~37页。

[400]《五四运动在浙江》,第11页。
[401]《五四运动在浙江》,第11页。
[402]1919年6月14日,福州因检查日货发生冲突,4人毙命,其中3位学生据说被"分别装箱,沉尸灭迹",总商会会长黄瞻鸿及其兄恒盛布庄店主黄瞻鳌因有嫌疑而被学生联合会起诉(中国社会科学院近代史研究所中华民国史研究室编《中华民国史资料丛编·大事记》第5辑,中华书局,1978年,第91页;《黄步琼第一次辩冤书》《黄步琼第二次辩冤书》,《时报》,1919年7月18日,第8版)。11月8日,广州亦因学生抵货游行时与先施公司冲突发生血案,警方出动以武力对待学生。学生被捕多人,且有被追溺毙者。事后警察厅长魏邦平发布告示,指控学生擅夺他人财物,广州军政府代理总裁莫荣新亦表示学生"恃众殴警,伙掠财物,围夺军械,实属不法已极",学生运动"逾越法轨,殊与盗贼无异"(《中华民国史资料丛编·大事记》第5辑,第127~128页)。
[403]刘绍唐主编《民国大事日志》第1册,第162页。
[404]《五四运动在江苏》,第404页。
[405]《浙江历史大事记稿》,第262页。
[406]《五四运动在江苏》,第407页。
[407]据1920年5月4日《民国日报》消息,南京学生联合会因上海发生"军学冲突","曾经运动商店罢市,继因各商铺被学生搜查劣货,暗生恶感,不愿再作学生后盾。故该生等,虽如何运动,皆未达到目的"。《五四运动在江苏》,第408页。
[408]《五卅运动史料》第2卷,第805~810页。
[409]1925年10月,上海商界的注意力已转到江浙战事上。《五卅运动史料》第2卷,第1074页。
[410]蒋梦麟、胡适:《我们对于学生的希望》,《东方杂志》,1920年第17卷第11期,第117~122页;诚之:《对于群众运动之感想》,《东方杂志》,1920年第17卷第16期,第83~94页。
[411]诚之:《对于群众运动之感想》,第83页。
[412]参见《李纯等奉令解散南京学生联合会》,《民国日报》,1920年5月4日;《五四运动在江苏》,第143页。

第六章　民初江浙商人的"政治参与"与政治地位

从商人与政治的角度来看,民初江浙商人与晚清时相比无疑有很大的不同。不论是革命的到来,还是战争的降临,或者民族主义运动的爆发,对商人而言,均是极大的环境变化。战争当然不是新鲜事,但民初的战乱与前代却有很大的不同。而近世才有的革命与民族主义运动则基本上是商人以前很少碰到的政治变局。从他们面临这些政治事件时的反应,可以看出近世江浙商人在政治方面的一些基本特质。

动荡政治中的商人应变

民国初年,革命、战争与民族主义运动这三种政治力实际是互为关联的。革命引起政权的更替,权威的堕落,各派军人遂以武力争斗不休,终演成"军阀混战",社会剧烈动荡,秩序不维。民众为摆脱战争的阴影,遂汲汲于"废督裁兵"的运动,自治思潮成为风尚。武力角逐中,军人不得不顾忌到一些民意,或者与地方精英人物保持良好的个人关系,因而民众享有一定自由空间。"民族主义"借着"乱世"而大行其道,其发展又让党人找到最佳的着力点,于是革命运动渐渐酿成大势。这三股力量绞在一起,从政治方面塑造了民初社会变迁的形态。

但是在政治力冲击面前,商人们的表现却似乎存在惊人的一致。如热衷于调和,低姿态被动的参与,以市面秩序为考虑的第一义,必要时以自己的力量进行自卫等。实际上,其关怀点是一致的,即以秩序为归依,以产权维护为本位。当然,趁势牟利的商人总是存在。革命之际,有将自己的投资方向转向政治市场的"商客";战争来临,更有囤积居奇的投机者;民族主义运动中,"外向竞争性企业"业主则是一大动力源。但对多数商人来说,一个能确保投资预期收益率的稳定商业环境总是他们的希望。

笔者在本书第二章曾简单分析过晚清江浙商人的政治意识与"政治参与",认为一般地方上的商人多抱"在商言商"主义,不愿涉及政治。这一点到了民初,变化并不大。在常态下,商人对政治的兴趣仍不大,传统的不过问政治的习惯仍为商人所遵循。小说《董新心》中,写到民国元年山东济宁县办选举,调查员侯三与李和尚带着巡警到开杂货铺的王老好儿家中送调查表,王吓得魂不附体,他宁愿多加捐,也不愿意填什么选举人调查表。[1]事实上民初地方上多数商人与王老好儿并无两样。正如时人所言:

> 向来我国商人的惯习,自以目的仅在求利,与一般政治无涉。从不过问政治的善恶,且所营谋,又往往越出规则之外,反以有法律保护为苦。国家因此亦将商人作奸民看待,不惟不加以保护,反设种种苛例,几欲排斥于社会之外,商人亦甘受其排斥。我国数千年来,商

人与政治情形,大概如此。[2]

创办于1910年的昆山桐油业商号鲍源大,是当地有名的大店,业务一直繁荣,到1949年仍不见衰败。业中人总结其成功经验,第一条即是"他们一家视政事为畏途,唯恐惹是生非,即使是同业公会,也很少过问"。[3]此类对政治有着天然恐惧的商人其实是地方商人的主流。

虽然理想主义的论说家一再强调商业衰敝是因商人对不良政治沉默之故,"恶政治之下商业断无发达之理",因此呼吁作为"在国内国际皆有特殊势力"之商人承担起改良社会之"特别责任",甚而提出"改造社会的心理、制造出合理的舆论于近世国家简直是商人社会的专责了"。[4]但是此种高调子的理想,只能是报人的清谈,对商人又有什么说服力呢?而且,为什么要商人来为社会发育付出如此大的成本呢?作为最在乎个人利益的一个群体,要商人来为社会利益作额外的努力,如何可能呢?

商人的心理,乃在于"国家之政治与商业有无关系均不必问,即有关系也,而我商人乐得坐享其成,安受其利。何烦干预其事,而受无数之销耗"。论者谓:"此犹之购物品者,终日呆立市肆,不出价值而望店伙之送与也。"[5]然而由商人来支付此种社会物品的购买成本,若没有适当的补偿,终究不是商人所乐为的。可以"搭便车"(Free ride),为什么要去努力呢?喜欢清谈的知识分子往往以商人多资,便应为此而多付成本,但这在道理上实不能成立。所以,要商人"知国家施行之各政,大率与商业有关系,一切公益之举,均为发达商业之导线,放弃习惯,除去依赖",[6]何其难矣。

苏云峰通过对民初商人的研究，认为：政治方面商人一般倾向保守。他们为了达到维持和平的目的，可能透过地方性及全国性的商会组织，发挥政治影响力。除了少数例外，多数商人是支持北洋政府的，或援助财政，获得赠勋；或担任政府顾问；其充任国会议员者虽少，然而可由商会影响决策，也唯有在维持政治现状下，商人始能获得最高的利益。因此，他们自然要反对任何形式的政治破坏或者革命。[7]苏所说的商人为了维持和平，透过商会发挥政治影响力，自然是属于商人在政治变态（战争）下的行动。而维护现有的政治秩序，反对政治破坏则是商人的常态表现。

商人不愿意涉入政治，其实亦与民初国内政治的混乱有关。派系林立、武力横行、政治风云变幻莫测，商人如何可能以自己的身家财产来作这种"政治赌注"呢？既然缺乏常态的国民政治参与机制，"政治参与"便蕴含着极大的风险系数。商人如与政治关系太密切，便可能遭受严重的损失。如论者指出，民初国内票号业的迅速衰败，即缘于其主要营业支柱——政府存款——的提尽。[8]民初中国人所办银行的存活率仅为33%，主要亦因为银行为政府担保所致。[9]

值得注意的是租界内特殊的商人与政治的关系。例如在上海租界内，西人用一套政治参与的游戏规则建立起他们的市政管理机构，因此，租界内的华人亦渐渐模仿。如上海公共租界内的"纳税华人会"的成立以及绵延不断的争取租界参政权的运动。在民族主义运动爆发时，上海商人可能会抓住机会向租界当局提出此参与的要求，[10]但是这种"政治诉求"不能等同于一般的商人政治参与，更不能把此种"租界政治"的模仿视作是清末民初中国绅商政治意识更新与进步的象征。这种政治观念与政治参与正如租界一样，是嵌在中国社会中的"飞地"，并不具备广泛的意义。而且，即使是多数上海商人，对于政治亦多避之唯恐不及。只是迫于上海存在强大的"政治场"力量，所以他们的"政治参与"便似乎比其他地方的商人更多一些。但是如果我们就每一个热烈的"商人参政"事件进行深入解剖，便会发现隐于商人背后的其他力量。

然而，民初政治时势的发展却常将商人卷入进去，商人想逃避亦无可能。稳定的社会秩序与法律制度是商业所赖以发展的基础。但是民初的政治动荡却直接危及秩序的安宁，法律制度亦受到冲击，在此变局中，商人为了避免其财产与生命的更大的损失，唯有出来自救。这种政治应变有时甚至对国内的政治走向影响巨大。但商人这种应变行动并不是什么严格意义上的政治参与。

笔者在前文中已经指出，民初商人所参与的政治，实际上可以分为商政与公共政治二种。商人国内公共政治的参与，其主要表现即是挽救秩序的政治应变。这种应变多是在地方层面上展开，全国层面的秩序挽救一般商人兴趣不大。如1913年，刚成立的中华全国商会联合会拟推举代表调停当时的党派纷争，但上海总商会并不同意，而京师总商会代表陈瀚波更上书表示反对，认为"国事问题，似非商人所能为力"。[11]张桓忠亦曾注意到民初上海商会侧重于地方交涉。[12]

因此，我们可以看到，革命到来之际，江浙商人为了避免地方秩序糜烂，一面与官吏、军人、党人交涉，尽力避免战事的爆发，争取和平独立或者光复；一面努力于维持地方治安，诸如举办自卫武装、筹措军饷，甚至参加政权。举凡商人在此时的行动,均是为了使革命能在有序的范围内进行,尽量减少其对地方秩序的破坏力,维护基本的经济制度不变。

一般商人都不喜欢社会发生动荡,尤其是军事冲突更为他们所反对。战事一起,交通阻隔,银根紧缩,市面顿呈危局,非但正常的商业利润无法得到,甚至祸及身家性命。然而,在1920年代,国内政局正动荡不宁,战祸亦连绵不绝。于是稳定秩序便成为许多地方的商人孜孜以求的目标,和平运动此起彼伏,但无疑这些均是时势逼迫下商人非常态的活动。[13] 为了预防地方上发生战事,民初的江浙商绅亦曾努力进行其和平运动。他们周旋于各派军人政客之间调停游说,抗议两省军政当局的备战行动,组织跨省的维和组织,促成东南各省的和平条约的签订。商人的这些"政治参与"无一不是在秩序危机下的应变举动。当战争爆发,商人的表现与革命来临时极为相似,办团自卫,筹措军饷,救济难民等均是试图以自己的力量来减轻战争对社会的破坏,使市面能维持不坠,保障生命财产的安全。

民族主义运动中,尽管商人的表现因利益关系而有所分化。但是从大多数情况来看,商人的罢市与抵货都是在学生及其他势力的要求下而被动地实现的,运动中多数商人也只是在消极应付,其举措多是为了减缓运动对商人营业的干扰以及财产的威胁。由于没有商人真正的参与,所以抵货运动成效不彰。但学生激烈的抵货行动可能危及商人的财产安全与人身自由,因此商人的抗拒便在各地发生,甚至引起严重的商学冲突,最终导致抵货运动的流产。不是说商人完全没有民族主义的情感,但商人的民族主义情感表现的强弱往往与其自身利益的是否有保障密切相关,所以在产权不保、秩序堪忧时,"民族主义"便跌到了最低值。

在面对秩序危机时,商人有时迫于形势,其应变策略表现得非常灵活。陈其美在"二次革命"失败后对周金箴、朱葆三等人"圆滑素性,各方敷衍"的评语;五四运动爆发时苏州总商会众会董的"两面光"政策;1917年浙省内部派系斗争中,杭州总商会"骑墙派"的做法都说明了此点。[14] 政治派系斗争中,一般商人更不轻易表态,以免招来祸端。在武装军人面前,商人更是谁也得罪不起。[15]

不仅江浙地区如此,其实民初中国多数地区的商人均在面对同样的问题。如李剑农便认为1924年广东商人与孙中山政府的矛盾,其根源便是政府未能落实保护私有财产制度。[16] 而像天津商会在民初的历次政治事件中的表现,亦不脱秩序维持与产权保护两目的。[17] 当然,不同的地区其应付的策略自然有所不同。

讨论商人与政治关系,还要注意到成本的问题。商人的"政治参与"并非没有代价,所以精于成本收益计算的商人会在适当时候放弃所谓的"政治地位",寻求强力的保护。李达嘉认为上海商人的地方自治机关在1914年后多为袁世凯所解散,以此说明拥有地方自治自主权的商人在面对强有力的中央政府时,显得不堪一击。[18] 其实商人又何曾去认真保卫他们此种"自治自主权"?他们关心更多的是"治安成本"(policing cost)的问题。[19] 当他们权衡之下,认为依靠一个可能的强有力政府比自己花钱自卫合算时,便不会管什么"自治"了。对商人而言,"自治"与"他治",意义并不大。只是在民初的政治混乱中,想得到一个稳定理想的"他治"并不容易,于是我们才可以看到一些地方商人积极参与地方上的"自治"。

另一方面,我们亦不可忽视,中国的商人一直有通过与官方拉近关系而牟利的传统。[20]利用"政治"来为自己的生意铺好道路,这种投机性的"政治参与"可能也存在。[21]但是,正如陈锦江所说,这种中国式的官商关系,实际上源于私有财产权利缺乏法律保障。[22]商人既不可能从法律上得到产权的切实保障,只有去与官员拉关系,以图避免私产的损失,以及获得更多的获利机会。余英时分析明清时代的盐商,便发现他们虽表现出浓厚的政治兴趣,如捐官、交结公卿权贵、附庸风雅等。但这些只是表面现象,分析到最后,他们的政治投资还是为了"援结诸豪贵,藉此庇荫"。[23]

"在商言政"论的误区与异常个案

在本书第二章,笔者已就晚清商人政治意识上涨的观点作了一些分析,并指出了一些方法论上的问题。对民初商人,则有更多的学者认为其政治意识渐渐高涨,到1920年代,甚至已由"在商言商"转向了"在商言政"。[24]笔者认为,从民初江浙商人与政治的关系来看,这种观点同样是值得商榷的。除了方法与史料上的问题外,这种观点在理论取向上亦存在以下三个误区:

第一,经济政治连带论。黄克武曾经认为,晚清"商绅"由于经济上势力的扩张,而促成他们政治意识的高涨。[25]如果这个判断主要是指一些政治上比较活跃的士绅,自无问题,却不适用于普通商人,而他所提出的经济发展带来政治意识的增进的看法,在国内外学术界是一个比较普遍的认同。

如傅士卓曾对1919年后上海商人的"政治化"有过简略

的分析。他认为,五四运动以后,上海商人的民族意识与政治责任感日益增强,尤其是上海商业公团联合会与各马路商界联合会的组织,"以商救国"的观念在一些商人中开始流行。而商人间的观念分野亦愈来愈明显。[26]白吉尔亦在其书中提出:从1917年开始,由于中央政权的衰落,官方对实业界的约束也随之减轻,而现代经济部门的发展,亦促进了社会自治力量的活动,1919年的五四运动显示资产阶级试图以其行动达到政治目的,不愿再按照动荡不定的中央政府意志行事了。白氏将此种历史现象形容成"与西方自由主义的偶合","嫁接到中国的自由主义",推动的因素是帝国主义的经济渗透,知识分子的西方化及民族资本主义的发展。[27]

其实,他们所预设的"经济强大必然滋生出政治要求"多是一种欧洲经验的照搬,中国商人经济再强大亦未必会产生出政治上的要求。当然在种种变数的影响下他们可能会有政治上的表现,但是这种变数不能用经济来作唯一或最终的解释,如时势的发展、地方商人的行业或地域结构、本地"政治场"的大小、中央政府的态度、地方当局的影响等均是重要的变数。在这里,"经济政治连带论"是不能随便套用的。

第二,资产阶级革命论。在许多论者的笔下,商人是被包含在"资产阶级"的概念之中的。因此,他们往往从预设的"资产阶级"的政治立场出发,来判断近世中国商人的政治意识与政治作为。他们认为,"资产阶级"对"资产阶级革命"的支持是自然的事;而"帝国主义"与"军阀"既然阻碍了"中国资产阶级"的发展,"反帝运动"与"反军阀战争"中"资产阶级"理应有积极的表现。

基于这种认识,对商人在时局动荡之际一些政治应变举动,他们便理解成"资产阶级"热烈的"政治参与"了。例如1923年上海总商会"民治委员会"的成立,是持此论者最喜欢举的一个例子。[28] 对此问题,笔者已在本书第四章稍加分析,得出的结论是:总商会众多会董对"民治委员会"的成立并不表赞成,该会成立后亦没有开过会,更遑论有什么实际工作。所以,"民治委员会"只是总商会在时势推动下一时的应变举措而已。

对以商人为主体的"资产阶级革命论"作过最完整表述的是白吉尔。她曾描述了"中国资产阶级"的政治轨迹:自辛亥革命至1927年的"四一二"政变,在前一事件中,这个阶级推翻了国家权威,而在后一事件中,则促成了国家权威的重建,正是在这两大事件的间隔时期中,资产阶级在革命的历史进程中,以最接近于市民社会的面貌降临于世。[29]

然而,如前文所证实的,从江浙商人的经历来看,商人既没有有意推翻"国家权威",亦没有有意促成其重建。他们只是在时势的推动下,被迫来客串一个"合谋者"的角色罢了。白吉尔在她的书中,把一些商人在秩序危机时的反应及维护其财产安全的行为,被动应付民族主义的"做秀",全视作"资产阶级的政治尝试"了。更为严重的是,在她笔下,居然未将"知识分子""政客""党人"等与"商人"区分开,因此,知识分子带有自由主义倾向的言论、政客的阴谋或者党人的策略全被视作与普通商人的行为同质的表现了。这种看法其实也是白氏在确定以上海为其考察蓝本后所得出的一个错误的结论。

如前所述,白吉尔亦注意到1919年因上海政治环境的变化,商人的政治表现呈现出与此前不同的景象。但这种不同更多地反映了皖系军人控制下的上海在政治方面的异动,并影响到商人的言行。当然此时上海商人未必是"军阀的工具",[30]但是无疑军人的态度对他们具有重要影响,他们在作出行动抉择时不可能不考虑到此点。[31]

第三,国家社会对抗论。与"在商言政论"有关的第三个问题是论者所预设的"国家社会对抗论"。白吉尔在她的书中亦提及:"资产阶级在黄金时代中所呈现的那种发展,标志着当时中国市民社会最迅猛的发展",而"中国资产阶级""自由主义尝试"的失败亦说明,在中国,国家是市民社会一个不可分离的组成部分。[32]她似乎将1919年后商人的一些政治表现视作是"市民社会"反抗"国家"的过程。朱英更引进"市民社会"论,认为商会是清末民初中国最具有市民社会特征的组织,首先的表现便是商会的独立自治活动。[33]在此框架下,无疑民初商会的挽救秩序的政治应变行动全被当成是"社会"在抗争"国家"的证据。

正如已有的研究所显示,在中国,"国家"与"社会"并未明确地划定疆界,而是互动地交织在一起,无法辨清,[34]所以"市民社会"反抗"国家"的这一框架未必适用。王家范亦认为,中国只有商人而无"市民"是个不争的历史事实。[35]他所指虽然主要是"帝国时代",但这种情形在近世并无多大的变化。1911年后,随着中央权威渐渐崩塌,社会秩序的维护责任便多为"地方精英"独自承担或寻求地方官僚系统(此一系统与他们有着密切关系,甚至来源于"地方精英集团")的合作。同时,他们仍未放弃从"中央"(只要有可能)寻求支持资源。这种新的"社会"与"国家"的关系,多是一种互利合作的模式，而不是处于对抗的状态。其合作的主要内容，亦多是在地方秩序的维护上。

由于论者们认为商人已在向"在商言政"转化，所以他们便常把"政治责任感"与"政治参与"的力度作为评价商人政治行为的标准。然而，商人又确实没有多少主动政治参与的史实可供论者们发掘，由是"政治幼稚说"便顺应而生。他们认为商人们普遍表现为"政治近视"，在政治上缺乏知识，因此不能作出有利于自己的判断。此种说法只是站在"革命知识分子"的立场上所做的评论。实际上，商人是最会计算成本与收益的社会阶层，"亏本的买卖不做"，不但于经济事务，政治事务和社会其他事务亦然。他们的"政治冷漠"在当时的政治背景下其实是最有利于他们的一种选择。而此种"政治冷漠"一旦面临其财产和生命（或社会秩序）遭受相关的危机时，便会演变成为"政治热情"，故商人的政治判断力不是建基于某种意识形态或者政治理想上的，而是立足于现实的环境变化。从此点出发，我们便很难轻率地说他们政治上"极幼稚"或者"愚蠢"了。

当然在非常时刻，商人亦会表示他们并没有"在商言商"，而是积极地参与政治，放弃了"只营商业，不问国事之陋习"。[36]但这只是商人在紧要关头自救性质的表白，不能认作是对其实际历史的总结。毛泽东曾以1923年上海总商会通电不承认曹锟贿选而对商人的"革命"行动大加称赞，认为"总算是商人出来干预政治的第一声"。[37]稍后不久，蔡和森又以全国商会联合会江苏省事务所一封给北京外交使团的通电，认为是"商人感觉到外国帝国主义助长中国内乱的第一声"，表扬他们是中国"最进步的商人"。[38]但这只是对商人一时应急行动的误会罢了。革命党知识分子可能是有意犯此"错误",以达到其宣传的目的,但是如果今天的历史研究者亦把商人维护秩序的一些临时应变之举,视作商人阶层在政治上开始觉悟,则是认识观上的误会所致。

如前所述,这里所指的"商人"主要是以经商为其主业的人,其兴趣和理想亦在其中。不能把一些暂居商界的党人、政客作为商人的代表来举证,"商客"或"商人政客"也不能算作民初中国商人的主流。[39]另一个表现是有的论者在分析商会的集体态度或行动时,经常选择一二位典型人物的言行来代表。于是我们可以发现,几位重要的"形象代言人"频繁出现在论者的著作中,尤其是上海商人如沈缦云、曾少卿、穆藕初、冯少山等人。其实从这些"代言人"本身的经历来看,也许不能都算是商人的典型。有些商人经商并非其本来兴趣,或者发现从政可以获得更大的利益,遂弃商入政,或者以政兼商。当然,亦有政客为着敛财的方便或者关系的亲近,故意任命商人为官僚。这时我们便要小心,不能把这些人当成是典型的商人或者商会的代言人来作讨论。尤其重要的是,不能将某个(或某些)商会会员的言论或行为均视同商会集体意见或者集体行为的表现。所谓"举例说明",首先要考虑例子是否真的能代表要说明的对象。如论者在论及上海商务总会在辛亥革命爆发之际立场的转变,经常引用李平书、王一亭等人作例子,但他们早在辛亥前即已加入革命党,故这种举例是值得商榷的。[40]

实际上,一般研究者所举的这些"商人"的例子,即包括至少四种类型:(1)党人型。如沈缦云、王延松,这些人表面上是商人,但从其行为活动及主要经历来看,则应被视为党人。(2) 绅士型。如李平书便是一例，其在商界的活动其实仅是次要的，而主要仍是以退职官宦的身份在社会上发挥其影响力。(3) 政客型。如冯少山的理想更多的是在政治层面，其与政界的交往更多于商界。(4) 帮会首领型，如杜月笙等人。将这些人与普通商人混为一谈是不能反映出事实的。在考察所谓商人的"政治参与"时，首先要注意这些人背后的党派或者帮会的色彩及政治势力竞争的内幕，再来弄清所谓"商人政治活动"究竟是怎么一回事。

另外，任何例子均有其特殊的时空环境的制约，不存在超然的例子。如关于1920年代商会"政治参与热情高涨"的判断，几乎所有的论者均使用同样的几个例证：上海总商会参加废督裁兵运动、商教联席会议及国是会议的召开、上海总商会"民治委员会"的成立，但是却忽略了这几个例子背后特别的时空意义以及众多的潜在诱因。[41] 如果真的要证实此种判断，那么就应从全国成百上千的地方商会中随机抽样，而不能仅以"政治化"程度最烈的上海作为证据。[42]

"责任群体"与社会秩序的维护

"资产阶级"概念既不可取，"在商言政"论也有许多误区。那么应该如何解释民初江浙商人与政治的复杂动态关系呢？笔者在此提出"责任群体"的概念，用来作为一种尝试性的分析概念。

面对各种政治力的冲击，民初江浙商人与其他地区的商人相比，遭遇的情境有许多的相似，但其应付却有其特点。晚清以来，随着江浙商人经济势力的上升，他们对社会秩序更为关注。当社会秩序遇到挑战时,其维护的努力亦相应增加。在此过程中,笔者认为出现了一些"责任群体",指民初政治动荡时,能主动承担维持地方秩序责任的社团与个人。商人则是其中坚力量。为什么民初商人一方面坚持"在商言商"原则,但另一方面我们又似乎可以看见他们有一些"政治参与"行动呢?也许"责任群体"的概念有助于我们理解这一复杂历史图景。

如前文所引,按照张德胜的观点,自战国以后,中国人的思考中便有了很深的秩序情结,儒家思想的基本命题亦是如何建立秩序,秩序问题亦成为国人思想中最基本的问题。[43]王国斌、韩格理等人也强调秩序在中国政治中有着特别的意义。[44]

赵世瑜曾以明末清初的山西阳城陈氏为例,研究社会动乱发生时地方士绅的秩序挽救工作。[45]赵认为在社会动荡的形势下,无论是乡里、村落还是家族,这样的"小共同体"具有相当的自我维系和调节能力,而地方百姓亦需要此种士绅的"庇护"努力。其实,他的讨论不仅适用于明清时期,在民国初年同样有参考意义。就民初的江浙地区而言,在此种"小共同体"秩序维护工作中,商人的作用尤其重要。

王国斌认为,对传统中国政府而言,维持秩序与重建秩序为最重要的政治事项,国家在此方面总是谋求地方精英的帮助。明清以来,长江流域地方精英便为国家提供了这方面的帮助。但自19世纪后,政府积极性渐渐减弱,甚至放弃了维持地方社会秩序的努力。地方精英被迫承担了更多的"责任",在帝国行政机构分崩瓦解之际保持了旧秩序的社会基础不被动摇。[46]

张仲礼亦认为，自晚清以降，士绅保卫地方秩序安宁的职能日益加强，甚至有脱离政府控制的趋势。[47]进入民国以后，士绅原有的地位失去了制度上的屏障，加上绅、商之间的流动加剧，商人开始在地方秩序的维持中扮演着愈来愈重要的角色。[48]王国斌曾把传统中国官员与精英一起维持地方秩序途径分为三种：意识形态的、物质的以及强制的。[49]在民国初年，这三种途径似乎都日渐式微。传统的儒家秩序观既不被社会大众所看重，中央政府权威的崩塌亦使强制措施无法推行，政府方面的利益诱导更为缺乏。而且，民初江浙地区官员"走马灯"般地更换，社会秩序的维护未必是地方军人所关切的重心。但是，区域社会的稳定却与商业的荣衰、财产权的保护密切相关，故地方商绅会自发地来维持地方秩序，而商人由于利害所系，往往表现得更为主动。

黄仁宇曾在《资本主义与二十一世纪》一书中，将清末民初的中国社会形容成是社会"宪法"堕落后的"初民状态"，利维坦（Leviathan）展露峥嵘，武力化作秩序的裁判。在此种情形下，一方面，社会既由农业社会转型为工商业社会，商业原则转变为社会的普遍规则；另一方面，社会秩序的维护和与"巨灵"的搏斗，亦需靠商人作为中坚。故商人地位显赫，成为历史转变的枢纽。虽然个别政客的力量或光彩会昙花现于一时，但隐于其背后的制度性因素仍靠商人阶层去作势力之支持。[50]笔者虽然不能完全赞同黄氏的观点，但他以"初民状态"来形容清末民初的社会，并且强调商人在维持地方社会秩序方面的重要作用，却是非常精辟。

民国初年，尤其是1916年后，国内政治确实陷于一种"混乱"的境地。在某些时候，一些地区甚至出现准无政府的

1924年江浙战争结束后,上海总商会会长虞洽卿(右二)、会董傅筱庵(右四)等人慰问被收容的溃兵

状态。各派军人的武斗经常导致秩序的危机,亦使地方治安的维持常要依赖于"责任群体"的工作。泰勒·麦寇(Taylor Michael)探讨何种条件能在无政府状态下维持住社会秩序,他主张社区(Community)是无政府状态社会秩序的基础。[51]这种"社区"似乎可以在民初江浙一带城、乡、镇、村等各种居民聚居群落中看到一些影子。

杜赞奇(Prasenjit Duara)曾认为,随着民国初年"国家政权的内卷化",赢利型经纪体制渐渐侵入社会。[52]但是以1927年前江浙地区的经验来看,此种"内卷化"并不是非常严重,地方绅商的控制力仍然强大。由他们所构成的"责任群体"类似于杜笔下的"保护型经纪"[53],承担大量的维持地方秩序与福利的责任。

固然,笔者提出"责任群体"的概念,但并不认为商人的行为完全是基于一种"利他主义"的考虑。"责任群体"的问题其实亦是一个"外部性"的问题,由于个人产权在非常时期与社会安全紧密联系在一起,所以他们只有付出成本去维护秩序,以确保个人产权。[54]但同时其他人亦得以"搭便车"而享受到秩序维护的利益。和平时期,付出治安成本者,可能会要求政府支付相应的补偿,如名誉嘉奖、费用偿还等。但是在非常时期,这种成本的支出往往无法得到弥补。区域内商品化程度愈高,市场网络愈紧密发达,可能愿意付出此种成本的人愈多。市场经济不太发达的地方,可能会有人愿意支付小范围(如一个村庄)的治安成本,但是大的范围内的成本支付却缺乏有力人物出来承担。因此,我们就可以发现商品化愈发达、地区市场联络愈紧密的地区,该区域内的"责任群体"便往往有愈活跃的表现。[55]商人的责任意识实现了个人利益与社会利益的协调和贯通。个人利益的最大化的需求在一定程度上亦促进了公众利益。笔者认为,从这点出发,也许我们对于江浙商人在民初的政治应变行动会有一个更有说服力的解释。

所谓"责任群体"其实与奥斯特罗姆(Elinor Ostrom)为解决"公地悲剧"(The Tragedy of the Commons)提出的"自主治理"框架有暗合之处。奥斯特罗姆认为:如果一群相互依赖的委托人能把自己组织起来,进行自主治理,便能够在所有人都面对搭便车、规避责任和其他机会主义行为诱惑的情况下,取得持久的共同收益。[56]实际上,民初江浙商人维持"社区"(或称"小共同体")秩序的集体行动,为奥氏的理论提供了一个支持的实例。

民初江浙地区的责任阶层,并不能用"绅""商""官""民"等单一概念来代表,而应根据其个人或组织的实际行为或态度、观念来确定。他们的共同点是愿意在一定的时候出来承担责任,减轻或免去政治事件或军事事件、经济事件等可能给社会带来的危害。时势可能会把他们推到历史舞台的聚光灯下,成为某一幕中的主要角色。

但商人是这一责任阶层的中坚者。他们由于个人占有较多的社会财富,经常为武装军人或社会普罗大众所注目,亦极易成为压榨和发泄的目标,所以他们往往会成为责任阶层的主动者,因为他们如果不负责任,那么很可能损失最大的便是他们了。而且由于他们拥有财富动员资源,所以可以为责任阶层理想的实现提供现实的保证。

当然,有时责任阶层的成员亦不一定受个人利益的驱使,他们可能基于一种传统儒家道德信念。尤其是在民初中国,非常的政治社会生态使一些被传统文化"化得较深"的人把自己的内心关怀转化成对社会的责任。[57]如前文所提及的张一麐即是一例。

地方意识对这种社会责任有很大的影响。中国人"修身齐家治国平天下"这种个人理想实现的顺序,以及渗透于一般国人心中的"差序格局"的影响,[58]往往使他们更容易把这种社会责任首先运用在地方事务中。

"责任群体"与"精英"(Elite)概念有重叠但不全等。[59]因为所谓"精英",实际仍来自西方历史经验,与中国本土的实际并不一定相符。所以萧邦齐在使用这个概念时,便把公共领域的概念也一并引入。而他用"精英"所指涉的范围有时太广,但里面的人却有显著差别,尤其在对待社会秩序的问题上,其态度更是相距万里。所以,笔者认为"精英"概念在解释民初江浙社会及政治时,有时并不具说服力。

"责任群体"政治性活动参与的特征具有暂时性、应急性、中立性。他们对于政治活动一般立场较超然,之所以要介入进来,经常是因为社会秩序受到威胁。不过,商人关心的主要是市面,而绅士关心的则往往是民疾,他们的联合意味着"责任群体"拥有一个较为妥实的基础。从前面几章可以看出,他们的活动也确实取得了一些效果。

王国斌认为,社会精英维护秩序的意义在于减轻因偶发因素而导致的社会动荡。在社会发生动荡之际,有时"如何应付"是决定能否避免灾难的关键。[60]民初江浙地区的"责任群体"的主要任务便是应付社会动荡。所谓"弭灾所以弭乱",[61]地方秩序亦借此而得以相对地保全。

以前有学者往往从"革命发生学"的角度出发,过分强调因社会矛盾与经济状况的不良导致"抗争"的加剧,忽视了官方与民间对此种社会问题的救济努力。如果在出现危机的时刻,有合适的"责任群体"出来承担疏导的工作,也许能转危为安,护卫社会秩序的平和。[62]

民初江浙地区的"责任群体"的工作与该地区在全国政治混乱中能保持一定的稳定发展实有密切关系。自卫团体需要绅商的号召组织与经济支持;军人的勒索没有绅商的折冲无法应付,且可能引起重大灾难;民众的情绪亦需要绅商来加以疏导,市面的维持与绅商的镇定与否紧密相连;救济民生亦需要绅商的出力组织。特别是在战乱来临时,由于以商人为主的"责任群体"的介入,往往会使战争损失大为减轻。

在政治混乱、地方行政部门基本瘫痪的情况下,是不是地方秩序便陷于不劫的境地?从江浙的例子来看,未必如此。尤其重要的是,像兵灾此类严重的秩序危机,如果防范得时,并有人主动出来承担责任,是可能避免发生的。民初绝大多数兵变是因为欠饷而引起,有人统计了民初11年中,全国一共发生兵变179次,其中以湖北最多,为27次,而浙省未发生一起兵变。徐敏蕙认为,这主要与卢永祥原则上是不欠饷分不开的。[63]但卢永祥不欠饷,最多只能说明他任浙江督军或督办时的情形,而不能解释此前的情形,而继卢永祥之后的孙传芳时期,浙省亦未发生兵变,所以仅从军事首长的角度来解释未必完整。笔者认为,浙省在民初之所以未发生兵变,主要还与地方绅商的应付有方有关,"责任群体"适时承担压力,及时协助军方解决欠饷问题,才是关键所在。

因此,战争并不是最可怕的事情,最可怕的是缺乏愿意承担维持社会秩序责任的群体与个人。如果有力量者各顾私利,放弃拯救公共秩序的机会,那么"集体行动"便无法产生。所以一个有责任心的中间阶层的存在,是社会的大福。

进而,笔者认为民初国内经济的增长,关键在于一些重要经济区域还保持了较稳定的环境。虽然全国的战事不断,但是只要这些地区的社会秩序与产权制度尚能保住,经济增长便有可能。四川的内战损失,或许可从江苏、浙江的增长来弥补。而"责任群体"的存在是民初江浙地区得以保持相对秩序和发展规模的主要原因。

然而,从民初16年的历史来看,江浙地区的"责任群体"亦由于政治力的冲击而渐发生变化,到1920年代中期后,呈现出衰微的态势。

如前面三章所显示，商人在面对革命、战争与民族主义运动时，往往需要花费成本以维持秩序，保护市面。但是如果这种"治安成本"过于高昂，商人可能不愿再去承担这种公共责任。1920年代后，尤其是1924年后，江浙地区的政治格局发生大的变动，区域内的局部和平已不能维持。各派军人对商人的勒索愈来愈烈，激进民众与党人对商人的攻击亦日益加剧，"国家"与"私利"的矛盾似乎也激化起来。在此情形下，较大的集体行动往往难以形成，而商人便趋向于以个人的力量或者借助于政治上的强权来保护财产的安全。到后来，对"责任群体"制度方面的鼓励亦愈见稀少，国家干涉主义则日渐盛行，绅商自主活动的空间缩小。因此，我们可以看到江浙地区的"自治"运动便日渐沉落，"责任群体"亦日益解体。

由于政治力的冲击，一些在社会中愿意出头露面来为公众谋利益的绅商被打成"土豪劣绅"或者以"反革命"的名义被攻击。一些公团负责人，亦由于受激进政治势力的打击心灰意冷，不愿意再出面。如辛亥革命中，汉口商会总理甬商卢鸿沧因饱受攻击，事后便在杭州仁寿山下筑草堂隐居，不问世事。[64] 1919年的五四运动给朱葆三及沈联芳等人的打击也甚重，他们在此后亦确实很少露面。到1925年，一位署名"辛"的作者乃感慨由于上海总商会会董在五卅一案中均不愿承担责任，致使运动被人操纵。[65]

伴随着"责任群体"衰微的是社会公益慈善事业的无人主持，社会发生动荡时，亦少有人愿意出来应付及善后。没有地方绅商的扶助，政府在鼓动起群众的民气后，有时亦无法控制局面，以致社会愈来愈糜烂。"各人自扫门前雪"成为处世良方。但在一个日益"利维坦"化（这里借用黄仁宇的说法）、"合作的道义感"被严重破坏的社会中[66]，人人都难保安全，社会秩序亦愈来愈混乱。1920年即有人指出，"当时中国之乱象皆源于无人负责任"。[67]杜赞奇亦认为，在1920年代初期的华北农村，由于物质福利减少，以及推行乡制使地痞横行，有些地方的精英保护人逃光了。[68]笔者认为这里面其实有一个"选择性刺激"（Selective incentives）的问题。[69]当维持社会秩序应变行动的成本太高，或者外界的政治冲击已使"责任群体"维持一种集体行动需要的"选择性刺激"太少，自发的秩序维护的工作便可能中止。

1925年7月，五卅运动正方兴未艾之际，《国闻周报》主笔胡政之有感于时事，曾写下这么两段足以令后人再三品味的话：

> 吾国通弊为国民厌问政治，凡社会上责任愈重实力愈厚者，其勇气愈少，外标稳健之为名，具畏葸之念；而血气方刚之青年则凭恃热烈之感情，往往如盲人瞎马，不顾利害，迳情直行。数年以来，群众运动每以学生为重心，原因即在于此。实则学生当求学之年，殆为人生最不负责任之时代，盖人生至小限度，亦当负家庭仰事俯蓄之任务。若在求学时期，则并个人生活读书之所需犹有父兄为之担负，其身体可谓最自由，其责任可谓绝无而仅有。顾其所主张与实行者，则为对国家社会极有利害关系之要务，以极无责任之人，办极有责任之事，其为危险，思之心悸，然而以此过大责任，付诸学生者，又实为社会上应负责任具有实力之人。质言之，中国今

日应负责任者，畏葸而不肯负责；不应负责任者，则担之以趋，颠蹶亦非所计。此种反乎道理之现象，如不及早补救，自今以往，如有崩溃不可救治之一日。然则补救之道奈何，要不外乎应负责任者鼓其勇气负起责任而已。[70]

胡政之此语，大概可算是对笔者前面提出的民初"责任群体"式微的论点所做的一个很好的注脚。

官商关系与民初江浙商人的政治地位

随着中央权威的衰微，地方军人势力的崛起，以及内政、外交形势的发展，与晚清相比，民初的官商关系似有了很大的变化。尤其各地的商会组织更是一度被人视为社会的领袖，商人地位亦似乎有了不少的进步。不少学者认为这些变化显示政治民主观念已被许多商人接受，而且他们亦开始自动地追求其政治地位的改变。但是笔者认为，这种所谓商人政治地位的提升，其实是民初多元歧立的政治格局所导致的，不能被认为是商人积极政治行动的结果。如果仔细地观察，便会发现商人的政治地位仍不高。

辛亥革命爆发时，革命党人由于力量有限，所以在一些地方需要依靠商人的协助与配合。特别是民军对市面维护力不从心，又担心秩序失控而影响其政府的存亡，故商人团体的工作显得尤为重要。政权建立后，财政上更需商人的捐输与接济。但是商人主要欲以金钱换秩序，当党人不能保证秩序时，商人便会转向，倾向于能维持秩序的政治强势人物。

1916年后,由于地方割据势力的存在,以及中央权力的纷争不休,在江浙地区,民初商人与地方军政当局形成了一种"共生关系":商人依靠军人去保证地方秩序,避免遭受来自叛兵、土匪等方面的袭击;依靠省、县政府的权威去保障商业惯例的执行、建设事业的开展;与省外各种势力的联络亦依靠地方政府职能部门的协助。而同样,地方军政当局需要商人去帮助发行公债、筹措军费;统治的合法性亦需要商人的捧场;与敌对势力的谈判可能还需要商人从中折冲。

政府财政的变化对官商关系的演化影响甚大。民国以前,地方政府经济上往往较为充裕,且中央号令尚能一致,遇到紧急情形,政府还有余力贷借款项给商家以渡过危机。故商人常以官府为依赖,关系上多以配合其工作为主。但民国以后,地方与中央财政均不容乐观,加之派系林立,军费浩繁,一般来说,政府不仅无余力支持商家,还常需要商人接济款项以度过财政危机。因此,官府与商人的关系较民国前似乎倒了过来。据徐敏蕙的研究,即发现卢永祥在浙江的统治属于"软性表现",即善于利用与各阶层的关系,经由底下的磋商而达到稳定政权的目的。卢深知江浙商人势力庞大,故愿意与商人各取所需,提供商人所期盼的社会安定,他也从商人处获得政治上的支持与经济上的援助。[71] 此种认识较切合民初浙省的历史实际。商人方面,凭借地方政府相对稳定的统治,私有产权有所保障,一般的商业制度亦多能执行。甚至在商人的努力下,本地的税捐能保持较低的水平,市场经济的自由度或许可以较高,交易成本亦可能会节省一些。

而且,民初江浙两省的政治架构在一定程度上还是对"军阀"行为有所牵制。地方与中央的对抗,使得政治情势更加复杂。中央的政策，往往能借助其在地方的支持者而有所贯彻；地方军人要与中央作对，亦必须先在本地培养起支持的势力。民心的向背有时颇能影响到地方军政长官的命运，[72]所以商人会成为各方争取的对象。

政府对商人的依赖增加亦使商人在利益方面更敢于去争取。不过，这种抗争主要是在中央与地方的对峙格局下才能出现。如1920年代后的上海、浙江两地商人对中央增加税捐的计划往往表示强烈反对，且多半能够成功。这其中无疑与两地军政首长、皖系势力卢永祥及何丰林等人的态度有关。[73]这一点往往为论者所忽视，因而将此一时期沪、浙商人对中央政府或者上海商人对江苏省政府的激烈态度视为他们政治觉悟高涨的表现。

民初的政治环境中，军人虽然拥有武力，但时势变化迅速，他们自己也不能保证地位长久稳固，不得不考虑退路，所以亦不大愿意过分开罪商人，所以在适当时候商人亦可趁势提出自己的一些要求。如1925年孙传芳借"秋操"为名进兵沪苏，发动驱奉战事。当孙军到达上海后，本来要立即逮捕的奉系警厅厅长常之英，在上海总商会与上海县商会等力保下平安无事，还能自由往来于上海与青岛之间。[74]后孙又同意两商会之请，任命上海总商会保卫团总董江政卿为淞沪警察厅代理厅长，连厅长官印亦由上海两商会转交。[75]在1924年后，杭州商人虽然经历多次勒索，但通过疏通，常能成功地从政府财政中要回他们的垫款。

当然，地方军人这种态度可能与江浙地区的环境有关，尤其上海特殊的地位更使武装军人不敢太放肆。如以暴虐闻名的山东"军阀"张宗昌，到了上海便主动地约束兵士，与地方商人关系亦甚友好。其他江浙地方军政首长（如卢永祥、何丰林、韩国钧、孙传芳等人）对民意舆论的重视，似乎更显出江浙地区的独特性。

商会被视作是商人的法定代表团体，许多学者在讨论商人与政治的关系时，更是将商会作为最重要的举证对象。所以论者们研究商人政治意识的高涨与政治参与的活跃往往是建立在对商会的考察基础上的。但是从民初江浙地区的商会历史来看，商会固然因其法定商人代表身份，被各界视为商人的代言人与管理机构。然而，商会的成立本来便是以"通官商之邮"为其主要目的，在民初，商会会长与副会长也往往被视为准行政官员。时局的动荡迫使商会以商人"政治代表"的身份卷入与各种势力的周旋折冲之中。但是商会的行动与表现不能被认为全都是反映了一般商人的内心想法。对民初商会所承担的许多工作，应作具体的分析，以免掉入"泛政治化"的泥淖。

近年来，商会史研究者由于存在两个假设：资产阶级革命的假设与现代化的假设，故其描述商人与政治的关系，便产生了两个主要的弊端：一是过分拔高商人的"政治参与"，认为商人为获得他们的利益，对政治非常热情地加入，甚至想左右政治发展的进程。所谓"商人政府"是这一假说的顶点。二是把商人的行为与现代化努力挂起钩来，认为商人为了国家的富强，为现代化做了种种的贡献。这其中亦存在许多幻想的成分。

无疑，民初的商会相对于晚清而言，确实有许多活跃的政治表现，但这些表现更多的是带有"责任群体"的色彩，亦体现了商人团体的一些实际分工。各业会馆、公所之所以不涉及政治，而只顾其本行业的利益发展，是因为它们把与外界政治交涉的工作委托给了商会。商会则成了具有广泛代表性的各业商人的联合会，对外代表商界的整体利益，中华全国商会联合会的成立更是带有政治性目的。[76]

但商会以利益为前提，并没有固定的政治立场。笠原十九司与阮忠仁都曾表达过类似的看法，认为从1911～1924年，商会的政治动向多是以经济利益为前提，不曾长期而固定地认同一个政治上的主人，所以不能以二分法来裁判其政治立场上的依违。[77]笔者通过考察1920年代的杭州总商会，认为近世中国商会的工作与角色有一个常态与变态的区别。即把维持稳定的商业制度，保护商业经营秩序，充当官商交通的媒介等商会从事的事业，称之为商会的"常态"；将商会短暂的政治参与，以及为避免战事而发起的和平运动，以及对战争的应付举措等均划入"变态"的范围。就杭州总商会来说，其担当的角色主要有二：对外是商人与政府间的协调机构，对内是各行业商人的自律组织。其多数成员的政治态度趋于保守，关注的焦点是商业经营环境的稳定和改善，如市场体系的安全、商业惯例的维护、税率的改良等。但当社会秩序面临危机时，商会也会出来应付变局，承担责任，甚至直接介入政治变革的进程中，其社会角色发生被动变迁。但这种变化是商人基于自身利益的考虑或者遭受强大的外在压力所致，而未必是其政治倾向的表现。常态与变态下商会的不同行为主要应从时势推动的角度去理解，不能被视为某种固定的集体性格。[78]

民国初年，尤其是1920年代，商会的地位似乎达到一个高峰。长野朗对这一时期中国地方商会的地位曾有如下评价：

> 地方政治底实权,是操于商会底手中。……县内底政治的大部分都是在商会中。对于土匪盗贼底警备,奖励产业底设备,有时,还握着包办及征收租税,商事裁判以及关于其他一切的实权。自军队至土匪,把一切的交涉,都以商会为对手,以他们作为实权底把握者。商会之所以有势力,其一,是官宪无威权和无能;其一,商会网罗商业界底有力者,而且他们又是地方上唯一的知识阶级。[79]

从表面来看,民国初年商会的地位似乎是有一些提高,如1919年后,浙省杭州总商会正副会长与省教育正副会长常被与省属各行政部门厅长一起列入省级直辖高级职员名单。[80]1914年2月,约法会议商界因负担税额较多而独占四席,由全国商会联合会负责选出。[81]而一些地方的商会会长被遴选为行政官吏的事亦有发现。[82]亦有人在《中华全国商会联合会会报》中提出"欲完成代议政体的作用,自必要商人参与政治,才能完成",认为商人在社会上拥有特殊势力。[83]

但是,如前所述,商会所谓地位的抬升是与民初商会在变态下的行动分不开的。商会既要承担筹措军饷的重任,还要与官方一同维持地方秩序,地方的权力斗争更把商会推到一个显要的位置。从民初江浙两省商人与政治的关系似乎可以看出,一个地方政权或者政治势力能否稳固,与商人的支持与否似乎有着密切关系。但是商会所做的这些工作,并不是其常态下的职责。同样,对商团武装的建立,经常被论者视为是商人政治地位提升的重要证据[84],但邱捷却认为:"粤省商团的壮大与发展,是辛亥革命后南北军阀混战、国家不统一、社会秩序混乱的局面造成的。"[85]这与笔者在前面对民初江浙地区商人武装出现的分析是一致的。

所以，中国近世商会的地位亦是由时势所推动的。当传统政治权威崩溃，依附于其上的文化价值体系亦处于危机之中，整个社会缺乏一个普遍的价值衡量标准，即所谓"失范"状态，武力、财力便成为两个重要的权力源。时代潮流中，拥有财力的商人成为军人之外的社会主要阶层。而这种转变并非一如商人们所愿望的，因为，商人同时亦成为武人筹措军费竞争的目标、减轻战争责任的"助手"，或者其他社会阶层团体的期望对象以及平民主要的安全依仗。故在民初激剧动荡的社会变迁过程中，商会自身的社会角色亦在发生位移，由"通官商之邮"的工商业协调机构一变为号召群伦的社会

民国初年被视为全国商界领袖的上海总商会

第六章　民初江浙商人的"政治参与"与政治地位

领袖。然而,一旦商人被迫承担重要的社会和政治责任,他们便需为此支付相应的成本,从而影响到他们正常商业经营的活动。所以,对这种被动的角色转换,多数商人的心理上并未适应,他们可能仍旧以"在商言商"为最高原则,反对过多地涉入政治和社会变革。于是,社会期望可能会和商人实际心理发生角色偏差。激进的群众团体责怪商会领袖太贪图私利而忘掉了救国,而保守的商人们亦批评商会领袖未坚持原则,不顾会员们的死活。

从前面的分析,我们可以看出,商人在民国初年的社会上,其实地位并不高。虽然在武力裁判政治的年代,商人因其多资而被军人重视,但这种地位的"抬升"却经常是以高额的成本支出为代价,未必是商人所愿。商人的私有产权也没有得到根本上的确定,商业的发展并未求得一个稳定长远的基础。商人的地位并不是因为他们有先进的政治意识,或者主动的政治参与而得来,而是因时势的被动推动所致。当时势发生变化,商人的地位便可能大幅下跌,没有制度化的保障。

从社会上来看,对商人的轻视仍然存在,尤其是地方绅士或者政治上有势力者。[86] 1912年8月,革命党人与新知识分子掌控之下的临时参议院通过"国会议员选举法"与"省议会议员选举法",并未给商人什么面子,相反,以不动产及直接国税等方面的规定有意识地排除了多数商人的选举权,[87] 虽然全国商界因此而大哗,在上海、汉口等地商会的组织下,抗议之声遍于全国,但是最终仍未能改变成议。[88] 1914年3月,农工商部规定此后"凡京外行政各级官厅对于农工商总分各会往来公文用令用批,农工商总分各会对于京外各级官厅一律用呈"。为此一行文程式事,全国各地商会群起抗争,[89]但只得稍许让步。[90]地方官吏亦未必就一定买商会的账,如1914年丽水商会何佩仰便被该县知事以侵吞公款的名义关押拷打。[91]

革命党人对商人的反感并未消失,甚至有更明白的表示。如陈独秀提出"废商论",大骂上海社会里"直接间接在外国资本势力底下生活的奸商",以及"政客式的商会"。[92]1923年上海总商会成立所谓"民治委员会",曾引起舆论的哄笑,认为商人如何配谈政治。[93]

因此,从江浙地区的个案来看,民初商人的地位并无实质性的提高。即使在形式上有一点参政的途径,在当时全国政局不靖、秩序不宁的情形下,商人都忙于如何应付地方上的政治力冲击,上下均不太可能将其兑现。苏云峰从五四运动与五卅运动中商人"积极"的参与,认为北洋时期之政治是向商人开放的[94],似是混淆了不同政治层面的问题。

* * *

商人是一种职业的称谓,在民国初年的中国,他们对于政治并无多少兴趣。但是自1911年起,革命、战争、民族主义运动等种种政治力对社会秩序及私有财产权均有很大的冲击。商人为了挽救秩序,保卫产权,便有了一系列的自救举动,但商人这种应变行动并不是什么严格意义上的政治参与。

但是不少论者根据"经济连带论""资产阶级革命论"或者"国家社会对抗说",认为民初商人已渐摆脱"在商言商"的信条,向"在商言政"转化,从而将商人的一些政治应变行动视作商人积极的"政治参与"。当商人返回其常态时,又认为商人政治观念幼稚，不能将政治抗争行动进行到底。然而，笔者认为这是对民初商人与政治关系的极大误解。

江浙商人在民国初年对社会秩序维护的工作，体现了一种责任意识，个人利益的保护可能有助于公共利益的实现。区域内和平的保持，社会稳定的实现，使得江浙地区在民初政治混乱的时期经济尚能发展，社会亦能有所进步。但是，如果商人付出的治安成本太高，或者因为政治力的冲击相应的激励机制不再存在，商人可能也会放弃维持秩序的努力。"责任群体"便会式微，而社会亦可能因此而受害。

在商人应付政治变局的过程中，他们与地方军政长官的关系亦发生了嬗变。由于地方政府在财政上需要依靠商人的支持，所以商人亦常能借此对政府有所牵制，甚至影响到政府的统治稳定程度。但是这种关系主要是建立在实际的利益交换基础上，商人并未能从根本上获得地位的保证，其财产权的保护仍在暧昧状态之中。

注释：

〔1〕于润琦主编《清末民初小说书系·社会卷》下册，中国文联出版公司，1997年，第874页。
〔2〕佚名：《商人与国家》，《中华全国商会联合会会报》，第1年第2号，1913年11月，"论说"，第16页。类似看法又如《论商人宜抱政治思想》，《绍兴商业杂志》，1910年第5期，第2～3页。
〔3〕唐荫玉：《昆山油饼业浅谈》，中国人民政治协商会议江苏省昆山县委员会文史征集委员会编《昆山文史》第7辑，1988年，第176页。
〔4〕佚名：《商人与国家》，第16～20页。
〔5〕《论商人宜抱政治思想》，第2～3页。

[6]《论商人宜抱政治思想》,第6页。
[7] 苏云峰:《民初之商人,1912～1928》,《"中央研究院"近代史研究所集刊》,1982年第11期,第64～65页。
[8] 许涤新、吴承明主编《中国资本主义发展史》第2卷,《旧民主主义革命时期的中国资本主义》,人民出版社,1990年,第693页;苏云峰:《民初之商人,1912～1928》。
[9] 苏云峰:《民初之商人,1912～1928》。
[10] 参见蒯世勋:《上海公共租界史稿》,上海人民出版社,1980年,第498～587页。
[11] 商会联合会总事务所复京师事务所函,1913年5月28日,《中华全国商会联合会会报》,1913年第1年第2号,"文牍",第10页。
[12] 张桓忠:《上海总商会研究》,第273页。
[13] 即使是边疆地区的商会,在当时的环境下亦为为和平维持而努力。《库伦总商会力谋和平维持巧电》,《浙江省议会民国九年常务会文牍》丁编,1920年,第126～127页。
[14] 1914年陈其美致沈缦云函。转引自章开沅:《辛亥革命与江浙资产阶级》,第33页;《五四运动在江苏》,第130页;《浙事杂讯》,《申报》,1917年1月10日,第6版。1917年1月,浙省曾发生督军省长人选争执,吕公望因地方派系斗争而宣布辞职,北京中央则立即照准,并以杨善德为浙江督军,齐耀珊为省长。但是地方的实力派军人感到受威胁,便转而联合起来反对中央之任命。商人在此时,实处左右为难之地位,仍大致上还是倾向于赞成中央,只是身处地方军人之监视下,不敢表示此意,而且因有匿名者以武力相恐吓,要求商界留吕拒杨。故他们只能委婉地称"浙人治浙,虽不能无弊,但弊少而利多",表示挽留吕公望,以免客军入境,引起冲突。
[15] 如北伐时期,苏州商人既要为前面经过的孙传芳部队筹款,又要为后面到来的国民革命军借款。苏州档案馆藏苏州商会档案,I14-1-680-1,I14-1-659-36、50。
[16] 李剑农:《最近三十年中国政治史》,第571页。
[17] 参见《天津商会档案汇编(1903～1911)》下册,第2414～2603页;又《天津商会档案汇编(1912～1928)》第4册,第4162～4212、4266～4321、4715～4782、4918～4934页。
[18] 李达嘉:《从"革命"到"反革命"——上海商人的政治关怀与抉

择,1911~1914》,第282页。

〔19〕"治安成本"一词借自巴泽尔(Yoram Barzel)著《产权的经济分析》(费方域、段毅才译,上海人民出版社,1997年,第113页)一书。巴泽尔以该词解释19世纪一些国家禁止蓄奴的原因。他认为在蓄养奴隶制国家,当警察对被迫为奴的人进行甄别并还其自由人身份的成本提高,以及追捕逃亡奴隶所花的成本提高时,该国废除奴隶制的可能性就会增大。笔者在此用该词指维持地方秩序与治安所需花掉的各种费用。治安成本可能决定地方商人或士绅在地方保卫问题上究竟采用何种方案,是直接介入来维护地方秩序,还是付出一点代价让警察或其他可以依靠的势力来保护其财产呢?关键是哪一种方式能节约成本。当官方能提供一定的武力来保护地方的安全时,他们可能愿意为此种武力捐钱捐物,或者负责其雇佣费用。但当政府已不能提供此种正常的武力时,或者此种武力在他们的家乡作恶,根本不能尽到保护的职责时,地方绅商们可能便要考虑自己建立相应的武装来达到保家的目的。如果建立此种武装的成本(包括购买武器、雇佣团总团丁、出防经常费用、官方交际费用等)低于他们支付给官方警察的钱,那么自发的武装自卫团体便可能会被建立起来了。

〔20〕如何清涟在她的一篇文章中所指出的,"官商结合"是中国商人首选的经商模式(何清涟:《中国企业家的成长环境——漫话1860年以来的三代中国商人》,《我们仍然在仰望星空》,桂林:漓江出版社,2001年,第131页)。关于此点,亦可参见王家范:《帝国时代商人的历史命运》,王认为正是这种"官商勾结共利"的运作模式,既导致商人畸形消费的流行,亦使他们来路暧昧的财产权利很难得到有效的保护(王家范:《帝国时代商人的历史命运》)。

〔21〕但是这种投机性的"政治参与"是否能给商人带来长期稳定的收益,却十分令人怀疑。高家龙对南洋兄弟烟草公司的研究显示:尽管1924~1926年简照南家族在华南及华中等地对国民党政府给予了积极的支持,但是其销售额与利润却随着国民党南京政权的建立而迅速下降,并最终失去了与英美烟草公司的竞争能力([美]高家龙:《中国的大企业——烟草工业中的中外竞争(1890~1930)》,第267~308页)。简照南的侄子简琴石曾经担任广东省农工商学联合会主席一职。不但如此,简琴石也曾经是国共两党在广东发起的商民运动的主要支持者〔拙著《北伐前后

的商民运动(1924~1930)》,台湾商务印书馆,2004年,第40、99页]。
[22] 陈锦江:《清末现代企业与官商关系》,第89页。
[23] 余英时:《中国近世宗教伦理与商人精神》,第164页。
[24] 虞和平:《商会与中国早期现代化》,第331页;朱英:《在商言商与近代中国商人的政治参与》,《江苏社会科学》,2001年第2期;朱英:《转型时期的社会与国家》,第290页。
[25] 黄克武:《清季重商思想与商绅阶层的兴起》,第499页。
[26] Joseph Fewsmith, *Party, State, and Local Elites in Republican China: Merchant Organizations and Politics in Shanghai, 1890~1930*, pp.60~61.
[27] 白吉尔:《中国资产阶级的黄金时代》,第212~213页。
[28] 虞和平:《商会与中国早期现代化》,第328~334页;白吉尔:《中国资产阶级的黄金时代》,第246~247页;朱英:《转型时期的社会与国家》,第287~290页。
[29] 白吉尔:《中国资产阶级的黄金时代》,第261页。
[30] 此种提法参见张桓忠:《上海总商会研究》,第298页;相似地,张晓波亦认为在1920年后,天津商会已蜕化成军阀统治的工具。Xiaobo Zhang, *Merchant Association Activism in Early Twentirth-century China: The Tianjin General Chamber of Commerce, 1904~1928*, pp.452~453.
[31] 张桓忠:《上海总商会研究》,第290~291页。
[32] 白吉尔:《中国资产阶级的黄金时代》,第248页。
[33] 朱英:《转型时期的社会与国家》,第112~113页。
[34] 王国斌:《转变的中国》,第123页。
[35] 王家范:《帝国时代商人的历史命运》。
[36] 《上海总商会公牍撮要》,各省商会联合会:《商会存废问题之讨论》,1927年,第2页。
[37] 泽东:《北京政变与商人》,《向导》,1923年第32期。
[38] 和森:《商人感觉到外国帝国主义助长中国内乱的第一声》,《向导》,1923年第44期。
[39] 1928年3月22日,在江苏各县商民协会联席会议上,会议发起人钱孙卿在开幕式上便表示"从前的商人团体,往往借商字而作政治活动,本人希望各位联合打破商人政客的恶习惯"(《苏各县商

协会在锡开会记》,《申报》,1928年3月22日,第10版)。上海著名的实业界人士吴蕴初也曾将邬志豪、王延松等人称作"商人政客"(吴蕴初为告赴美考察情况致张逸云笺函,1932年8月17日,重庆市档案馆、重庆天原化工厂编《吴蕴初与中国天字化工企业》,科学技术文献出版社重庆分社,1990年,第417页)。

〔40〕张桓忠:《上海总商会研究》,第262页。

〔41〕李达嘉对此有过分析。参见氏著《1920年代初期上海商人的民治运动——军阀时期商人政治力量的重新评估》,《"中央研究院"近代史研究所集刊》,第32期。

〔42〕关于此点,可参考 Jeseph Fewsmith: *Party, State, and Local Elites in Republican China: Merchant Organizations and Politics in Shanghai, 1890～1930*, p.13.

〔43〕引自岸本美绪:《"秩序问题"与明清江南社会》。

〔44〕王国斌:《转变的中国》,第96页;[美]韩格理(Gary G. Hamilton):《中国社会与经济》,张维安、陈介玄、翟本瑞译,联经出版公司,1990年,第114页。

〔45〕赵世瑜:《社会动荡与地方士绅——以明末清初的山西阳城陈氏为例》,《清史研究》,1999年第2期,第33～39页。

〔46〕王国斌:《转变的中国》,第95、115～120、229页。

〔47〕张仲礼:《中国绅士:关于其在19世纪中国社会中作用的研究》,李荣昌译,上海社会科学院出版社,1991年,第48～68页;ChūzōIChiKo, The Role of The Gentry: An Hypothesis, Mary C. Wright ed., *China in Revolution: The First Phase, 1900～1913*, New Haven, London: Yale University Press, 1968, pp.298～307.

〔48〕参见马敏:《官商之间:社会剧变中的近代绅商》,第243页。

〔49〕王国斌:《转变的中国》,第115页。

〔50〕黄仁宇:《资本主义与二十一世纪》,第454～455页、475～476页。利维坦是霍布斯(Thomas Hobbes)在同名著作中所提出的一个重要概念。原意是指传说中深海里的一种吞噬一切的巨兽,霍布斯自《圣经》借用该词比喻拥有巨大权力的国家或者统治者。参见霍布斯:《利维坦》,黎思复、黎廷弼译,商务印书馆,1985年。

〔51〕社区的主要特点是共通的信仰或规范,成员间直接又复杂的关系,以及互惠互赖。转引自道格拉斯·C.诺斯:《制度、制度变迁与经济成就》,第20页。

[52] [美]杜赞奇（Prasenjit Duara）:《文化、权力与国家》,江苏人民出版社,1995年,第66～68页。
[53] 杜赞奇以"保护型经纪"指华北乡村由村社自愿组织起来负责征收赋税并完成国家指派任务。参见氏著《文化、权力与国家》,第37页。
[54] 正如宜昌商会曹漱珊所说,如遇事人人退避,各帮公事无人承办,必致吃亏。《会员曹漱珊演说中国商会始末文》,《天津商会档案汇编（1912～1928）》第2册,第778页。
[55] 1925年1月,汪大燮、孙宝琦在给孙传芳的信中指出:浙省经济上依赖于商品市场之运转,如丝,如茶,如工厂等,商业愈繁荣,民众愈依赖于此,故一遭劫乱,即恐大祸,而出力维护尤力。《浙绅对孙传芳论浙事》,《申报》,1925年1月9日,第6版。
[56] [美][埃莉诺·奥斯特罗姆（Elinor Ostrom）:《公共事物的治理之道》,余逊达、陈旭东译,上海三联书店,2000年,"序",第2页。
[57] 陈寅恪在《王观堂先生纪念碑铭》中说:"凡一种文化值衰落之时,为此文化所化之人,必感苦痛,其表现此文化之程序愈宏则其所受之苦痛亦愈甚。"引自陆键东:《陈寅恪的最后20年》,生活·读书·新知三联书店,1995年,第117页。
[58] "差序格局"是借用费孝通的概念。费孝通:《乡土中国》,生活·读书·新知三联书店,1985年,第21～28页。
[59] 萧邦齐与芮玛丽曾用"精英"概念分析民初浙省历史。参见R. Keith Schoppa, *Chinese Elites and Political Change: Zhejiang Province in the Early Twentieth Century*, Cambridge, Mass.: Harvard University Press, 1982, p.5; Mary Rankin, *Elite Activism and Political Transfomation in China: Zhejiang Province, 1865～1911.* Stanford: Stanford University Press, 1986, p.5.
[60] 王国斌:《转变的中国》,第166页。
[61] 佚名:《常昭水灾闹荒日记》,《辛亥革命江苏地区史料》,第140页。
[62] 王国斌曾讨论过在灾年地方精英如何有效地防止食物骚乱。参见王国斌:《转变的中国》,第166页。
[63] 徐敏蕙:《卢永祥研究》,硕士学位论文,台湾政治大学历史研究所,1998年,第63页。
[64] 《宁波光复前后·宁波文史资料》第11辑,第112页。
[65] 辛:《上海总商会之地位如此》,《国闻周报》,1925年第2卷第

30期。

〔66〕"合作的道义感"（Morality of Cooperation）是萨俊（Roberts Sugdrn）提出的一个概念，意指如果社区中的每个人都遵从习俗时，习俗便会凝聚成道义的力量，若每个人自己及其交往的对象都遵从习俗时，则每个人均可从中得利，因而便演化成一种"合作的道义感"。转引自〔美〕道格拉斯·C.诺斯：《制度、制度变迁与经济成就》，第51页。

〔67〕景藏：《责任》，《东方杂志》，1920年第17卷第4期，第2页；蒋梦麟、胡适：《我们对于学生的希望》，第121页。

〔68〕〔美〕杜赞奇：《文化、权力与国家》，第176、212页。

〔69〕奥尔森（Mancur Olson）认为，只有一种独立的和"选择性"的激励会驱使潜在集团中的理性个体采取有利于集团的行动。这些"选择性激励"可以是积极的，亦可以是消极的，但有可能采取行动的集团中潜在力量只有通过它们才能被激发出来。参见〔美〕曼瑟尔·奥尔森（Mancur Olson）：《集体行动的逻辑》，陈郁、郭宇峰等译，上海三联书店、上海人民出版社，1995年，第41～42页。

〔70〕冷观（胡霖）：《群众运动与节制》，《国闻周报》，1925年第2卷第23期，第1页。

〔71〕徐敏蕙：《卢永祥研究》，第89、94页。卢在浙期间，曾依靠商会与银钱界的协助，先后募集了4次定期借款、短期借款、善后公债及临时借款。

〔72〕参见拙文：《理想与利益：浙江省宪自治运动，1919～1926》，《近代史研究》，2001年第2期；《"军阀政治"的个案考察：卢永祥与1920年代的浙江废督裁兵运动》，《"国立政治大学"历史学报》，2002年第19期。

〔73〕如1921年3月，上海商人反对附征赈捐办法，并以各种赈款作威胁，最后北京政府准将附征赈捐取消〔徐鼎新编《上海总商会史事纪要》(1921～1929年5月)，第295页〕。类似反对中央加税计划的文电如临海县商会请缓办所得税电（1920年12月19日）、瑞安县商会请力争取消印花税增加新章电（1920年12月27日）、常山县商会复本会佳铣两电函（1920年12月26日）(《浙江省议会民国九年常年会文牍》丁编，第136～141页）。

〔74〕《孙传芳释放江声之声明》，《申报》，1925年12月29日，第9版。

〔75〕《警厅官印已由两商会转交》，《申报》，1925年10月23日，第10版。

〔76〕1912年11月全国工商大会上,盛炳纬、宋炜臣等人提出组织全国商会联合会,是受国会议员选举法限制商人选举权之事刺激,当时正是商人抗议之高峰。故盛、宋等人提议组织全国商会联合会联合全国力量以作抗争。《中华全国商会联合会会报》,1913年第1卷第1期,"文牍",第1页。

〔77〕笠原十九司:《江浙战争与上海自治运动》;阮忠仁:《清末民初农工商机构的设立》,第272～273页。

〔78〕参见拙文:《近世中国商会的常态与变态:以1920年代的杭州总商会为例》,《浙江社会科学》,2003年第5期。

〔79〕[日]长野朗:《中国社会组织》,朱家清译,上海光明书局,1931年,第144页。

〔80〕浙江省长公署:《浙江省职员录》,1919年5月,第29页;浙江省长公署:《浙江全省职员录》,1925年9月,第31～32页。

〔81〕《中华全国商会联合会会报》,第1年第12号,1914年9月,"文牍",第6页。

〔82〕如1925年10月松江商会会长张恩永接任浙江督办公署谘议一职(《官场消息》,《申报》,1925年10月18日,第10版);外省的例子如商联会山西事务所干事李友莲由省府简任代县知事(《中华全国商会联合会会报》,1914年第1年第12号,"文牍",第7页)。

〔83〕佚名:《商人与国家》,第20～25页;《商会联合会总事务所复京师事务所函》,第10页。

〔84〕朱英:《转型时期的社会与国家》,第407～409页。

〔85〕邱捷:《民初广东的商人团体与社会动乱——以粤省商团为例》,第三届中国商业史国际研讨会(2000年7月,香港),第7页。

〔86〕曹师柳即称"那个时候(指辛亥革命不久——笔者注)的地方势力极为强大,前清余孽,都掌握着地方政权,瞧不起工商业中人"。曹师柳:《常熟电灯厂琐记》,中国人民政治协商会议江苏省常熟县委员会文史资料研究委员会编《文史资料辑存》(常熟),1962年,第36页。曹曾为常熟电灯公司董事会秘书。

〔87〕李新、李宗一主编《中华民国史》第2编,第1卷,上册,第168～176页。

〔88〕《上海总商会广告》,《时报》,1912年11月15日,第2版。

〔89〕《中华全国商会联合会会报》,第1年第12号,1914年9月1日,"文牍",第2页。

〔90〕《中华全国商会联合会会报》，第1年第9号，1914年6月1日，"法令"，第4~5页。

〔91〕《农商部批》，《中华全国商会联合会会报》，第1年第12号，"法令"，第53页。

〔92〕陈独秀：《独秀文存》，安徽人民出版社，1987年，第587页；徐鼎新、钱小明：《上海总商会史》，第322页。

〔93〕参见李达嘉：《一九二〇年初期上海商人的民治运动——对军阀时期商人政治力量的重新评估》，第328~329页。

〔94〕苏云峰：《民初之商人，1912~1928》。

第七章 结　　论

自辛亥以降，国内政治、经济及社会各层面的变迁甚为剧烈。由于职业的特性，商人对社会变动往往较其他阶层更为敏感。透过梳理政治变局中商人的境遇及其应对经历，也许我们可以对近世中国历史有一些新的认识。

产权、商人与政府：1927年前后的比较

在前面几章中，笔者从民国初年江浙商人所经历的史实出发，对近世中国商人与政治的关系作了一重新的研判。通过对史事的分析，笔者认为，要看清商人与政治间的关系，应将其置于"产权与秩序"的脉络中来加以阐释。从"产权保护"与"秩序维持"的角度，我们或许可以对民初商人的各种政治应变行动有一个清楚的认识。无论是革命爆发，还是派系战争来临，或者民族主义运动开始，商人所赖以维生的秩序以及他们的财产都曾遭到冲击。面对此种变局，商人行为方面有许多非常态的表现。

然而，我们亦应看到，民初16年中，对商人私有产权的严重冲击还多属于偶发性的现象。在多数时期，政府虽然没有采取强有力的措施来保护商人私有产权，但是也没有以强制力

来剥夺商人的私有产权。从这点来看,此一时期又可被视为某种程度上的"治世",而不仅仅是一般人所理解的"乱世"。[1]如政府承认须保护商业经营环境,商业惯例的延续尚能得到官方的支持,商人的投资亦有一定的预期收益。所谓"资产阶级的黄金时代"的出现,实际上与此一因素亦有密切关系。

从政府的角度来看,如果随意剥夺商人的私有产权,那么政府的长期维持亦存在问题。因此,1912年袁世凯担任临时大总统以后,政府即出台许多鼓励工商业发展的政策[2],这也是对此前一些激进措施的缓和。相似的一幕,我们也可以从1927年后的国民政府身上看到。

1927年,当国民革命军到达江浙一带后,商人又遭遇了一次更为严重的勒索行动。[3]军方似乎认为有产之家,在革命中理应多出钱,并宣称"凡我国民之有产者,均经一一调查登记",国民欲享受权利必须先尽义务。[4]上海、苏州、南京、杭州、宁波等地的商人均被迫承担债券认缴、军费摊派、军需供应等方面的任务。[5]

据称,从1927年到1929年,由国民政府发行之债券便达12种,总额达3.74亿元之多,其吸收者已不仅是民众之游资,并已涉及营业必要之资金。[6]仅上海商人所提供的各种款项,据银钱两公会宣言,其数"当在一万万以上"。[7]而据中国银行上海分行经理宋汉章之声明,从1927年2月至5月中旬,仅江浙两省的中国银行各分行垫借款项便高达340余万元。[8]

勒索的同时,"资本家"似乎亦成了一种罪名,对商人的污辱迫害亦在到处发生,所以连虞洽卿也不敢承认自己是"资本家"。[9]1927年10月,因调解工潮时厂主到会延期,苏州商会总理被铁机工人捆绑"游行通市,沿途殴辱,幽闭逼勒，要索巨款"，商会办公房屋亦被捣毁。[10]据《密勒氏评论报》(Millard's Review)主笔鲍威尔(John B. Powell)的回忆，当时上海任何一个帮助外国人的华人，都要被斥骂为帝国主义的"走狗"，"买办"也被揪出来作为特别诋毁的对象，公开加以污辱。[11]

1927年6月后，抵制日货运动亦被各地国民党党部发动起来，据小科布尔的研究，在上海，抵货成了"上海国民党党部去向上海商业界榨取更多捐赠的一个便利手段"。[12]

在这种勒索下，商人对新成立的南京国民政府充满怨言，上海商业联合会结束宣言中一句"人寿不知几时，枯鱼已先入肆"便道尽了商人的心声，[13]一些激烈的抗争举动也已出现。[14]政府方面，似亦感到继续采用此极端手段，不但不能得到商人的支持，政治上亦可能无法维持下去。革命之后，当政者必须考虑建设一途，如何对待私人产权的问题便异常重要。

1928年6月的全国经济会议上，国民政府财政部长宋子文对以前采用强制勒款手段表示歉意，呼吁商人与政府合作。该会通过的"保护商人财产案"象征着政府对商人私有产权态度的转变。[15]1929年，国民党三全大会上，国民党中央执行委员会承认"本党十余年革命以还，集全力以打倒军阀，故财政收入什九养兵，在此十余年破坏工作之过程中，国民痛苦，水深火热"。[16]在该会向大会提出的经济建设实施案中，一方面强调孙中山的"平均地权，节制资本"政策，认为应将交通、煤铁及基本工业国有化，增厚国家资本，"为节制私人资本之利器"；另一方面，亦承认当时中国资本贫乏，"至于企业可由私人经营而无危害者则予以充分之法律保障"，且可以在平等互惠原则下尽量吸收外资。如此方能"救济目前之贫苦，避

免将来之革命"。[17] 工商部长孔祥熙更向此次大会直接提出"请厉行法治保障人民财产"案,直指问题的要害:

> 本党领导中国革命,所以自图民族之生存,而人群之生存,必有法律以保障私人之权利,维持公共之秩序。……计自北伐以来,常有不循法律手续处分私人财产之事。……乃近日各地党政,或民众机关,仍有沿袭此风,擅权违法者。考其实在,大抵深文,或罪止本犯,而波及所亲;或事隔多年,而追溯既往,罪状未著,来历未明,不待法庭之讯判,不俟中央之命令,滥用权力,径自处分。甚至不惜牵累国内已有规模之工商业,阻碍其进行,使社会民众大滋疑议,投资企业者相与裹足不前,其影响实业前途,殆非浅鲜。夫人民之所以赖有国家者,为其能以法律保障私人权利也。私人财产,可以不依法律擅自处分,则法治失效,社会不安,使民众对党国爱戴之诚,无形低减。况中国工商幼稚,生产衰落。政府之于产业组织,宜存奖掖爱护之心。似此无故自扰,妨害业务,民众莫知所由,反存怀璧之惧。惟有托庇租界,寄资外人。人为渊丛,我为鹯獭,匪但违党国尊崇法治之本意,抑且妨政府提倡实业之机权。此其关系匪细,不可不谋救济。……拟请议决命令党政各机关,嗣后均应厉行法治保障人民财产,以挽颓习而救时艰。岂但民众利赖,工商事业,亦将蒙其福利矣。[18]

同时,此次大会上亦通过《民法典》,正式开始实施物权法。[19] 此后,南京国民政府以暴力手段对商人私有产权的直接侵犯似较少见到，商人与政府间的关系亦进入一种"常态"。笔者认为，这是考察南京政府十年间经济成长一个不可忽视的基础。因此，从"产权保护"的角度来看，"治乱相生"自有其必然性。"产权与秩序"既能理解"乱世"中商人与政治的"变态"关系，亦能帮助我们了解"治世"中常态的商人与政治关系。

为什么每当发生革命、战争或者民族主义运动时，商人便会要面对一个财产保护的问题呢？这既是历史上商人坎坷命运的延续，亦是晚清以来日益严重的"国家"与"私利"的矛盾冲突所致。其中的关键又是商人的私有财产权从来都未有明确法律地位的保护。民国初年，民间虽有一些微弱的保护私有财产权的呼声，但政府始终未能以专门的法律制度加以规定，关于私有财产制度的争论却愈来愈成为时代性的大问题。[20]当激进的社会思想变成了政党的理论，对私有产权的冲击便不仅仅停留于纸面的讨论，而可能演化成政策的实行了。

自清政府提倡以"强国"为目标的重商主义以来，在"兵战"不利的情况下，"商战"救国成为朝野上下的呼声。经济问题的"泛政治化"或者"泛道德化"，使商人们已很难理直气壮地把"赚钱牟利"作为公开宣示的目标，而须借助于所谓"商战"或者其他口号。但是，我们必须看到，这种经济民族主义，是服务于"国家强盛"的目的。当革命党人或者军人、学生以"爱国"为号召，要求商人为"国家"作出牺牲时，从可以利用的道德资源上来讲，商人并无抵抗的理由。尤其是1920年代后，民族主义思潮愈趋激烈，政治民族主义亦日益与经济民族主义合流，商人们便处于一个前所未有的政治社会生态中。商人想以"商战"来赚取利润，但同时又不想"国家"侵害自己的财产，现实中便不大可能做到。一片混沌之中，商人便把"保护财产权"的行动化于他们的一些政治应变行动中，如所谓"参加"革命与民族主义运动，努力拉拢武装军人，争取在地方上实现局部的安宁。但是，这些个人的努力并不能形成制度化的私有财产权保护，其成本亦太高。从另一个角度，我们可以看到，民初对商人私有产权的冲击，其主动者往往还不是政府，而是一些激进的社会力量，如学生、党人等。在当时的环境中，他们为了使自己的行动"合理化"，所依恃的便是"道义"的力量，尤其高举"爱国"的旗帜。因此，我们可以在某种程度上将商人的保护产权的要求视作"法律范围内的诉求"，而学生等人的要求则是基于超越法律之上的"道义"。于是，法律与道义便发生了冲突，商人之合法行为由于不合道义而可能遭到攻击，甚至被游街批斗。在此过程中，"政府"态度游移，虽然亦有人将此类行动斥之为"非法"，但是多数人仍认为学生的行为基于"爱国"之情，可以理解。于是激烈的非法举动便获得了合乎情理的认可，法律则被置于特定的道义之下，"私利"在"国家"面前亦无法得到其地位。因此，如何解决"国家"与"私利"间的冲突，在笔者看来，是商人私有产权保护问题的关键所在。

秩序：商人的不绝追求

江浙素为东南富庶之地，商务繁盛，贸易发达。晚清之季，在西力的冲击下，大量新式工商业被创办，农产品商品化程度相对较高。到民初，这里无疑仍是中国文化经济最发达的地区。由于市场联系紧密，江浙商人认识到唯有互助方能共存，所以对维护社会秩序不遗余力。这也是江浙一带在民初政治混乱至极时能大体保持社会稳定，经济仍有持续发展的原因之一。

从前面的研究我们可以清楚地看出，辛亥革命之际，江浙地区的商人之"参政"行动，主要是想使带有天然暴力性质的"革命"保持在一种有序的状态，以免对商业经营环境及社会经济造成过大的破坏。对于商人们而言，他们行动中所彰显出来的更多的是应付变乱世局的意蕴，我们很难发现他们有主动制造变局的企图。商人"参加"革命与党人有根本区别，即前者的目的在于维持秩序，保护产权，保持经济制度不受大的冲击。后者的目的则可能主要在于破坏旧的制度与秩序。所以一旦秩序危机稍有解除，商人便可能会退出政府。"政治参与"的高额成本是商人不愿意付出的，当他们发现有力量强大的势力可作依靠时，便会果断地表示出他们的拥护。

类似的情形我们也可以从其他一些地区看到。江西赣州光复之际，绅商两界合组国民总会承担原地方驻军一切军饷度支。为避免兵变发生，商界曾筹措饷银5万元交付民军首领。[21]在湖北宜昌，民军司令部以筹饷事宜委托宜昌商会总理曹耀卿等人，促其组织鄂省饷糈筹办处督催饷项，军饷方有所落实。[22]广西北海商人为了维持地方秩序，保护商场，由商会出面组织商团，然而当此举并不能有效达到目的时，他们便将希望寄托在广东龙济光部队以及外国军舰的保护上。[23]虽然各地商人在此一重大历史变动之际的应付策略不尽一致，但其核心关怀却多在"秩序"二字上。

从1924年江浙战争的个案中,我们可以更清楚地看到商人们对地方秩序的关注及挽救努力。对绝大多数的商人而言,和平安全的经营环境总是他们的企盼,如果没有外在暴力威胁,其政治态度的依违变化也往往反映了其对秩序的追求理想。他们所反对的,往往是可能影响秩序稳定的政治事件或者人物,他们所拥护的,则经常是能为他们带来和平秩序的政治力量。

战乱爆发往往是地方秩序最为紊乱之时,所以商人们的应对行动也相对地表现得最为强烈。这便是在1920年代"军阀混战"时期我们在全国范围内都可以发现商人力量的增长及主动性介入政治个案的潜在原因。[24]以商人武装组织而论,不仅广东、江苏等地出现了大规模的商团武装,在四川、山西、湖南等地均有商团军之组织筹备。[25]这种相似的举动所揭示的未必是商人自治精神有多少抬升,但我们却能从中看出商人对安宁秩序的追求。

相似的,秩序问题也始终是民族主义运动的一个焦点。五四运动江浙各地在罢市时,均对秩序极为关注。如五四运动中常州商会要求电灯公司夜间开通路灯,以防宵小。[26]镇江商团体育会会长朱中孚在罢市后提出声明:商学两界均不得轻举妄动,由商会会长请军警维持秩序。[27]当五卅运动中激进分子提出全国总罢市与总罢工时,商人多表示反对,马寅初甚至撰文认为全国总罢市总罢工之提议系自杀政策。[28]商人对于群众性的大规模运动,总会担心秩序受到影响,这是商人职业本身性质所决定的。在一些商界给政府的电文中,我们可以看到他们对秩序的急切关注。[29]运动中的"外向竞争型企业"或许可以因为生产的扩大、营业额的上升而受益。但是当运动波及的面愈来愈广,行动愈来愈激烈时,秩序的维持既存在问题,运动中商人的成本支出可能亦会超出他们可以忍受的范围。商界因此受到的损失可能远甚于所得,甚至其营业自由与财产权利亦不能确保。

稳定的社会秩序是官方与商人共同关心的焦点。为此,商人一般愿与政府合作并配合其政策的实施。政府亦借商人来对民族主义运动施加其影响力,希望运动能保持在一定的秩序范围内,既不至于引起外交上的问题,亦能防微杜渐,避免地方安全出现问题。

总之,在民初的社会环境中,商人没有多少固定的政治欲求,秩序则成为压倒一切的需求。五四运动前后,一些商人的行为、言论可能与先前不同,但这主要是时势推动所致,但认为此后中国商人"在商言商"的传统有了多大的改变,亦属误会,各种角色的串演所反映的往往是秩序受到威胁时商人的无奈选择。

在商言商:"资产阶级"幻影背后的近世中国商人实像

很久以来,人们对近世中国商人与政治的关系存在许多误解。如果我们对这些误解加以剖析的话,又会发现大半是缘于对"资产阶级"概念体系不加证实地运用所造成。当然这在方法论上又是与西方经验的类比、革命理论过度宣传后形成的观念定式、研究中史料掌握的不全面、对史实的简约化理解、没有长时段观察等问题密切相关。如果要对近世中国商人的经历切实地进行考察，我认为研究者便必须先跳出"资产阶级"的概念体系。"中国资产阶级"无疑是近世中国革命史观中的一个核心理论预设，但它却是以西方经验为参照系仓促提出的，革命理论家们对此概念并没有作太多的实证分析，因此，我们在研究近世史事时便需要十分谨慎地加以使用。

从"资产阶级"概念出发，人们常习惯以"政治上正确"之标准来要求商人，商人与政治关系问题多被纳入种种政治舆论的评价范围。不论是在晚清维新派的口中，还是在民初的革命党人的笔下，以至1920年代联邦自治派的眼中，商人均以其政治保守态度而受到攻击。一般的看法便是认为他们没有爱国心，对政治漠不关心等，在此种框架中，商人求利便没有一个很堂皇的地位。他们不得不把"商战""实业救国""现代化的需要"等口号挂在口头，以充作他们求利的合法性资源。到1927年前后，商人更被国民党人分成"革命"与"不革命"的两派，被给予完全不同的政治待遇。商人们在政治上的表现，亦无法令后世的学者们满意，谈到商人与政治的关系，不是"两面性"的先天缺点，便是"愚蠢"或者"近视"等后天的不足。而商人内心究竟有什么想法？他们在政治运动中行为动机如何？却很少有人愿意去关注。

1980年代，一些学者们开始为"中国资产阶级"洗污。他们按照以前将"资产阶级"分成上、中、下的提法，努力把一些商人纳入民族资产阶级的范围，或者将"政治"与"经济"分开，承认他们经济上有功，但政治上站错了队。这种分析比起对商人的全面否认无疑有许多的进步。但这种"重贴标签"的工作并未完全脱离"政治标准"的评判基础。

到1990年代,"现代化"理论喧嚣尘上。于是,这批办工厂、建商场的商人便被重新定位为"现代化"的开路人,或者称"中国早期现代化"的承载者。这种提法如何与原来的革命史观兼容,阶级分析如何融入现代化的理论架构之中,均是一些新出现的问题。"早期资产阶级"概念的创造,也许便是为解决此种困境而产生的,但这并未脱离政治化评判的窠臼。因为给予商人正面评价仍是基于其有功于"推进国家现代化"的角度,实际上与早期的"商战"功臣的定位异曲同工,商人仍无一个中立的求利理由。为了"现代化",可以给他们颁发勋章,当然亦可剥夺他们的财产。

"资产阶级"这个概念实在是附带了太多的政治化的东西,或者说意识形态色彩太浓。究其是,论者在使用此词时多半是将其作为一个政治概念,而非经济概念。而此种政治概念的运用又是与一些特别的方法论如"社会进化论""阶级分析法"等分不开的。当我们在使用这个概念时,即使是将它当成一个经济概念,听的人仍会将与其有关的政治意义投射到这个词汇上面。

因此,对所谓"中国资产阶级"产生及形成发展的一套理论,笔者持谨慎的保留态度。所谓"阶级",最起码要存在稳定的基于经济利益的群体认同或者"阶级自觉性""阶级集体行动"等。依笔者对近世商人的观察,至今仍未发现这些"自觉性"与"阶级集体行动"有多少实际存在的证据。许多人认为1920年代是"资产阶级""政治参与"的高峰,然而这个论点多没有仔细的个案研究做基础。在当时的社会情境下,商人从来都不大称自己为"资产阶级"。如果我们在使用一个概念的同时,被指代的对象自身都不承认,那么我们为什么要使用这个概念，而不使用他们自己认同的概念？"资产阶级"这个概念，笔者认为只有在讨论国民党及共产党的经济政策或者商人政策时，或者有社会主义倾向的知识分子的言论时，方可使用，这是一种"历史事实"。而此时"资产阶级"这一名词并不是指工商界人物本身，而是党人或文人口中的一种"想象出来的形象"。

在商人眼里，革命、战争与民族主义运动最重要的一面可能便是对他们的私有财产造成冲击。他们为应付这种"产权危机"，便会有种种的努力。商人的行动自然是以"私利"为根本，但是他们的挽救行动也可能会促使一种"责任群体"的实现。商人的应变行动可能会表现出一种"政治参与"的假象，但实际上近世中国商人仍然没有多少政治意识，他们对政治的关心是建立在产权是否受到波动的基础上。一旦有低成本的维持秩序或者保护产权的途径，他们便会放弃自己的"政治参与"。对政府而言，是否能给予商人私有财产权的承认与保护，是决定其与商人关系的关键。财产权利的动摇与维护构成了近世中国商人与政治关系的核心。从这个角度来说，生活在民国初年的江浙商人当然未曾脱离"在商言商"的古训。

注释：

〔1〕从表面上看，民初政治十分混乱。但是"混乱"其实是需要有所区分的。笔者认为至少有以下几种根本不同的混乱：1. 无政府的混乱，暴民政治肆虐，法律契约制度荡然无存；2. 政治设

计上的混乱，如权力分立、媒体监督、种种利益团体的竞争等；3．战争的混乱；4．法治的混乱，如果一个社会遍地可见不公正，垄断性的利益群体分割了大量的利权，民众没有基本的社会保障体系。市场经济亦缺乏起码的规则，公务员亦不遵守基本的职业道德，官员腐败横行。这种混乱便离一个有序的"法治社会"甚远。民初所谓"军阀混战"，仗虽然打了许多，但是其中的大多数只有几天就结束，甚至一些战役只是摆摆阵，胜负便见分晓。一些地方上的军人为了能立住脚，不得不打出"民意"牌。从笔者了解的民初浙江政治的实态来看，舆论监督与权力分立确实发挥了一定的效果；法律制度、商业惯例等亦未被完全破坏；官员的腐败行为尚未泛滥。对于商人而言，这一切便构成了一个较为稳定的社会环境。

〔2〕参见李达嘉:《袁世凯政府与商人（1914～1916）》，第108～111页。

〔3〕小科布尔对上海商人被勒索的情形有详细的描述。[美]小科布尔:《上海资本家与国民政府》，第35～47页。

〔4〕如1927年7月南京国民政府财政部在筹办"房租协饷"时，便以房租"出自有产之家"为理由。上海市档案馆编《一九二七年的上海商业联合会》，第124页。

〔5〕上海市档案馆编《一九二七年的上海商业联合会》，第35～152页;《总商会昨日常会议事记》，《苏州明报》，1927年8月17日，第2版;《商人讨论商会存废问题》，《工商半月刊》，1929年第1卷第8期，第8页;《浙江百年大事记》，第207页;《宁波快信》，《申报》，1927年3月13日，第7版。

〔6〕《沪商整会对于市府之贡献》，《工商半月刊》，1930年第2卷第3期，"工商消息"，第4～8页。

〔7〕《商人讨论商会存废问题》，《工商半月刊》，1929年第1卷第8期，第7页。

〔8〕上海市档案馆编《一九二七年的上海商业联合会》，第96页。

〔9〕上海市档案馆编《一九二七年的上海商业联合会》，第222页。

〔10〕上海市档案馆编《一九二七年的上海商业联合会》，第282～283页。

〔11〕[美]鲍威尔（John B. Powell）:《鲍威尔对华回忆录》，邢建榕、薛明扬、徐跃译，知识出版社，1994年，第147页。

〔12〕[美]小科布尔:《上海资本家与国民政府》，第41页。

〔13〕上海市档案馆编《一九二七年的上海商业联合会》，第30页。

第七章 结 论

〔14〕1928年8月6日，国民党中央执委召开五中全会，上海商界由虞洽卿发起组织请愿团赴宁请愿。虞指出，组织商业请愿团，名为请愿，实为监督。当革命军来沪时，商界曾竭力协助，苟事成而不顾商民痛苦，是违反革命意旨。在稍后递交请愿书时，虞氏更强调"革命时代商人负担重大，此时革命成功，要求政府为商人着想"。在另一份陈诉书中，上海商会整理委员会更要求政府厉行节约，减轻人民负担，以"加增人民对于革命信仰"。徐鼎新编：《上海总商会史事纪要》(1921年～1929年5月)，第313～314页。

〔15〕吴景平：《宋子文评传》，福建人民出版社，1992年，第79页；[美]小柯布尔：《上海资本家与国民政府》，第56页。

〔16〕《中执委向三全大会所提之经济建设实施案》，《工商半月刊》，1929年第1卷，第7期，"专载"，第3～4页。

〔17〕《中执委向三全大会所提之经济建设实施案》，第1～6页。

〔18〕《孔部长向三全会之两提案》，《工商半月刊》，1929年第1卷第8期，"专载"，第1～2页。

〔19〕陈华彬：《物权法原理》，第37～40页。

〔20〕1920年，即有敏锐的学者意识到当时社会扰闹不已的根本问题是财产问题。郑贤宗：《财产问题发端》，《东方杂志》，1920年第17卷第22期，第61页；又参见景藏：《财产制度》，《东方杂志》，1920年第17卷第7期，第1页。

〔21〕黄邦直：《赣南宁光复记》，《各省光复》(上)，1962年，第238～239页。

〔22〕曹耀卿并被委为土膏、筹饷等局总理。贾孔会：《辛亥宜昌光复述论》，《三峡大学学报》(人文社会科学版)，2001年第6期。

〔23〕胡滨译：《英国蓝皮书有关辛亥革命资料选译》(上、下册)。

〔24〕许多既有的研究都注意到了1920年代商人政治力量的增长及外在表现。相关评述参见拙文《中国大陆近代商人之研究》(《近代中国史研究通讯》(台北)，1998年第26期)及《中国商会史研究之回顾与反思》(《历史研究》，2001年第5期)。

〔25〕《绅商阶级的妥协性》，《中国青年》，1925年第103期，中国青年社，1926年，第90页；新：《锡矿山商团压迫工人情形》，《战士》(中共湖南区委机关报)，1926年第11期，第7～8页。

〔26〕《五四运动在江苏》，第135页。

〔27〕《五四运动在江苏》，第124页。

〔28〕马氏从一个经济学者的角度指出，假如全国总罢市总罢工果真实现，那么其后果将是：汇兑飞涨洋商获利、金融纷乱倒闭频仍、生产停顿坐以等毙、物价飞腾民不聊生。马寅初：《总罢市总罢工之足以自杀》，《上海总商会月报》，1925年第5卷，第6号，第21～22页。

〔29〕1919年5月6日，旅沪潮州杂货联合会在电文中曾表示："京、津拘捕学生之事酿成沪地罢市，本日南北钱业亦停止交易，金融闭塞，工人相约停运粮食，岌岌可危……"（《中日外交史料——排日问题》，第27页）。类似电文可参见《五四运动在江苏》，第96～103页；1919年5月6日，上海商业公团联合会致电北京，呼吁政府速将被捕学生释放，"否则全国暴动，更难收拾"（《五四运动在上海史料选辑》，第173页）。1919年6月10日外交部上海特派员杨士晟致国务院、外交部、内务部电中亦称，"上海苦工不下数十万人，罢工后必有暴动，糜烂地方，此后种种痛苦不堪言喻"（《中日关系史料——排日问题》，第33页）。

参考文献

参考文献

一、中日文部分

1. 档案、资料汇编

陈旭麓、顾廷龙、汪熙主编《辛亥革命前后——盛宣怀档案资料选辑之一》，上海人民出版社，1979年。

陈真、姚洛编《中国近代工业史资料》第1辑，生活·读书·新知三联书店，1957年。

第二历史档案馆编《中华民国史档案资料汇编》第2辑，江苏人民出版社，1981年。

杭州市档案馆藏档，旧10-2。

华中师范大学中国近代史研究所、苏州市档案馆合编《苏州商会档案丛编》第1辑，华中师范大学出版社，1991年。

黄苇、夏林根编《近代上海地区方志经济史料选辑》，上海人民出版社，1984年。

经世文社编《民国经世文编》（实业），文海出版社，1971年。

经世文社编《民国经世文编》（政治），文海出版社，1970年。

李桂林、戚名琇、钱曼倩编《中国近代教育史资料汇编》，上海教育出版社，1995年。

马鸿谟编《民呼、民吁、民立报选辑（1909.5—1910.12）》，河南人民出版社，1982年。

聂宝璋编《中国近代航运史资料》第1辑，1840～1895，上海人民出版社，1983年。

彭泽益选编《清代工商行业碑文集粹》，中州古籍出版社，1997年。

荣孟源、章伯锋主编《近代稗海》第7辑，四川人民出版社，1987年。

上海社会科学院经济研究所编《刘鸿生企业史料》上册（1911～1931年），上海人民出版社，1981年。

上海社会科学院历史研究所编《五卅运动史料》第1卷，上海人民出版社，1981年。

上海社会科学院历史研究所编《五卅运动史料》第2卷，上海人民出版社，1986年。

上海社会科学院历史研究所编《五四运动在上海史料选辑》，上海人民出版社，1960年。

上海社会科学院历史研究所编《辛亥革命在上海史料选辑》，上海人民出版社，1981年。

上海市档案馆编《一九二七年的上海商业联合会》，上海人民出版社，1983年。

上海通商海关总税务司署造册处编《中国海关民国十三年华洋贸易总册》上卷·总论，上海通商海关总税务司署印制，1925年。

苏州市档案馆藏档，乙2-1、I1-41。

苏州市档案馆编《苏州丝绸档案汇编》下册，江苏古籍出版社，1995年。

苏州市档案局编《苏州市民公社档案资料选编》，1986年。

天津市档案馆、天津社会科学院历史研究所、天津市工商业联合会编《天津商会档案汇编（1903～1911）》（上、下册），天津人民出版社，1989年。

天津市档案馆、天津社会科学院历史研究所、天津市工商业联合会编《天津商会档案汇编（1912～1928）》第1～4册，天津人民出版社，1992年。

汪敬虞：《中国近代工业史资料》第2辑，1895～1914年，下册，科学出版社，1957年。

谢国祥主编《北洋军阀史料（袁世凯卷）》第1册，天津古籍出版社，1996年。

《辛亥革命史丛刊》编辑组编《辛亥革命史丛刊》第6辑，中华书局，1986年。

扬州师范学院历史系编《辛亥革命江苏地区史料》，江苏人民出版社，1961年。

《英国蓝皮书有关辛亥革命资料选译》（上、下册），胡滨译，中华书局，1984年。

张枬、王忍之编《辛亥革命前十年间时论选集》第2卷，下册，生活·读书·新知三联书店，1963年。

张枬、王忍之编《辛亥革命前十年间时论选集》第3卷，生活·读书·新知三联书店，1977年。

章有义编《中国近代农业史资料》第2辑，生活·读书·新知三联书店，1957年。

浙江省地方志编纂委员会办公室编《浙江历史大事记稿》，1996年。

浙江省社会科学院历史研究所、浙江图书馆编《辛亥革命浙江史料续辑》，浙江人民出版社，1987年。

浙江省辛亥革命史研究会、浙江省图书馆编《辛亥革命浙江史料选辑》，浙江人民出版社，1981年。

中共江苏省委党史工作委员会、中国第二历史档案馆编《五四运动在江苏》，江苏古籍出版社，1992年。

中共浙江省委党校党史教研室编《五四运动在浙江》，浙江人民出版社，1979年。

中国第二历史档案馆编《北洋军阀统治时期的兵变》，江苏人民出版社，1982年。

中国第二历史档案馆编《中华民国史档案资料汇编》第3辑，工矿业，江苏古籍出版社，1991年。

中国第二历史档案馆编《中华民国史档案资料汇编》第3辑，农商，江苏古籍出版社，1991年。

中国人民银行上海市分行编：《上海钱庄史料》，上海人民出版社，1960年。

中国人民银行上海市分行金融研究所编《上海商业储蓄银行史料》，上海人民出版社，1990年。

中国社会科学院近代史研究所、中国第二历史档案馆史料编辑部编《五四爱国运动档案资料》，中国社会科学出版社，1980年。

中国史学会编《辛亥革命》（七），上海人民出版社，1981年。

"中央研究院"近代史研究所编《中日关系史料——排日问题》，"中央研究院"近代史研究所，1993年。

2. 函稿、文集、志书、纪事录、纪念册、名录

北京大学历史系近代史教研室整理《盛宣怀未刊信稿》，中华书局，1960年。

蔡容编《无锡商团章程规则汇刊》，无锡商团公会，1920年。

陈独秀：《独秀文存》，安徽人民出版社，1987年。

陈训慈：《浙江省史略》，浙江青年月刊单印本，1935年。

筹安会编《君宪问题文电汇编》，文海出版社，1976年。

《大清德宗景皇帝实录》（六）（七），台北华联出版社，1964年。

各省商会联合会：《商会存废问题之讨论》，1927年。

广东省社会科学院历史研究所编《孙中山全集》第9卷，中华书局，1986年。

郭沫若：《水平线下》，《郭沫若全集》（文学编），第12卷，人

民文学出版社，1992年。

海上闲人编《上海罢市实录》，公义社，1919年。

黄诏年编《中国国民党商民运动的经过》，三民公司印行，1927年。

《江苏全省典业公会第一年纪事录》，江苏全省典业公会，1914年。

《江苏全省典业公会记要》，江苏全省典业公会，1914年。

《江浙皖三省丝厂茧行同业录》，1915年。

京都大学人文科学研究所编《日本新闻五四报道资料集成》，京都大学人文科学研究所，1983年。

《旧杭属典业公所第一年纪事录》，1916年。

娄东、傅焕光编《江苏兵灾调查纪实》，江苏兵灾各县善后委员会，1924年。

墨悲编《江浙铁路风潮》第2册，罗家伦主编《中华民国史料丛编》，中国国民党中央委员会党史资料编纂委员会，1983年。

南翔劫余生：《东南烽火录》，上海宏文图书馆，1924年。

钱基博：《无锡光复志》，出版机关不详，1913年。

荣孟源、章伯锋主编《近代稗海》第7辑，四川人民出版社，1987年。

上海宏文图书馆：《江浙战史》第1～3册，上海宏文图书馆，1924年。

上海市工商业联合会《上海工商社团志》编纂委员会编《上海工商社团志》，上海社会科学院出版社，2001年。

上海战事写真馆：《江浙直奉血战画宝大全》，1924年。

嵊县档案馆编《汤寿潜信函选辑》，1992年。

苏州市地方志编纂委员会办公室、苏州市档案局编《苏州中药堂号志》，1985年。

陶汇曾编《商人通例释义》，商务印书馆，1925年。

王尔敏、吴伦霓霞编《盛宣怀实业朋僚函稿》，"中央研究院"

近代史研究所，1997年。

文公直、李菊庐编《江浙战纪》，泰东书局，1924年。

《先施公司二十五周纪念册》(1900～1924)，香港商务印书馆，1925年。

徐素华选注《筹洋刍议——薛福成集》，辽宁人民出版社，1994年。

于润琦主编《清末民初小说书系·社会卷》下册，中国文联出版公司，1997年。

芸香草堂经义斋：《革命驳议》，上海时中书局，1904年。

张一麐：《心太平室集》，文海出版社，1966年。

浙江救国储金事务所编《救国汇刊》，1915年。

《浙江省议会民国九年常务会文牍》丁编，1920年。

浙江省长公署《浙江全省职员录》，1925年。

中共中央马克思恩格斯列宁斯大林著作编译局编《马克思恩格斯全集》第4卷，人民出版社，1961年。

《中国经济调查报告》华中编第二种：《中国实业志》浙江省第一册，宗青图书公司印行，1932年。

3．报纸、期刊

《东方杂志》，上海

《工商半月刊》，上海

《国闻周报》，上海

《建设》

《江宁实业杂志》

《江苏》

《经济报道》

《民报》

《民国日报》

《宁波周报》

《农商公报》

《钱业月报》

《热血日报》

《商业月报》，上海

《商业杂志》，杭州

《绍兴商业杂志》

《申报》，上海

《时报》，上海

《苏州明报》
《向导周报》
《新申报》
《银行周报》，上海
《越铎日报》，浙江绍兴

《浙江潮》
《浙江政报》
《中华全国商会联合会会报》
《总商会月报》

4．论著

阿英：《晚清小说史》，东方出版社，1996年。

［英］贝思飞（Phil Billingsley）：《民国时期的土匪》，徐有威、李俊杰等译，上海人民出版社，1992年。

［美］本尼迪克特·安德森（Benedict Anderson）：《想象的共同体：民族主义的起源与散布》，吴叡人译，上海人民出版社，2003年。

［美］曼瑟尔·奥尔森（Mancur Olson）：《集体行动的逻辑》，陈郁、郭宇峰、李崇新译，上海三联书店、上海人民出版社，1995年。

［美］埃莉诺·奥斯特罗姆（Elinor Ostrom）：《公共事物的治理之道：集体行动制度的演进》，余逊达、陈旭东译，上海三联书店，2000年。

［美］Y.巴泽尔（Yoram Barzel）：《产权的经济分析》，费方域、段毅才译，上海人民出版社，1997年。

包伟民主编《江南市镇及其近代命运》，知识出版社，1998年。

［法］布罗代尔（Fernand Braudel）：《资本主义的动力》，杨起译，生活·读书·新知三联书店，1997年。

［日］长野朗：《中国社会组织》，朱家清译，上海光明书局，1931年。

陈华彬：《物权法原理》，国家行政学院出版社，1998年。

［美］陈锦江：《清末现代企业与官商关系》，王笛、张箭译，中国社会科学出版社，1997年。

陈建华：《"革命"的现代性：中国革命话语考论》，上海古籍出版社，2000年。

陈秀珠：《近代中国商业法规制度之研究》，硕士学位论文，台湾师范大学历史研究所，1997年。

陈学文：《明清时期太湖流域的商品经济与市场网络》，浙江人民出版社，2000年。

邓绍辉：《晚清财政与中国近代化》，四川人民出版社，1998年。

邓云特：《中国救荒史》，上海书店，1984年。

邓中夏：《中国职工运动简史》（1919～1926），人民出版社，1979年。

丁萍萍主编《经济地理》，中国财政经济出版社，1998年。

丁日初：《近代中国的现代化与资本家阶级》，云南人民出版社，1994年。

［美］杜赞奇（Prasenjit Duara）：《文化、权力与国家》，王福明译，江苏人民出版社，1996年。

段本洛、张圻福：《苏州手工业史》，江苏古籍出版社，1986年。

范金民：《明清江南商业的发展》，南京大学出版社，1998年。

费孝通：《乡土中国》，生活·读书·新知三联书店，1985年6月。

［美］费正清（John K. Fairbank）、刘广京编《剑桥中国晚清史》（1800～1911），下卷，中国社会科学出版社，1993年。

［美］费正清主编《剑桥中华民国史》第1部，章建刚等译，上海人民出版社，1991年。

［美］费正清主编《剑桥中华民国史》第2部，章建刚等译，上海人民出版社，1992年。

冯筱才：《北伐前后的商民运动（1924～1930）》，台湾商务印书馆，2004年。

复旦大学历史系、《历史研究》编辑部、《复旦学报》编辑部编《近代中国资产阶级研究》，复旦大学出版社，1984年。

复旦大学历史系、《历史研究》编辑部、《复旦学报》编辑部编《近代中国资产阶级研究续辑》,复旦大学出版社,1986年。

傅殷才、颜鹏飞:《自由经营还是国家干预——西方两大经济思潮概论》,经济科学出版社,1995年。

[美]高家龙(Sherman Cochran):《中国的大企业——烟草工业中的中外竞争(1890~1930)》,商务印书馆,2001年。

[日]沟口雄三:《中国前近代思想的曲折与展开》,陈耀文译,上海人民出版社,1997年。

[英]弗里德利希·冯·哈耶克(Friedrich A.von Hayek):《自由秩序原理》,邓正来译,生活·读书·新知三联书店,1997年。

[英]弗里德利希·冯·哈耶克:《致命的自负》,冯克利、胡晋华等译,中国社会科学出版社,2000年。

[美]韩格理(Gary G. Hamilton):《中国社会与经济》,张维安、陈介玄、翟本瑞译,联经出版公司,1990年。

[美]郝延平:《中国近代商业革命》,陈潮、陈任译,上海人民出版社,1991年。

何清涟:《我们仍然在仰望星空》,漓江出版社,2001年。

何振球编《常熟文史论稿》,南京大学出版社,1989年。

黄仁宇:《资本主义与二十一世纪》,生活·读书·新知三联书店,1997年。

黄逸平、虞宝棠主编《北洋政府时期经济》,上海社会科学院出版社,1995年。

[英]霍布斯(Thomas Hobbes):《利维坦》,黎思复、黎廷弼译,商务印书馆,1985年。

艾瑞克·霍布斯邦(Eric J. Hobsbawm):《民族与民族主义》,李金梅译,麦田出版股份有限公司,1997年。

贾逸君:《中华民国政治史》上册,文化学社,1932年。

贾植芳:《近代中国经济社会》,上海棠棣社,1949年。

［美］小科布尔（Park M. Cable, Jr.）:《上海资本家与国民政府，1927～1937》，杨希孟、武莲珍译，中国社会科学出版社，1988年。

［美］柯文（Paul A. Cohen）:《在传统与现代性之间：王韬与晚清改革》，雷颐、罗检秋译，江苏人民出版社，1994年。

［美］柯文:《在中国发现历史——中国中心观在美国的兴起》，林同奇译，中华书局，1997年。

［美］雷麦（C. F. Remer）:《外人在华投资》，蒋学楷、赵康节译，商务印书馆，1959年。

李伯重:《江南的早期工业化（1550～1850年）》，社会科学文献出版社，2000年。

李达嘉:《商人与政治：以上海中心的探讨，1895～1914》，博士学位论文，台湾大学历史学研究所，1994年。

李恩涵:《晚清的收回矿权运动》，"中央研究院"近代史研究所，1978年。

李国祁:《中国现代化的区域研究——闽浙台地区，1860～1916》，"中央研究院"近代史研究所，1982年。

李和承:《明、清传统商人区域化现象研究》，博士学位论文，台湾师范大学历史研究所，1997年。

李剑农:《最近三十年中国政治史》，上海太平洋书店，1933年。

李健民:《五卅惨案后的反英运动》，"中央研究院"近代史研究所，1986年。

李新、李宗一主编《中华民国史》第2编，第1卷，（1912～1916年）上，中华书局，1987年。

李新主编《中华民国史》第1编，下册，中华书局，1982年。

梁其姿:《施善与教化：明清的慈善组织》，联经出版事业公司，1997年。

［英］洛克（John Locke）:《政府论》下篇，叶启芳、瞿菊农译，商务印书馆，1964年。

刘石吉:《明清时代江南市镇研究》,中国社会科学出版社,1987年。

陆键东:《陈寅恪的最后二十年》,生活·读书·新知三联书店,1995年。

吕慎华:《袁世凯政府与中日二十一条交涉》,台湾中兴大学历史学系硕士论文,1999年。

罗凤礼主编《现代西方史学思潮评析》,中央编译出版社,1996年。

罗志田:《乱世潜流:民族主义与民国政治》,上海古籍出版社,2001年。

罗志田:《民族主义与近代中国思想》,台湾东大图书公司,1998年。

马伯煌主编《中国经济政策思想史》,云南人民出版社,1993年。

马敏:《官商之间:社会剧变中的近代绅商》,天津人民出版社,1995年。

[美]道格拉斯·C.诺斯(Douglass North)、罗伯特·保尔·托玛斯(Paul Thomas):《西方世界的兴起》,张炳九译,学苑出版社,1988年。

[美]道格拉斯·C.诺斯:《制度、制度变迁与经济成就》,刘瑞华译,时报文化出版企业有限公司,1994年。

邱澎生:《商人团体与社会变迁:清代苏州的会馆公所与商会》,博士学位论文,台湾大学历史学研究所,1995年。

日本研究会:《抵制日货之考察》,日本评论社通信部,1933年。

阮忠仁:《清末民初农工商机构的设立:政府与经济现代化关系之检讨,1903~1916》,台湾师范大学历史研究所,1988年。

[美]芮玛丽(Mary C. Wright):《同治中兴:中国保守主义的最后抵抗(1862~1874)》,房德邻等译,中国社会科学出版社,

2002年。

盛在珦:《商业道德》,商务印书馆,1915年。

[美]本杰明·史华慈(Benjamin I. Schwartz):《寻求富强:严复与西方》,叶凤美译,江苏人民出版社,1995年。

唐振常:《近代上海探索录》,上海书店出版社,1994年。

陶菊隐:《北洋军阀统治时期史话》下册,生活·读书·新知三联书店,1983年。

陶水木:《论辛亥革命时期的浙江军政府》,硕士学位论文,杭州大学历史系,1995年。

陶绪:《晚清民族主义思潮》,人民出版社,1995年。

[美]王国斌:《转变的中国——历史变迁与欧洲经验的局限》,李伯重、连玲玲译,江苏人民出版社,1998年。

王孝通:《中国商业史》,上海书店,1984年影印版。

[英]T. G. 威廉斯(Thomas George Williams):《世界商业史》,陈耀昆译,中国商业出版社,1989年。

魏声龢:《最新中国实业界进化史》,图书集成局,1906年。

魏颂唐辑《浙江赋税源流》,浙江财政人员养成所,1925年。

文崇一:《中国人的价值观》,东大图书公司,1989年。

翁昌辉:《传统中国政府与商人——一个管制经济分析》,硕士学位论文,台湾"中央大学"产业经济研究所,1999年。

吴景平:《宋子文评传》,福建人民出版社,1992年。

[美]E. 希尔斯(Edward Shils):《论传统》,傅铿、吕乐译,上海人民出版社,1991年。

夏东元:《郑观应传》,华东师范大学出版社,1985年。

项士元:《浙江新闻史》,之江日报社,1930年。

[日]小浜正子:《近代上海的公共性与国家》,上海古籍出版社,2003年。

[美]萧公权:《近代中国与新世界:康有为变法与大同思想研

究》,汪荣祖译,江苏人民出版社,1997年。

谢文华:《清末买办商人的价值取向》,硕士学位论文,台湾师范大学历史研究所,1995年。

徐鼎新、钱小明:《上海总商会史》,上海社会科学院出版社,1991年。

徐公肃、丘瑾璋、蒯世勋等:《上海公共租界史稿》,上海人民出版社,1980年。

徐敏蕙:《卢永祥研究》,硕士学位论文,台湾政治大学历史研究所,1998年。

许涤新、吴承明主编《中国资本主义发展史》第1卷,人民出版社,1985年。

许涤新、吴承明主编《中国资本主义发展史》第2卷,人民出版社,1990年。

许倬云:《历史分光镜》,上海文艺出版社,1998年。

余英时:《中国近世宗教伦理与商人精神》,联经出版事业公司,1987年。

虞和平:《商会与中国早期现代化》,上海人民出版社,1993年。

乐正:《近代上海人社会心态(1860～1910)》,上海人民出版社,1991年。

恽代英:《中国民族革命运动史》,上海泰东图书局,1927年。

张存武:《光绪卅一年中美工约风潮》,"中央研究院"近代史研究所,1982年。

[美]张灏:《梁启超与中国思想的过渡》,江苏人民出版社,1995年。

张桓忠:《上海总商会研究:1902～1929》,知书房,1996年。

[美]张仲礼:《中国绅士:关于其在19世纪中国社会中作用的研究》,李荣昌译,上海社会科学院出版社,1991年。

赵冈:《中国城市发展史论集》,联经出版事业公司,1995年。

赵冈、陈钟毅：《中国经济制度史论》，联经出版事业公司，1986年。

赵文洪：《私人财产权利体系的发展：西方市场经济和资本主义的起源问题研究》，中国社会科学出版社，1998年。

郑行巽：《中国商业史》，世界书局，1932年。

中央大学人文科学研究所编《五·四运动史像の再检讨》，中央大学出版部，1986年。

"中央研究院"近代史研究所《六十年来的中国近代史研究》编辑委员会：《六十年来的中国近代史研究》上册，1996年。

朱英：《晚清经济政策与改革措施》，华中师范大学出版社，1996年。

朱英：《辛亥革命时期新式商人社团研究》，中国人民大学出版社，1991年。

朱英：《中国早期资产阶级概论》，河南大学出版社，1992年。

朱英：《转型时期的社会与国家：以近代中国商会为主体的历史透视》，华中师范大学出版社，1997年。

邹依仁：《旧上海人口变迁的研究》，上海人民出版社，1980年。

5. 论文

岸本美绪：《"秩序问题"与明清江南社会》，《近代中国史研究通讯》，2001年第32期。

敖光旭：《"商人政府"之梦——广东商团及"大商团主义"的历史考查》，《近代史研究》，2003年第4期。

陈长华：《抑商质疑——兼论中国古代的赋税政策》，《史林》，1995年第2期。

陈明光：《"食货"与"轻重"——试论中国古代财政对商品经济的影响》，《光明日报》，2001年3月27日。

程翌康：《试论绍兴军政分府的性质》，《上海师范大学学报》，

1986年第2期。

丁日初:《二次革命中的上海资本家》,《近代史研究》,1985年第6期。

范崇山、朱戟:《江苏"五卅"风潮》,《江海学刊》,1983年第3期。

范文耀:《清末江浙农村经济私生活的新变化》,《南开史学》,1982年第1期。

冯筱才:《沪案交涉、五卅运动与1925年的执政府》,《历史研究》,2004年第1期。

冯筱才:《近世中国商会的常态与变态:以1920年代的杭州总商会为例》,《浙江社会科学》,2003年第5期。

冯筱才:《"军阀政治"的个案考察:卢永祥与1920年代的浙江废督裁兵运动》,《"国立政治大学"历史学报》,2002年第19期。

冯筱才:《理想与利益:浙江省宪自治运动新探》,《近代史研究》,2001年第2期。

冯筱才:《虞洽卿与中国近代轮运业》,金普森主编《虞洽卿研究》,宁波出版社,1997年。

冯筱才:《中国大陆近代商人之研究》,《近代中国史研究通讯》(台北),1998年第26期。

冯筱才:《中国商会史研究之回顾与反思》,《历史研究》,2001年第5期。

黄克武:《清季重商思想与商绅阶层的兴起》,《思与言》,1984年第21卷第5期。

李陈顺妍:《晚清的重商主义》,《"中央研究院"近代史研究所集刊》上册,1972年第3期。

李达嘉:《1920年代初期上海商人的民治运动——对军阀时期商人政治力量的重新评估》,《"中央研究院"近代史研究所集刊》,

1999年第32期。

李达嘉：《从"革命"到"反革命"——上海商人的政治关怀和抉择》，《中央研究院近代史研究所集刊》，1994年第23期。

李达嘉：《国权与商利：晚清上海商人的民族意识》，《世变、群体与个人》，台湾大学历史学系，1995年6月。

李达嘉：《上海商人的政治意识与政治参与（1905～1911）》，《"中央研究院"近代史研究所集刊》上册，1993年第22期。

李达嘉：《上海商人与五卅运动》，《大陆杂志》，1989年第79卷第1期。

李达嘉：《五四前后的上海商界》，《"中央研究院"近代史研究所集刊》，1992年第21期。

李达嘉：《袁世凯政府与商人（1914～1916）》，《"中央研究院"近代史研究所集刊》，1997年第27期。

李恩涵：《论清季中国的民族主义》，《思与言》，1976年第5卷第6期。

李国祁：《辛亥革命的浙江民主政治的推行及转变》，《辛亥革命研讨会论文集》，"中央研究院"近代史研究所，1983年6月。

李健民：《五卅惨案后的反英宣传》，《"中央研究院"近代史研究所集刊》，1981年第10期。

李侃：《从江苏、湖北两省若干州县的光复看辛亥革命的胜利和失败——兼论资产阶级革命党人与农民的关系》，《社会科学战线》（长春），1981年第4期。

［日］笠原十九司：《江浙战争と上海自治运动》，野泽丰主编《中国革命史の研究》，东京青木书店，1974年。

廖志豪、李茂高：《辛亥革命期间资产阶级对苏南地区工农斗争的态度》，《江苏师院学报》，1981年第3期。

罗志田：《近代中国近代社会权势的转移：知识分子的边缘化与边缘知识分子的兴起》，《开放时代》，1999年7、8月号。

皮明勇：《中国近代民族主义的多重架构》，《战略与管理》，1994年第3期。

邱捷：《民初广东的商人团体与社会动乱——以粤省商团为例》，香港：第三届中国商业史国际研讨会，2000年7月。

阮忠仁：《清季经济民族主义运动之动力、性质及其极限的检讨（1903～1911）——以"绅商的新式企业利润需求面"为中心》，《台湾师范大学历史学报》，1990年第18期。

沈慧瑛：《苏州商团考略》，《档案与建设》，1998年第12期。

沈松侨：《振大汉之天声——民族英雄系谱与晚清的国族想象》，《"中央研究院"近代史研究所集刊》，2000年第33期。

沈渭滨、杨立强：《上海商团与辛亥革命》，《历史研究》，1980年第3期。

苏云峰：《民初之商人，1912～1928》，《"中央研究院"近代史研究所集刊》，1982年第11期。

王尔敏：《商战观念与重商思想》，《"中央研究院"近代史研究所集刊》，1976年第5期。

王冠华：《爱国运动中的"合理"私利：1905年抵货运动夭折的原因》，《历史研究》，1999年第1期。

王家范：《帝国时代商人的历史命运》，《史林》，2000年第2期。

王树槐：《清末民初江苏省谘议局与省议会》，《台湾师范大学历史学报》，1978年第6期。

吴伦霓霞、莫世祥：《粤港商人与民初革命运动》，《近代史研究》，1993年第5期。

吴首天：《浅谈"江浙战争"的爆发》，《江海学刊》，1983年第5期。

萧功秦：《清末"保路运动"的再反思》，《战略与管理》，1996年第6期。

许敏：《明代商人户籍问题初探》，《中国史研究》，1998年

4期。

杨联陞:《传统中国政府对城市商人的统制》,段昌国等译:《中国思想与制度论集》,联经出版事业公司,1976年。

余英时:《打开民族主义与民主的百年历史纠葛》,《联合报》,2000年12月25日,第4版。

余子明:《世纪之交　潮流涌动——清末经济民族主义评说》,《华夏文化》,1998年第4期。

张国辉:《辛亥革命前中国资本主义的发展》,《近代史研究》,1982年第2期。

张亦工、徐思彦:《20世纪初期资本家阶级的政治文化与政治行为初探》,《近代史研究》,1992年第2期。

章开沅:《辛亥革命与江浙资产阶级》,《历史研究》,1981年第5期。

赵世瑜:《社会动荡与地方士绅——以明末清初的山西阳城陈氏为例》,《清史研究》,1999年第2期。

朱英:《清末"新政"与社会动员》,《开放时代》,1999年7、8月号。

朱英:《"在商言商"与近代中国商人的政治参与》,《江苏社会科学》,2000年第5期。

竺菊英:《论近代宁波人口流动及其社会意义》,《江海学刊》,1994年第5期。

6．文史资料、回忆录

全国政协文史资料委员会办公室编《五四运动亲历记》,中国文史出版社,1999年。

绍兴市政协文史资料委员会编《绍兴文史资料》,第13辑,1999年。

苏州市地方志编纂委员会办公室、苏州市档案局编《苏州史志资料选辑》第 1 辑，1984 年；第 3 辑，1986 年；第 7 辑，1988 年；第 13～14 合辑，1989 年；第 17 辑，1991 年；第 19、20 合辑，1992 年。

中国人民政治协商会议江苏省常熟县委员会文史资料研究委员会编《文史资料辑存》(常熟)，1962 年。

中国人民政治协商会议建德县委员会文史资料委员会编《建德文史资料》第 8 辑，1991 年。

中国人民政治协商会议宁波市暨各县（市）区文史资料委员会合编《宁波光复前后·宁波文史资料第 11 辑》，1991 年。

中国人民政治协商会议宁波市委员会文史资料研究委员会编《宁波文史资料》第 1 辑，1983 年。

中国人民政治协商会议上海市委员会文史资料工作委员会编《上海文史资料选辑》第 49 辑，上海人民出版社，1985 年。

中国人民政治协商会议江苏省昆山县委员会文史征集委员会编《昆山文史》第 7 辑，1988 年。

中国人民政治协商会议江苏省苏州市委员会文史资料研究委员会编《苏州文史资料选辑》第 10、11 辑，1983 年。

中国人民政治协商会议江苏省委员会文史资料研究委员会编《文史资料选辑》第 7 辑，1981 年。

中国人民政治协商会议全国委员会文史资料研究委员会编《辛亥革命回忆录》第 7 集，文史资料出版社，1962 年。

中国人民政治协商会议全国委员会文史资料研究委员会编《辛亥革命回忆录》第 4 集，文史资料出版社，1982 年。

中国人民政治协商会议浙江省湖州市委员会文史资料委员会编《湖州文史》第 9 辑，浙江人民出版社，1991 年。

中国人民政治协商会议浙江省委员会文史资料研究委员会编《浙江文史资料选辑》第 1 辑，1962 年；第 12 辑，1979 年。

中国人民政治协商会议浙江省委员会文史资料研究委员会编《浙江辛亥革命回忆录》，浙江人民出版社，1981 年。

中国社会科学院近代史研究所编《五四运动回忆录》（续），中国社会科学出版社，1979年。

浙江政协文史资料委员会编《浙江文史集粹（经济卷）》，浙江人民出版社，1996年。

政协嵊县委员会文史资料委员会编《嵊县文史资料》第2辑，1985年。

政协苏州市委员会文史编辑室、苏州市地方志编纂委员会办公室、苏州市档案局编《苏州史志资料选辑》第9、10辑，内部发行，1988年。

7. 年鉴、大事记、辞典、百科全书

［美］包华德（Howard L. Boorman）主编：《民国名人传记辞典》第1分册，《中华民国史资料丛稿：译稿》，中华书局，1979年。

《大不列颠百科全书》，第8、11、12、14册，中国大百科全书出版社，1999年。

戴维·米勒、韦农·波格丹诺主编《布莱克维尔政治学百科全书》（修订版），邓正来中译本主编，中国政法大学出版社，2002年。

江苏省长公署统计处编《江苏省政治年鉴》，1924年。

刘绍基编《商人要览》，南京书店，1933年。

刘绍唐主编《民国大事日志》第1册，传记文学出版社，1978年。

陆米强、王美娣：《五四时期上海商人爱国活动大事记》，《档案与历史》，1989年第2期。

夏东元主编《二十世纪上海大博览》，文汇出版社，1995年。

徐鼎新编《上海总商会史事纪要》（1921～1929年5月），《上海研究论丛》第2辑，上海社会科学院出版社，1989年。

徐刚毅主编《老苏州百年历程（1895～2000）》，江苏古籍出版社，2001年。

张士杰编《商人宝鉴》，商务印书馆，1935年。

浙江省地方志编纂委员会办公室编《浙江历史大事记稿》，该室，1996年。

中共南京市委党史工作办公室等编《南京百年风云（1840～1949）》，南京出版社，1997年。

中国人民政治协商会议浙江省委员会文史资料委员会编《浙江百年大事记》（1840～1945），浙江人民出版社，1986年。

中国社会科学院近代史研究所中华民国史组编《中华民国史资料丛稿：大事记》第5辑，中华书局，1978年。

中国社会科学院近代史研究所中华民国史研究室编《中华民国史资料丛稿：大事记》第9辑，中华书局，1986年。

中国社会科学院近代史研究所中华民国史研究室编《中华民国史资料丛稿：大事记》第10辑（1924年），中华书局，1986年。

《中华民国法令大全》，商务印书馆，1915年11月增补3版。

《中华年鉴》，中华高级商业学校年鉴社发行，1929年。

二、英文部分

The North China Herald, October、September 1924.

Bergère, Marie-Claire. "The Role of Bourgeoisie, 1911～1913", in John King Fairbank, ed. *The Cambridge History of China, Vol.12: Republican China 1912～1949, Part Ⅰ*. New York: Cambridge University Press, 1983.

Chang, Hao. *Chinese Intellectualism Crisis: Search for Order and Meaning, 1890～1911*. Taipei: SMC publishing Inc.,1987.

Chen, Zhongping. *Business and Politics: Chinese Chambers of Commerce in the Lower Yangtze Region, 1902～1912*. Ph.D. dissertation, University of Hawaii at Manoa, 1998.

Chung, Stephanie P.Y. *Chinese Business Groups in Hong Kong and Political Change in South China,1900～1925*. Basingstoke, U.K.: Macmilian press ltd., 1998.

ChūZōIChiKo. The Role of The Gentry: An Hypothesis, Mary C. Wright, ed. *China in Revolution: The First Phase, 1900～1913.* New Haven, London: Yale University Press, 1968.

Clifford, Nicholas R. *Spoilt Children of Empire: Westerns in Shanghai and the Chinese Revolution of the 1920s.* Hanoven, London: Middlebury College Press, 1991.

Department of Stare, Papers Relating to the Foreign Relations of the United States,1925, Volum I. Washington: United States Government Printing office, 1940.

Fewsmith, Joseph. *Party, State, and Local Elites in Republican China: Merchant Organizations and Politics in Shanghai, 1890～1930.* Honolulu: University of Hawaii Press,1985.

Ku, Hung-Ting. "Urban Mass Movement: The May Thirtieth Movement in Shanghai", *Modern Asian Studies*, vol.13, no.2, 1979.

Lodwick, Kathleen L, "Teaching nationalism to the Chinese: at the Hainan Presbyterian mission schools, 1915～1927", *Journal of Church and State* Vol.36, No.4, 1994.

Mann, Susan. *Local Merchants and the Chinese Bureaucracy, 1750～1950.* Taipei: SMC., Publishing Inc.,1987.

Murphey, Rhoads. "The Treaty Ports and China's Modernization", in Mark Elvin & G. William Skinner, *The Chinese City Between Two Worlds.* Stanford, Calif.: Stanford University Press,1974.

North, Douglass C. *Institutions, Institutional Changend Economic Performance.* New York: Cambridge University Press,1990.

Polachek, James. "Gentry Hegemony: Soochow in the T'ung～Chih Restoration", in Frederic Wakeman, Jr. and Caroly Grant, eds. *Conflict and Control in Late Imperial China.* Berkeley: University of California Press, 1975.

Rankin, Mary. *Elite Activism and Political Transformation in China: Zhejiang Province, 1865～1911*. Stanford: Stanford University Press,1986.

Schoppa, R. Keith. *Chinese Elites and Political Change: Zhejiang Province in the Early Twentieth Century*. Cambridge, Mass.: Harvard University Press, 1982.

Schoppa, R. Keith. "Province and Nation: The Chekiang Provincial Autonomy Movement, 1917～1927", *The Journal of Asian Studies* 36: 4 (August 1977).

Sheridan, James E. "The Warlord Era: Politics and Militarism Under the Peking Government, 1916～1928", John King Fairbank, ed. *The Cambridge History of China, Vol.12: Republican China 1912～1949, Part I*. New York: Cambridge University Press,1983.

Waldron, Arthur. *From War to Nationalism: China's Turning Point, 1924～1925*. Cambridge: Cambridge University Press,1995.

Woodhead, H.G.W. *The China Year Book 1924*. Tientsin: The Tientsin Press,1924.

Yang, Tai-Shuenn. *Property Rights and Constitutional Order in Imperial China*, Ph. D. dissertation, Indiana University, 1987.

Yeh-Wenhsin, "Middle County Radicalism: the May Fourth Movement in Hangzhou", *The China Quarterly*, No.140, Dec.,1994.

Zhang, Xiaobo. *Merchant Association Activism in Early Twentieth-century China: The Tianjin General Chamber of Commerce,1904～1928*. Ph. D. dissertation, Columbia University,1995.

再版后记

这本小书的初版，转眼已过去15年了！

让一个研究者回头再来细读自己多年前写的旧作，并且同意再次出版，其实是件蛮困难的事。作为一个研究者，总是希望自己在不断成长进步，对历史的认知，按道理也应该随着年岁的增长而更加深入，所以不断推出新著，以"新我"去超越"旧我"，才是研究者应该去努力的工作。

因此，当本书责编找到我，希望重版这本书时，我确实有些犹豫，但最后还是答应此事。一方面是因为这本书初版时只印过一次，所以市面上早就买不到，经常有朋友跟我要书，我也无法赠送。再版后，如果朋友还有兴趣读，找起来可能方便些。另一方面，本书初版后，朋友们陆续告诉我书中有一些文字错误，我也希望能借重版的机会予以纠正。因此，本书写作架构虽仍能成立，书中对历史的重建与讨论亦大致仍能自圆其说，但是为了更能反映笔者的想法，将一些章节标题作了微调，并校正了明显的文字脱漏或衍误。另外，初版时，本书排版上限于丛书系列格式采取页面注，现在也改为章末注，或更便于阅读。

2004年，当此书正在编辑之中，我所写的另一本小书《北伐前后的商民运动》先由台湾商务印书馆出版。此书问世后9年，我又出版了《政商中国：虞洽卿与他的时代》一书。有友人询问三书之关系为何？我的回答是：《在商言商》一书描写的主要是近代中国商人群体之共相；《北伐前后的商民运动》则是对其中某一时期商人与政治关系的特写；《政商中国》一书，更多是描摹了某一类商人的特质，并进而想突破单纯商人的范围，从"政商"这一特殊角度勾勒出20世纪中国的潜在支配结构或历史线索。希望能通过这三本小书，增加读者对20世纪中国商人与政治之间复杂关系的认识。

当时之所以将拙著标题定为"在商言商"，其意是认为通常商人不大可能主动去参与激烈的政治活动，而学界惯用的"资产阶级"标签也未必能套用在近代中国的普通生意人身上。因此，在考察一系列政治事件中商人的行动之后，我以"在商言商"四字，来概括政治动荡中近代中国商人的普通面相。当然，亦有学者用"政治疏离感"，或"政治冷感"等词汇来形容商人在政治上的无欲求，或排斥心理，但究其本质，商人求利乃自然之事，除非制度上或日常实践中有成熟且安全的政治参与环境，否则要商人冒着业产荡尽的风险来投身政治，无论是出于真诚理想，还是投机心理，从者必然寥寥。当然，身在商界，但却热衷政治，甚至有志于此者，或也有其人，但从"共相"的角度来看，对20世纪中国商人与政治关系史而言，可能"在商言商"仍是一种更稳妥一点的归纳。

指近代中国商人之共相为"在商言商"，并不否认历史上确实存在那种愿意去投身政治之人。有时这两个面相会存在于同一人身上，并行而不悖。如笔者研究多年的近代巨商虞洽卿，当他代表商界共同利益向政府提出诉求时，或他为了保护个人商业利益避免受到政治侵害时，他亦可能与普通商人一样"在商言商"。但是，当时代环境变化，尤其是政治动荡之时，虞也有可能主动接近某派政治势力，或某位政治要角，在政治上支持他们，一方面是自保，一方面也是想从中获得个人商业利益方面的回报。所以，此时，其"政治参与"或"政商化"的特性便显性化表现出来。其实"共相"与"殊相"经常交织存在于历史人物身上，我们在分析时便要努力将这种不同的面相分开来讨论。

本书初版之时，封面上曾有这么一段话：

"中国资产阶级"，一个被广泛使用的概念，然而，这个词语所代表的究竟是什么呢？想象出来的幻影，还是历史的实像？近代中国历史上城镇里大大小小的生意人，他们真的构成了一个有政治企图的阶级吗？如果答案是否定的，我们究竟应该如何理解他们与政治间的关系？

这几个问题，在这本书写作之时，一直萦绕在我脑海中。今天来看，我仍然认为，在讨论"阶级形成"，特别是估计某"阶级"与政治经济演化的因果关系时，历史研究者仍然要持比较谨慎的态度。无论是20世纪二三十年代就开始流行的"资产阶级"，还是八九十年代被频繁引用的"中产阶级"，其在中国历史语境中的使用，可能都存在商榷的空间。如果要将这种源于西方经验的名词，用来分析中国的实际历史，研究者可能要花更多细致功夫去做证实的工作。

历史之网，终究是由人的行为与观念等编织而成的。研究历史，当然主要是研究曾经或仍然生活在这世界上的人们曾经有的实际经历。那么，我们对历史的分析，便要尽可能去接近人们日常生活的实相，唯有此，对历史经验的解释才能更接"地气"，亦有更多"人气"，其可靠性也会更强一点。

如果我们希望对某个群体的历史有更多的了解，或借此来探究20世纪中国历史嬗变的线索，那么，我们唯有不断深入研究各种个体人物的实际经历，进而努力辨识出所谓"共相"与"殊相"究竟为何。从这点来看，尽管既有著述已很丰富，但对中国商人历史或20世纪中国历史的深入研究，仍然任重而道远。

最后，依然要再次谢谢曾为本书写作提供过一切帮助的师友！本书再版，要多谢上海教育出版社戴燕玲编辑策划并费心校稿。当然，如果全书仍有讹误，仍由作者负责。

冯筱才
2019年5月4日

图书在版编目（CIP）数据

在商言商：政治变局中的江浙商人/冯筱才著.—
上海：上海教育出版社，2019.8（2024.7重印）
ISBN 978-7-5444-9149-5

Ⅰ.①在⋯ Ⅱ.①冯⋯ Ⅲ.①商人—研究—江苏—近代②商人—研究—浙江—近代 Ⅳ.①F729.5

中国版本图书馆CIP数据核字(2019)第144622号

责任编辑　戴燕玲
封面设计　陆　弦

在商言商：政治变局中的江浙商人
冯筱才　著

出版发行	上海教育出版社有限公司	
官　　网	www.seph.com.cn	
地　　址	上海市闵行区号景路159弄C座	
邮　　编	201101	
印　　刷	上海盛通时代印刷有限公司	
开　　本	890×1240　1/32　印张 11.625　插页 5	
字　　数	250千字	
版　　次	2019年8月第1版	
印　　次	2024年7月第3次印刷	
书　　号	ISBN 978-7-5444-9149-5/K·0061	
定　　价	59.80元	

如发现质量问题，读者可向本社调换　电话：021-64373213